성공의 기술

How to Get What You Want and Want What You Have
by John Gray, Ph.D.

copyright ⓒ 1999 by MARS PRODUCTIONS, Inc.
All rights reserved.
Korean translation copyright ⓒ 2000 by Dulnyouk Publishing CO.
Korean Translation rights arranged with
Linda Michaels Limited, International Literary Agent
through Eric Yang Agency, Seoul, Korea.

본 저작물의 한국어판 저작권은 에릭양 에이전시를 통한 Linda Michaels Limited, International Literary Agent사와의 독점계약으로 한국어판권을 도서출판 들녘이 소유합니다. 저작권법에 의하여 한국 내에서 보호를 받는 저작물이므로 무단전재와 무단복제를 금합니다.

성공의 기술
ⓒ 들녘 2011

초판 1쇄 발행일 2000년 7월 20일
중판 1쇄 발행일 2011년 3월 4일

지은이 존 그레이
옮긴이 서현정
펴낸이 이정원
대표 배문성

펴낸곳 도서출판 들녘
등록일자 1987년 12월 12일
등록번호 10-156
주소 경기도 파주시 회동길 198
전화 마케팅 031-955-7374 편집 031-955-7381
팩시밀리 031-955-7393
홈페이지 www.ddd21.co.kr

값은 뒤표지에 있습니다. 잘못된 책은 구입하신 곳에서 바꿔드립니다.
ISBN 978-89-7527-964-5(13800)

• 당신의 미래를 응원하는 나비와 는 들녘의 디비전입니다.

성공의 기술

존 그레이 지음 / 서현정 옮김

나비효과

감사의 글

먼저 아낌없는 사랑으로 나를 지켜준 아내 보니와 세 딸 섀넌, 줄리엣, 로렌에게 고맙다는 말을 전하고 싶다.

개인적인 발전을 위해 워크숍에 참가하는 것은 물론이요, 6주 연속으로 수요일마다 나를 위한 TV 프로그램을 제작해준 오프라 윈프리와 하포 스튜디오의 제작진에게도 감사드린다. 오프라 쇼의 출연 경험은 이 책을 쓰는 데 많은 도움이 되었다.

하퍼콜린스 출판사의 다이안 레버랜드, 뛰어난 편집자인 로라 레오나드, 그리고 칼 레이몬드, 제닛 더리, 앤 고디니에와 하퍼콜린스의 모든 직원들에게도 감사드리는 바이다.

『화성에서 온 남자 금성에서 온 여자』의 가치를 인정해주고 나를 믿어준 에이전트 패티 브레이트만에게도 고마움을 전하고 싶다. 뿐만 아니라 내 책이 40여개 국어로 번역·출간될 수 있도록 힘써준 국제분야 에이전트인 린다 마이클스 양에게도 감사드린다.

그 밖에도 헬렌 드레이크, 바트와 메릴 베렌스 부부, 아인와 엘리 코렌 부부, 밥 보드리, 마틴과 조시 브라운 부부, 폴리야냐 제이콥스, 산드라 웨인스타인, 마이클 나자리안, 도나 도이론, 짐 푸잔, 론다 코알리어에게도 감사드리는 바이다.

끝까지 나를 믿고 도움을 아끼지 않았던 가족과 형제들, 형 로버트 그레이, 누이 버지니아 그레이, 클리포드 맥구르, 짐 케네디, 알란 가버, 르니 스위스코, 로버트와 카렌 조셉슨 부부, 라미 엘 바라트위에게도 고마움을 전하고 싶다.

지난 15년간 세계 각국에서 '마르스(Mars) 앤 비너스(Venus) 워크숍'을 운영하고 있는 수백 명의 운영자들과 워크숍 참가자들, '화성에서 온 남자와 금성에서 온 여자'의 개념을 카운슬링에 활용하는 카운슬러들에게도 감사드린다.

부모님인 데이비드 그레이와 버지니아 그레이에게도 고마움을 바치고 싶다. 그분들의 사랑과 도움이 있었기에 내가 지금과 같은 성공을 거둘 수 있었다. 그리고 역시 많은 사랑으로 나를 이끌어준 새어머니 루실 브릭시에게도 감사를 드리는 바이다.

또한 9년 동안 아버지처럼 모셨던 마하리쉬 마헤쉬 요기에게도 감사드린다. 그의 가르침을 통해 나는 내적인 성공과 외적인 성공을 거둘 수 있었다. 현재 내가 따르고 있는 명상법의 대부분은 28년 전 그분에게서 직접 배운 것이다.

이 책을 집필하는 데 많은 도움을 아끼지 않은 친구 칼레쉬와에게도 고마움을 전하고 싶다. 그가 없었다면 이 책은 완성되지 못했을 것이다.

끝으로 무한한 힘과 결단력 그리고 사랑을 주신 하느님께 감사드린다.

존 그레이

차례 | how to get what you want and want what you have

- 감사의 글
- 책을 여는 글

행복은 돈으로 살 수 없다 · 19
인생의 최우선 목표는 행복이다 · 29
자신의 욕망을 솔직하게 수용하라 · 37
영혼을 위한 열 가지 사랑 비타민 · 49
사랑 탱크 · 59
인생에는 열 가지 단계가 있다 · 69
사랑 탱크를 채워라 · 107
규칙적인 명상으로 참된 자신을 찾는다 · 127
명상하는 법 · 137
스트레스를 날려버리자 · 151
부정직인 감정에서 벗어나라 · 175
욕망이 문을 두드리면 열정으로 응답하자 · 197
마법의 별을 찾아서 · 211
인생은 90%의 생각과 10%의 행동으로 이루어진다 · 231
욕망을 소중히 하자 · 247
열두 가지 감정의 장벽 허물기 · 277
명상으로 치유하라 · 337
다시, 행복의 문을 열며 · 383

책을 여는 글

　인생에서 가장 중요한 것은 무엇일까? 보통은 자신이 원하는 일을 이루는 것이라고 대답할 것이다. 물론 원하는 일을 이루는 것은 중요하다. 하지만 더욱 중요한 것은 자신이 이루어놓은 것에 만족할 줄 아는 것이다.
　우리는, 원하는 것을 이룰 수 있는 방법을 수도 없이 많이 배워왔다. 그런데 원하던 것을 일단 손에 넣고 나면 더 이상 그것에 관심을 갖지 않는다. 한 가지를 얻고 나면 또 다른 욕심이 생기고, 아직도 무언가 모자란다는 생각이 든다. 그러면 자신에게 만족을 느끼지 못하고, 주위 사람들에게도, 건강에도, 일에도 만족이 생기지 않는다. 무엇을 하든 마음이 편안하지 않고 속으로 불만만 쌓여간다.
　세상에는 이런 불만꾼들과는 정반대의 사람들도 존재한다. 그들은 자기 자신과 자신의 일, 그리고 자신이 가진 것에 그저 만족한다. 어떻게 해야 원하는 것을 좀더 많이 가질 수 있는지를 모를 때조차도 그들의 마음은 달라지지 않는다. 비록 꿈을 이루지는 못해도 그들은 항상 열린 마음으로 살아간다. 그리고 자신보다 더 많이 가진 사람들을 부러워하기는 하지만, 그렇다고 그들을 시기하거나 그들보다 못 가졌다는 사실 때문에 좌절하지는 않는다. 그저 최선을 다할 뿐이다.

불만꾼과 자신에게 만족하는 사람, 우리는 이런 양극단 사이의 어딘가에 존재하고 있다.

참된 행복은 원하던 것을 얻었을 때 찾아온다. 참된 행복이 찾아오면 우리는 자신이 가진 것과 현재의 자신의 모습에 만족하고 그것을 소중히 여기게 된다. 참된 행복은 내가 누구인지, 얼마나 가졌는지 또는 얼마나 성취했는지로 결정되는 것이 아니다. 그보다는 자기 자신과 자신의 일 그리고 자신이 가진 것을 얼마나 소중히 여기는지로 결정된다. 참된 행복은 누구나 얻을 수 있다. 그러나 그러기 위해서는 먼저 참된 행복이 무엇인지부터 알아야 한다. 그리고 그 행복을 얻으려면 여러 가지 준비가 필요하다.

원하는 것을 얻고 그것을 계속해서 소중히 여기는 것
그것이 바로 참된 행복이다

그러나 자기의 삶을 소중히 여기고 그것에 만족한다고 해서 무조건 '참된 행복'을 얻을 수 있는 것은 아니다. 여기에는 원하는 것을 이룰 수 있다는 자신감과 그것을 이루기 위해 최선을 다하겠다는 마음가짐이 필요하다. 또 자신이 바라는 삶을 살 수 있는 방법을 잘 알아야 참된 행복을 얻을 수 있다.

많이 가져야 참된 행복을 누릴 수 있다고 생각하는 사람들이 있는가 하면, 마음이 편안해야 참된 행복을 누릴 수 있다고 생각하는 사람들도 있다. 하지만 진정으로 '참된 행복'을 누리기 위해서는 마음의 평화와 물질적인 성공, 이 두 가지가 필요하다.

참된 행복은 운이 좋거나 기회를 잘 잡아 얻어지는 것이 아니다. 물론 재능이나 행운을 타고나는 사람들도 있다. 하지만 이 세상에는 힘써 배우고 어렵게 훈련한 끝에 성공에 이른 사람들이 훨씬 더 많다. 그리고 무엇보다도 다행인 것은 참된 행복을 얻기 위한 비법이 누구라도 배울 수 있을 만큼 쉽다는 것이다. 그저 생각하고 느끼고 행동하는 방식을 조금만 변화시키면 된다. 아주 작지만 커다란 변화, 이것만 있으면 우리의 삶은 새롭게 바뀌어질 수 있다.

작지만 큰 변화, 이것이 우리를 참된 행복으로 인도한다

삶에 대한 생각과 태도를 조금 바꾸기만 해도 말 그대로 하룻밤 사이에 모든 것이 변할 수 있다. 물론 하룻밤 사이에 자신의 주위를 둘러싼 물리적인 조건이 완전히 변할 수는 없다. 하지만 삶을 바라보는 시각만은 한순간에 변할 수 있다. 눈부시게 밝은 곳에 있다가도 어두운 선글라스를 끼고 주변을 둘러보면 지금까지와는 아주 다른 모습을 보게 된다. 선글라스를 끼는 것처럼 삶에 약간의 변화만 주어도 우리는 이미 가지고 있는 것에 만족하게 될 뿐만 아니라 원하는 것을 이룰 수 있다는 자신감도 되찾게 된다.

참된 행복을 얻기 위한 네 단계

인생에서 좀더 큰 성공을 거두기 위해서는 네 가지 단계가 필요하다. 이 책에서는 그 네 단계를 자세히 살펴보게 될 텐데, 그 단계들은 다음과 같다.

제1단계 : 목표를 설정하라

현재 자신이 어디에 있으며, 정신적인 행복과 물질적인 성공을 함께 거두려면 어떻게 해야 하는지를 분명히 파악해야 한다. 잘못된 길로 가면 아무리 열심히 노력해도 원하는 목적지에 다다를 수 없다. 머리와 마음, 감각이 원하는 것뿐만 아니라 자신의 영혼이 원하는 것까지를 한데 모아서 목표를 설정해야 비로소 정신적인 행복과 물질적인 성공을 얻을 수 있다.

제2단계 : 필요한 것을 얻어라

참된 자신이 되기 위해서는 자신에게 필요한 것을 실제로 얻을 수 있어야 한다. "진정한 내가 되고 싶다"라고 말하는 것만으로는 부족하다. 자기 자신을 알고 참된 자신이 되기 위해서는 먼저 모든 사람에게 필요한 열 가지의 사랑과 지원에 대해 자세히 알아야 한다. 그 열 가지 종류의 사랑과 지원 중에서 자신에게 부족한 것이 무엇인지 알아내고 그것을 채워주면 그때부터는 자동적으로 정신적인 행복을 경험하게 된다. 아무리 좋은 차라도 기름을 넣어주지 않으면 움직이지 못한다. 마찬가지로 필요한 사랑을 채우지 않으면 참된 자기 자신도 찾을 수 없다.

제3단계 : 원하는 것을 얻어라

참된 자신의 모습을 찾아내면서 동시에 물질적인 성공을 얻을 수 있는 비법을 배워야 한다. 그래야 현실 세계에서 원하는 모든 것을 얻을 수 있다. 원하는 것을 얻고자 하는 강한 열망과 할 수 있다는 믿음 그리고 열정이 없이는 아무것도 이룰 수 없다. 원하는 것을 얻으려면 먼저 자기 내부에 숨어 있는 부정적인 감정에 솔직해지고, 다음에는 그것을 긍정적인 방향으로 변화시켜서 원하는 것을 얻고자 하는 열정을 극대화할 수 있어야 한다.

제4단계 : 참된 행복을 가로막는 장벽을 극복하라

원하는 것을 얻지 못하게 방해하는 열두 가지 장벽이 무엇인지 알고, 정신적인 행복과 물질적인 성공을 이루기 위해 그 장벽들을 제거해야 한다. 열두 가지 장벽이란 남의 탓하기, 좌절, 불안, 무관심, 편견과 비난, 우유부단, 망설임, 완벽주의, 분노, 자기 연민, 혼란 그리고 죄의식을 말한다. 이러한 장벽들이 당신의 성공을 가로막고 있다. 일단 이것들을 극복하고 나면 그 무엇도 당신의 성공을 방해하지 못한다.

데보라에게 남자가 생겼다

맨 처음 참된 행복에 대한 세미나를 들을 때만 해도 데보라는 물질적인 성공과 결혼에 대한 집착 때문에 많은 괴로움을 겪고 있었다. 그런데 세미나를 계기로 마음의 평화와 행복을 찾는 것으로 인생의 목표를 바꾸고 나자 그 괴로움은 감쪽같이 사라져버렸다. 이렇게 목표를 바꾸면서 데보라는 지금껏 자신이 필요한 지원을 받지 못했다는 것을 알게 되었다. 그리고 하고 싶은 일을 하도록 스스로를 편안하게 내버려두지 않았던 것도 알게 되었다. 그래서 자기 자신과 자신의 삶을 좀더 소중하게 여기자 데보라는 원하는 것들을 얻을 수 있었다.

생각을 바꾸자 데보라는 근사한 직장을 얻었다. 그리고 꿈에 그리던 이상형의 멋진 남자를 만나 결혼도 했다. 새로운 삶을 시작하면서부터 결혼에 이르는 동안 데보라는 세 가지 장벽을 극복해야 했다. 과거의 그녀는 결혼에 대한 편견을 지니고 있었다. 결혼 이야기만 나오면 혼란스러워하면서 선뜻 결정을 내리지 못하는 우유부단한 태도로 일관했다. 그런데 이러한 세 가지 장애물을 극복하고 나자 그녀는 자신을 사랑하는 한 남자를 사랑할 수 있게 되었다. 참된 행복을 위한 네 가지 단계를 실천한 덕분에 데보라는 꿈을 현실로 이루게 되었다.

베이커리 주인이 된 톰

톰의 꿈은 베이커리 주인이 되는 것이었다. 하지만 당시 그는 방송국에서 일하고 있었다. 자기가 하는 일이 마음에 들지 않았기 때문에 톰은 일도 하기 싫었고, 함께 일하는 동료들에게도 걸핏하면 화를 내고 비판을 서슴지 않았다. 원하는 것을 이루기 위해 톰이 가장 먼저 해야 할 일은 현재의 상황에 관계없이 행복해질 수 있도록 목표를 설정하는 것이었다. 그래서 그는 우선 명상을 시작하여 정신적인 충만함과 행복을 가꾸어나가기 시작했다. 그러자 톰은 더 이상 자기가 하는 일이 불만스럽게 느껴지지 않았다.

명상을 통해 마음을 다스리고 나자 이번에는 자신이 원하는 것을 마음속에 그려보는 훈련을 하기 시작했다. 그리고 원하는 것을 얻기 위해 지금 당장 할 수 있는 작은 일부터 실천하기로 했다. 이때부터 톰의 인생에 작은 기적들이 일어나기 시작했다. 출장을 가고 싶다는 생각이 들면 회사에서 출장 명령이 떨어졌다. 상이나 칭찬을 받고 싶다는 생각이 들면 그 소원이 그대로 이루어졌다. 원하는 것을 이룰 수 있다는 자신감이 톰에게 기적을 안겨준 것이다. 이렇게 하여 자신감이 커지자 톰은 자신의 꿈을 이루겠다는 결심을 하게 되었다. 그래서 회사에 과감히 사표를 내고 베이커리를 열어 자신이 오래도록 바라던 일을 시작했다.

이러한 변화를 이루기 위해 톰은 먼저 자신에게 있는 장벽들을 극복해야만 했다. 방송국에 다니는 동안 그는 동료들에게 자주 화를 냈고 서슴없는 비판을 퍼부었다. 그런데 이런 장벽을 극복하자 톰은 태만과 우유부단함에서도 벗어나게 되었다. 그 결과 꿈에 그리던 베이커리를 갖게 되었고, 참된 행복도 얻게 된 것이다.

자녀들과 화해하게 된 로버트

로버트는 백만장자였다. 그런데 모두가 부러워할 만큼 많은 돈을 가지고 있으면서도 그는 결코 행복하지 않았다. 세 번이나 이혼을 한 데다가 자녀들은 그와 얼굴도 마주치려고 하지 않았다. 겉으로는 무엇 하나 부러울 것 없어 보였지만 카운슬러와 세 명의 전처는 로버트가 얼마나 불행한 사람인지 잘 알고 있었다. 가난한 사람들은 돈 많은 부자가 행복하지 않다는 것을 좀처럼 이해하지 못한다. 하지만 돈이 많은데도 불행한 사람들은 얼마든지 있다.

그래서 로버트는 이제 자기 안에 있는 것에서 행복을 찾기로 결심했다. 과거의 그는 자신의 엄청난 부를 다른 누군가와 함께 누리고 싶어했다. 로버트가 가장 먼저 해야 할 일은 그것을 자신이 즐기는 것이었다. 또 그는 항상 곁에 아름다운 여자를 두어야 행복할 수 있다고 생각했다. 그런데 참된 행복에 대해 배우기 시작하면서 그는 1년 동안 연인 없이 지내기로 했다. 그런 다음 로버트는 혼자서 전세계를 여행했다.

많은 시간을 보낸 끝에 로버트는 자기 혼자서도 행복할 수 있다는 사실을 깨달았다. 그리고 나자 자녀들과의 관계도 회복되었다. 또한 사랑을 주고받기 시작하면서부터 물질적인 성공에 대한 집착도 줄어들었다. 돈이 많은 것은 좋지만, 그 때문에 마음의 평화와 행복을 누리지 못했음을 깨달았기 때문이다.

이렇게 자녀들과 다시 원만해지고 인생을 함께할 진실한 동반자를 얻기까지 로버트는 우선 자신을 둘러싸고 있는 여러 가지 장벽들을 극복해야 했다. 전부인들에 대한 비난과 비판 그리고 무관심에서 벗어나야 했고, 자녀들이 왜 자기에게 화를 내는지를 이해해야 했다. 이러한 감정의 장벽들을 극복하고 나자 로버트는 자녀들과 다시 가까워지게 되었고, 마음의 평화를 얻어 삶의 진정한 기쁨을 누릴 수 있게 되었다.

인생에 당당히 맞서다

참된 행복을 얻으면 삶은 더 이상 고통이 아니다. 자신을 둘러싼 많은 어려움도 쉽게 해결된다. 물론 삶의 모든 문제가 다 해결되는 것은 아니지만 아직 남아 있는 문제들을 해결하는 것이 훨씬 쉬워진다. 굳게 잠겨 있는 것처럼 보이던 문들이 쉽게 열리는 것이다. 그때부터는 편안한 마음을 가지고 참된 자기 자신으로 돌아가 자기의 본분을 다할 수 있게 된다. 자신 있는 삶을 살아가게 되는 것이다. 그리고 살아가면서 피할 수 없는 수많은 도전들은 오히려 살아가는 데 힘이 되는 기회로 작용한다.

또한 참된 행복을 얻고 나면 이제껏 알아차리지 못했던 자신감이 되살아나서 참된 자기 자신을 되찾을 수 있게 된다. 참된 자신을 되찾으면 지금껏 힘들게 살아왔던 날들은 과거 속으로 사라진다. 그리고 이제는 세상에서 자신이 해야 할 일이 무엇인지 똑똑히 알게 되고, 세상에 자기 혼자가 아니라는 사실도 깨닫게 된다. 자신이 세상에서 사랑과 지원을 받고 있다는 사실을 깨닫고 나면 인생에서 무엇과도 바꿀 수 없는 소중한 힘을 얻게 된다.

참된 자신이 깨어나면 자신감이 살아나고
힘들게 살아왔던 날들은 과거 속으로 사라진다

그러나 참된 행복을 얻었다고 해서 말 그대로 '늘 행복'하기만 한 것은 아니다. 참된 행복을 얻어도 우리는 때로 갈등하고 실망하고 좌절할 수 있다. 참된 행복을 얻는 과정에서 가장 큰 부분을 차지하는 것은 부정적인 감정을 긍정적인 감정으로 바꾸고, 부정적인 경험을 더 나은 삶을 위한 교훈으로 받아들이는 것이다. 참된 자신을 되찾는 것은 수많은 변화를 거쳐야 하는 성장 과정이다. 이 변화들 속에는 기쁨도 있고 좌절도 있다. 참된 행복을 얻었다는 것은 늘 행복하다는 뜻이 아니라 좌절해도 다시 일어날 수 있다는 뜻이다.

참된 자기 자신을 찾고 마음이 원하는 길로 나아가다 보면 때로 실패를 겪기도 한다. 하지만 그러한 실패나 남보다 한 발 늦는 것은 인생의 극히 작은 일부분일 뿐이다. 곧 그것은 좀더 나은 삶으로 나아가기 위한 발판이 된다.

성공하는 사람과 실패하는 사람의 가장 큰 차이는
실패한 후 다시 일어날 수 있느냐 그렇지 못하느냐에 달려 있다

참된 행복에 대한 관점은 사람마다 다르다. 그것은 롤러코스터를 타는 것처럼 짜릿하고 신나는 것일 수도 있고, 멋진 유람선을 타고

여행하는 것처럼 편안한 것일 수도 있다. 유람선을 타고 여행하다 보면 여기저기 많은 항구에 자주 멈춰서게 되지만, 그럼으로써 사람들과 좋은 대화를 나누면서 아름다운 풍경을 즐길 수 있다. 또 아무런 방해를 받지 않고 마음껏 돌아다닐 수도 있다. 우리는 제각기 다른 삶을 살아간다. 하지만 누구나 살아가면서 올라갈 때가 있는가 하면 떨어질 때도 있으며, 이리저리 뒤틀리기도 하고 멈췄다가 다시 시작하기도 한다.

참된 행복을 찾은 후에도 부정적인 감정이 가시지 않기도 한다. 하지만 그런 감정은 곧 기쁨이나 사랑, 자신감 그리고 마음의 평온과 같은 좋은 감정으로 이어지게 되어 있다. 부정적인 감정이나 기분을 극복하는 방법만 알고 나면 그러한 감정이 얼마나 중요한 것인지 깨닫게 되고, 그러한 감정 없이는 제대로 된 삶을 살아갈 수 없다는 사실도 알게 된다. 만약 긍정적인 감정과 부정적인 감정의 흐름이 없는 삶을 살고 싶다면 무덤에 가보면 된다. 그곳에 가면 아무런 변화 없이 그저 고요하기만 한 삶이 어떤 것인지 알 수 있을 것이다.

살아 있다는 것은 곧 움직인다는 뜻이다. 참된 행복의 비법은 마음의 평화와 기쁨 그리고 사랑과 자신감 안에 숨어 있다. 어떻게 하면 자신이 원하는 것을 잊을 수 있는지를 알고 있고 자신감이 넘치는 사람은 우왕좌왕하지 않는다. 그런 사람은 삶이 하나의 과정이라는 것을 알기 때문에 원하는 것을 얻으려면 시간이 걸릴 수도 있다는 사실을 당연하게 받아들인다. 열린 마음으로 참된 자신을 찾은 사람은 인생의 매순간을 감사하면서 즐길 줄 안다. 자신이 만들어가는 삶이야말로 자신에게 딱 맞는 삶이라는 것을 깨닫는다면 완벽한 인생에 대한 헛된 소망은 저절로 사라지게 되어 있다.

당신의 미래는 바로 당신의 손에 달려 있다. 당신만이 그 미래를 만들어나갈 수 있다. 삶에 대한 관점만 조금 바꾸면 행복에 대한 모든 의문이 저절로 풀린다. 그리고 살아가면서 겪는 모든 경험들을 소중한 지혜와 교훈으로 받아들이게 된다. 뿐만 아니라 자신감 있게 자신이 가고자 하는 방향으로 나아갈 수 있게 된다. 참된 행복을 위한 네 가지 단계는 자신에게 원래 주어진 '그 삶'을 찾아갈 수 있는 지도와도 같다.

행복은 돈으로 살 수 없다

how to get what you want and want what you have

커다란 성공을 거두고도 불행하다고 이야기하는 사람이 있다. 돈은 많은데 가족들 사이가 원만하지 못해서 불행을 겪는 사람도 있다. 이러한 사람들이나 이들처럼 성공하여 부자가 되고 싶어하는 사람들은 돈이나 '다른 무엇'이 있어야 행복할 수 있다고 생각한다.

누구나 알고 있듯이 행복이나 사랑은 돈으로 살 수 있는 것이 아니다. 그럼에도 우리는 물질적인 성공이 행복을 가져온다는 환상에 너무 쉽게 빠져든다. 그러나 돈이 행복을 가져온다고 믿으면 돈 없이도 행복해질 수 있는 힘이 약해진다.

'물론 돈으로 행복을 살 수는 없지. 하지만 돈이 있으면 행복해지는 건 분명한 사실 아닌가?'라는 생각이 들 수도 있다. 언뜻 생각하면 맞는 소리 같기도 하나. 하지만 그렇게 생각하다 보면 행복하게 살기 위한 힘은 점점 약해진다. 진정으로 행복을 얻기 위해서는 행복은 돈으로 살 수 없다는 사실을 먼저 분명히 깨달아야 한다. 과거에 돈 때문에 행복했던 경험이 있었다 하더라도 그건 단순히 착각이었을 뿐이다.

눈으로 보는 세상, 머리로 아는 세상

겉보기에는 돈 때문에 행복한 것 같은데 그것이 '착각'이라면, 무슨 뜻일까? 이제부터 '눈으로' 보는 것과 '머리로' 아는 것의 차이로 인해 생기는 '착각'에 대해서 알아보기로 하자.

아침이면 해가 동쪽에서 떠서 저녁이면 서쪽으로 사라진다. 하지만 해가 진짜로 움직이는 것이 아니라는 것을 우리는 잘 알고 있다. 눈에는 해가 움직이는 것처럼 보이지만 우리 머릿속에는 해가 움직이는 것이 아니라는 생각이 자리잡고 있다. 그리고 몸은 가만히 정지해 있는 것처럼 느끼지만 우리의 머리는 지구가 하나의 축을 중심으로 빠르게 회전하고 있다는 사실을 알고 있다. 뿐만 아니라 우리의 머리는 해가 움직이는 것이 아니고 지구가 움직인다는 것도 잘 알고 있다.

이렇게 눈에 보이는 것과는 다른 '사실'을 이해하기 위해서는 추상적인 사고력이 필요하다. 추상적 사고력이 아직 발달하지 않은 어린 아이들은 태양과 지구의 움직임 같은 사실을 쉽게 이해하지 못한다. 따라서 학교 선생님들은 아이들이 단순한 사고 단계에서 추상적 사고 단계로 넘어가는 과정에 늘 주의를 기울인다.

대개의 경우 이런 사고 단계의 변화는 하룻밤 사이에 일어난다. 방정식을 잘 이해하지 못하던 학생이 머리가 준비되기만 하면 그 순간부터 방정식을 이해하게 되는 것이다. 머리가 준비되지 않은 상태에서는 아무리 열심히 가르쳐도 헛수고에 지나지 않을 뿐이다.

환상이나 착각을 제대로 이해하려면 '머리'가 일정 수준에 도달해야 한다

어린이가 단순한 사고 단계(세상을 눈에 보이는 그대로 받아들이는 단계)에서 추상적인 사고 단계(눈에 보이지 않는 개념들을 이해하고 받아들일 수 있는 단계)로 넘어가는 과정은 일반적으로 사춘기

무렵에 이루어진다. 아이가 열두 살에서 열세 살 정도가 되면 성인들이 받아들이는 개념들을 이해할 수 있을 정도로 두뇌가 발달한다.

어린이의 두뇌가 발달하는 것처럼 인류 전체의 두뇌도 오랜 세월에 걸쳐 발달해왔다. 따라서 고대에는 천재로 불리던 과학자들이나 이해할 수 있었던 문제들을 요즘은 열서너 살짜리 과학반 학생들이 척척 풀어내기도 한다.

사실과 착각 사이

불과 5백 년 전만 해도 사람들은 지구는 평평한 땅이며, 태양이 지구 주위를 돌고 있다고 믿었다. 당시 사람들은 그것이 단순한 눈의 착각이라는 것을 알지 못했다. 실제로 움직이는 것은 지구이며 태양은 언제나 제자리에 가만히 있다는 사실을 이해할 만큼 인류의 사고 수준이 발달하지 않았기 때문이었다.

그러다가 1543년 코페르니쿠스가 지동설을 주장하자 대부분의 사람들은 자신의 믿음에 대한 이 강력한 도전을 받아들이려 하지 않았다. 그래서 코페르니쿠스는 신(神)과 교회에 대한 위험 인물로 낙인찍혀 평생을 집에 갇혀 살아야 했다. 하지만 코페르니쿠스의 지동설은 그리 오래지 않아 사실로 받아들여졌다. 인류의 사고 수준이 한 단계 도약하면서 누구도 받아들이려 하지 않던 것이 사실로 받아들여지게 된 것이었다.

지동설이 사실로 받아들여지던 당시와 같이 현재의 인류도 새로운 사실을 받아들여 한 단계 새로운 도약을 할 시기에 와 있다. 그것은 인류가 참된 행복의 비법을 이해할 수 있는 단계로의 도약이다. 이 세상의 모든 위대한 사상과 종교가 인류를 그 단계로 이끌어가고 있다. 그러한 사상과 종교들을 발판으로 삼아 우리는 새로운 단계로의 도약을 준비하고 있다. 이는 방정식을 이해하지 못하던 학생이 방정식을 이해하고 더 어려운 수학 공식에 도전하기 위해 '단순한 사고력'을 발판으로 하는 것과 같다.

인류가 새로운 도약을 준비하는 이 시기에 지금껏 사실로 여겨지던 많은 것들이 실제로는 단순한 '착각'이었음이 밝혀지고 있다. 예를 들어 남자와 여자에 대한 착각 같은 것들 말이다. 나는 지금도 가끔 이런 말을 듣는다.

"『화성에서 온 남자, 금성에서 온 여자』 같은 책이 왜 진작 나오지 않았지? 뻔한 얘기들인데 그런 책이 왜 이제야 나온 거야?"

때가 되었다

『화성에서 온 남자, 금성에서 온 여자』 같은 책이 왜 진작 나오지 않았는가에 대한 대답은 간단하다. 아직 '때'가 되지 않았기 때문이었다. 50년 전, 아니 불과 25년 전만 해도 이런 이야기는 사람들에게 먹혀들지 않았다.

1980년대 초반 내가 처음으로 〈화성에서 온 남자, 금성에서 온 여자〉에 대한 강연을 시작했을 때만 해도 많은 사람들이 강연의 내용을 오해하고 화를 냈다. 남자와 여자는 서로 다르면서 '둘 다 똑같이 소중한 존재'라는 나의 주장을 받아들일 수 없어서였다. 사람들은 남자와 여자가 서로 다르다면 둘 중 하나는 분명히 더 우월할 것이라고 생각했다. 그리고 강연하는 내가 남자이므로, 내가 우월하다고 생각하는 쪽은 남자일 것이라고 이해했다.

하지만 그 뒤로 15년의 세월이 흐른 지금 〈화성에서 온 남자, 금성에서 온 여자)는 미국뿐만 아니라 전세계에서 일반적인 상식으로 받아들여지고 있다. 전세계에 걸친 사고의 변화가 이루어진 셈이다.

한 세대에게는 혁신적인 주장으로 보이던 것이 그 다음 세대에게는 일반적인 상식이 될 수도 있다. 불과 50년 전만 해도 여성운동계에서는 여자와 남자가 똑같기 때문에 평등해야 한다고 주장했다. 평등한 권리를 얻기 위해서 여성들은 무엇이든지 남성과 똑같이 할 수 있다는 것을 증명해야 했다.

그러다가 하나의 성(性)이 다른 성보다 우월할 수 없다는 생각이 사회에 확산되기 시작했다. 그리고 지금에 와서는 남자와 여자는 서로 다르지만, 그 '다르다'는 것이 결코 한쪽이 다른 쪽보다 '우월하다'는 것을 뜻하는 것은 아니라는 생각이 일반 상식으로 자리잡게 되었다.

> 한 세대에게는 혁신적인 주장으로 보이던 것이
> 그 다음 세대에게는 일반 상식이 될 수도 있다

지금 우리는 하나의 성이 다른 성보다 우월할 수 없다는 생각을 바탕으로 한 '남녀평등'의 시대에 살고 있다. 이러한 사고의 변화를 토대로 인종차별에 대한 생각에도 많은 변화가 이루어지고 있다. 뿐만 아니라 종교의 차이에 대해서도 폭넓은 이해와 수용이 이루어지기 시작하고 있다. 신(神)은 종교 때문에 인간을 차별하지 않는다는 생각이 받아들여지고 있는 것이다.

신의 사랑은 불가지론자나 무신론자를 가리지 않는다. 기독교인이건 유대교인이건 아니면 힌두교도이건 이슬람교도이건 상관하지 않는다. 신은 우리 인간이 어떤 종교를 믿든 상관하지 않고 우리를 사랑한다.

세계화가 이루어지면서 인간에게는 서로 다른 신념과 종교를 가진 사람들을 만날 기회가 점점 많아지고 있다. 이러한 시기에 종교와 상관없이 사람의 마음속에 자리한 공통적인 믿음을 인정하게 되면서, 많은 사람들이 과거로부터 이어져 내려온 폐쇄적이고 배타적인 믿음에서 벗어나고 있다.

지금은 제각기 다른 종교의 교리를 모두 존중해야 한다는 것이 일반 상식처럼 받아들여지고 있다. 종교의 교리는 달라도 믿음의 깊이는 똑같다는 것을 인정하지 못해 수많은 사람들이 목숨을 잃었던 역사를 생각해본다면, 매우 다행스러운 변화가 아닐 수 없다.

새 천년이 시작되는 지금은 '길은 여럿이나 모두 한곳으로 통한다'는 생각이 널리 받아들여지고 있다. 한때 인류는 오직 하나의 길만이 존재한다거나 오직 하나의 민족만이 위대하다는 생각, 그리고 오직 하나의 믿음이나 종교만이 진실이라는 착각에 사로잡혀 있었다. 하지만 모든 종교에 깃들여 있는 지혜를 받아들이게 되면서 삶에 담긴 진실을 좀더 분명히 이해할 수 있게 되었다.

새로운 세상이 열리다

수많은 새로운 생각들이 일반 상식으로 받아들여짐에 따라 인류 앞에는 새로운 세상으로 나가는 문이 열리고 있다. 그 예로 이제 우리는 눈에 보이는 성공이 행복을 좌우한다는 생각이 단지 착각에 불과했음을 깨닫고 있다.

물론 외적인 성공 여부가 행복을 좌우하는 것처럼 보일 때도 있다. 하지만 우리의 행복을 결정하는 것은 바로 우리 자신이다. 눈에 보이는 세상이 우리가 원하는 것을 주고 우리를 행복하게 만들어줄 수 있다 해도 그렇게 해서 얻은 행복은 일시적인 것일 뿐이다. 그런 행복은 계속해서 더 많은 것을 가져야 지켜낼 수 있기 때문이다.

눈에 보이는 성공에 의지하면 할수록 정신은 나약해진다. 돈 없이는 행복할 수 없다고 생각하면 행복은 달아나버린다. 그러나 행복이 겉으로 보이는 성공에 좌우되는 것이 아니라는 것을 깨닫고 나면 우리는 영원한 기쁨을 만들어갈 수 있다.

이 말이 사실인지 아닌지 돈을 예로 들어 생각해보기로 하자.

행복은 외적인 성공에 좌우되는 것이 아니라는 걸 깨닫고 나면
영원한 기쁨을 누릴 수 있다

우리가 행복해지는 것은 돈 때문이 아니다. 그보다는 우리 내부의 믿음과 희망이 우리를 행복하게 만든다. 물론 돈이 많으면 행복할 수 있다. 돈이 많으면 자기 마음대로 살 수 있다고 생각하기 때문이다. 하지만 돈이 많아서 행복하게 느끼는 것은 자신의 마음에 솔직할 수 있기 때문이지, 결코 돈 자체 때문이 아니다. 아주 짧은 순간이나마 이런 생각을 하게 되기 때문이다.

'나는 나 자신에게 솔직할 수 있는 힘과 내가 원하는 것을 할 수 있는 힘을 가졌다.'

우리는 보통 돈이 있을 때만 이런 자신감을 가진다. 하지만 돈이 있으나 없으나 그 자신감은 늘 우리 안에 존재하고 있다. 다만 느끼지 못할 뿐이다. 지금 당장이라도 자기 내부의 위대한 힘을 찾아낼 수 있다. 아주 조금의 훈련과 노력만 있으면 참된 자신의 위대함을 경험할 수 있는 것이다.

지금 당장이라도 우리는 자기 안의 위대한 힘을 찾아낼 수 있다

우리는 돈이 있으면 원하는 것이 될 수 있고, 원하는 것을 할 수 있고, 원하는 것을 얻을 수 있다고 생각한다. 그렇기 때문에 돈이 생기면 행복해지는 것이다. 하지만 우리는 지금 있는 그대로의 모습으로도 얼마든지 행복하고 자신감 있게 사랑을 나누면서 평화롭게 살 수 있다. 아직 그럴 수 있다는 것을 모를 뿐이다.

있는 그대로의 자신의 모습으로 행복을 느끼는 것은 누구나 경험할 수 있는 일이다. 예전에는 소수의 사람들만이 그러한 경험을 할 수 있었다. 그것마저도 평생의 수련을 거쳐야 가능한 일이었다. 하지만 지금은 새로운 방향으로 전개되는 약간의 훈련만 받으면 누구든지 그러한 행복을 경험할 수 있다. 과거에는 속세를 떠난 수도자들만이 누릴 수 있었던 것을 이제는 보통 사람들도 얼마든지 누릴 수 있게 되었다.

짐이라는 남자가 상담을 받으러 왔다. 마흔두 살인 그는 인생에 대한 불만이 많아서 무척 우울한 상태였다. 그는 사람들이 비싼 차를 타고 지나갈 때마다 마치 자신이 인생의 낙오자라도 된 것 같아서 화가 난다고 했다. 그런 사람들을 볼 때마다 자신이 몹시 무능력하다는 생각이 든다는 것이었다.

짐은 남들이 자기보다 더 많이 가졌다는 사실에 화가 났다. 그는 늘 바르게 살아왔다. 학교도 끝까지 성실하게 마쳤고, 일도 열심히 하고, 교회에도 착실히 다녔다.

'그런데 왜 나는 남들만큼 멋지게 살 수 없는 걸까? 어째서 나만 이렇게 초라하게 살아가는 걸까?'

이런 생각 때문에 짐은 늘 화가 났다. 그리고 돈 많은 사람들을 욕하면서 자신을 불쌍하게 여겼다.

그러나 참된 행복을 위한 워크숍에 참가하면서부터 짐은 완전히 새사람이 되었다. 워크숍을 통해 그는 먼저 자신이 돈에 별로 관심이 없다는 것을 깨닫게 되었다. 돈을 많이 벌지 못한 것은 바로 그 때문이었다. 돈을 많이 벌었으면 좋겠다는 생각을 늘 하기는 했지만 한편으로는 지금 그대로의 삶에 만족하고 있었다는 것을 알게 된 것이다. 그뿐만이 아니었다. 많은 돈을 벌 수 있는 기회를 스스로 포기했다는 것도 알게 되었다.

이제 짐은 적게 가지고도 행복할 수 있는 것을 삶의 목표로 삼게 되었다. 물론 돈을 더 많이 벌겠다는 생각을 버리지 않은 상태에서 말이다. 그후 짐은 비싼 차를 보면 이런 생각을 했다.

'나도 저 정도는 탈 수 있어.'

그리고 부유한 사람들에 대해 화를 내고 욕하는 대신에 자기도 열심히 일해서 돈을 많이 벌어야겠다고 생각하기로 했다. 이제 짐은 지금껏 살아오는 동안에 자신이 저질렀던 실수나 용기 없이 물러섰던 일들을 스스로 용서하면서, 그런 일들을 통해 얻게 된 지혜에 대해 감사할 줄 아는 사람이 되었다.

참된 행복을 위한 워크숍에서 짐은 자신이 더 많은 것을 얻을 수 있고, 지금 그대로도 행복할 수 있다는 사실을 배웠다. 행복해지기 위해 굳이 부자가 될 필요는 없다는 사실도 알게 되었다. 그러나 돈에 대한 집착은 버렸지만 더 많은 것을 얻기 위해 노력해야겠다는 마음은 버리지 않았다.

이제 짐은 자신이 원하는 것을 얻을 수 있는 비법을 배웠다. 현재의 자기 모습에 만족하면서 동시에 더 많은 것을 얻을 수 있는 방법을 배운 것이다.

한때는 속세를 벗어난 선택된 소수만이 누릴 수 있던 것을
이제는 누구나 누릴 수 있게 되었다

  25년 전 처음으로 참된 행복에 대한 강연을 시작했을 때도 성과는 좋았다. 하지만 요즈음 내가 경험하고 있는 성과에 비하면 아무것도 아니었다. 나는 살아온 모든 경험을 통해 참된 행복의 원칙들을 깨우쳤다. 그런데 요즘 사람들은 내가 20여 년에 걸친 체험을 통해 알아낸 원칙들을 주말 이틀 동안에 다 익히고 있다. 내가 처음으로 그 원칙들을 강의했을 때와 지금의 차이는 거의 낮과 밤만큼이나 다르다. 심지어 그 성과는 말도 못할 정도로 대단하다.

  선생님들은 좀처럼 학생들의 성적에 대해 좋은 평가를 내리지 않는다. 하지만 나는 이제 때가 되었다고 말하고 싶다. 우리 인류는 놀라운 진보의 순간에 서 있다. 우리는 새로운 도약을 함께하기 위해 이 시대에 태어났다. 학습에 필요한 만큼 머리가 발달하면 아주 적은 지도와 훈련만으로도 아이는 얼마든지 새로운 것을 이해하고 받아들일 수 있다. 인류도 마찬가지다. 충분히 준비가 되었으니 이제 조금만 지도받고 훈련하면 얼마든지 새로운 시대로 도약할 수 있다.

  지난 25년간 나는 참된 행복을 가르치는 선생으로서 이 같은 변화를 수없이 목격했다. 우리의 행복은 오로지 우리 자신의 손에 달려 있다. 이런 사실만 안다면 우리는 쉽게 참된 행복을 얻을 수 있다. 선택받은 소수가 아니라 우리 모두가 참된 행복을 누릴 수 있다.

인생의 최우선 목표는 행복이다

how to get what you want and want what you have

　돈, 명예, 결혼, 자녀, 근사한 직업, 멋진 옷, 복권당첨…… 등과 같이 겉으로 보이는 성공은 마치 감정을 부풀리는 요술거울과도 같다. 그래서 마음이 평온한 상태에서는 이러한 외면적인 성공이 마음을 더욱 평온하게 만든다. 충분히 행복하고 사랑받은 사람은 외면적인 성공을 얻으면 더욱 행복해지고 더 많이 사랑받는다고 느낀다. 그리고 자신감에 차 있는 사람이라면 자신감이 더욱 넘쳐흐르게 된다.

　그런데 이와는 반대로 행복하지 않은 상태에서 외면적인 성공을 거두게 되면 오히려 기쁨이나 사랑, 자신감 또는 마음의 평온을 잃게 되기가 쉽다. 참된 행복을 이루어놓지 않은 상태에서는 '더 많이 가지는 것'이 삶에 복잡한 문제를 일으켜서 상황을 더욱 힘들게 만들 뿐이다. 행복한 사람만이 돈이 생겼을 때 더 행복해질 수 있다.

　이미 충분히 행복하며, 돈이 없어도 얼마든지 행복할 수 있다고 생각하는 사람은 돈이 생겼을 때 더 행복해질 수 있다. 돈을 많이 벌고 싶어하는 것은 전혀 문제될 것이 없다. 다만, 돈에 대한 집착 때문에 자기 안에 숨어 있는 참된 행복을 잊어버리는 것이 문제다.

　원하는 것을 새로 얻고 이미 가지고 있는 것을 소중히 여기기 위해서는 먼저 외적인 조건에 상관없이 자신감을 갖고 사랑을 나누면서 행복할 수 있는 법을 배워야 한다. 그런 다음에야 사람들이 흔히 말하는 물질적인 성공을 거두어도 행복할 수 있는 것이다. 현재의 자기 모습에 만족하고 행복할 수 있는 사람만이 물질적인 성공을 정당하게 얻을 수 있다.

소망이 이루어지면 행복할까?

외적인 성공이 행복을 가져다준다는 생각은 환상이며 착각이다. 자신이 불행하다고 느껴지고 현실이 불만족스러울 때는 만약 새 차가 생긴다면, 더 좋은 직장을 구한다면, 멋진 애인이 생긴다면 지금보다 행복할 것이라고 생각한다. 하지만 그런 소망들이 이루어진다고 해도 행복은 찾아오지 않는다.

불행하다고 느낄 때 우리는 '좀더 많이 가지면' 불행에서 벗어날 수 있을 것이라고 생각한다. 하지만 더 많이 가지게 되어도 불행은 사라지지 않는다. 불행에서 벗어날 수 있을 만큼 '충분히' 가진다는 것 자체가 불가능한 일이기 때문이다. '충분히 가지지 못해서' 불행하다고 생각할수록 외적인 성공에 대한 환상과 집착은 점점 강해진다. 또 많이 가지지 못하면 행복할 수 없다는 신념도 점점 더 강해진다.

- ◆ 100만 달러를 모으면 행복할 수 있을 거야.
- ◆ 청구서를 모두 지불하면 행복할 수 있을 거야.
- ◆ 아내가 변하면 행복할 수 있을 거야.
- ◆ 남편이 나한테 좀더 관심을 가지면 행복할 수 있을 거야.
- ◆ 더 나은 직장을 찾으면 행복할 수 있을 거야.
- ◆ 살이 빠지면 행복할 수 있을 거야.

- ◆ 우승하면 행복할 수 있을 거야.
- ◆ 존경받고 인정받으면 행복할 수 있을 거야.
- ◆ 스트레스만 받지 않으면 행복할 수 있을 거야.
- ◆ 이렇게 할 일이 많지만 않으면 행복할 수 있을 거야.
- ◆ 할 일만 생기면 행복할 수 있을 거야.

처음에는 원하는 것을 갖게 되기만 하면 행복해진다. 하지만 그 행복했던 순간은 금세 사라지고 다시 불행이 찾아온다. 그리고 이보다 더 많이 가져야 불행에서 벗어나 행복해질 수 있다는 환상이 다시 찾아온다. 행복을 얻기 위해 외적인 성공에 집착할 때마다 마음속은 점점 더 공허해진다. 기쁨과 평온 대신 혼란과 불만이 쌓여가기 때문이다.

참된 행복이 없이는 많이 가질수록 불행하게 될 뿐이다. 가십기사로 가득 찬 싸구려 잡지에는 온통 부자와 유명인사들의 불행한 이야기들뿐이다. 돈과 명예를 가졌으면서도 그들은 약물 중독에 빠지고 이혼하고 서로 싸우고 배신하면서 불행하게 살고 있다.

참된 행복 없이는 많이 가질수록 더 불행해질 뿐이다

행복하지 못한 부자와 유명인사들을 보면 참된 행복을 얻은 후에야 외적인 성공도 비로소 가치가 있다는 것을 다시 한 번 깨닫게 된다. 참된 행복을 얻었느냐 얻지 못했느냐에 따라 외적인 성공이 행복을 가져오기도 하고 불행을 가져오기도 한다.

참된 행복을 얻으려면 관점을 바꿔라

참된 행복은 우리 안에서 온다. 참된 자기 자신을 발견하고 자신을 소중히 여길 줄 아는 사람만이 참된 행복을 얻을 수 있다. 이런 행복을 얻으면 자신이 하고 싶은 일을 하는 동안 자신감이 생기고 행복을 느끼면서 힘도 얻게 된다. 그리고 목표를 달성했을 때만이 아니라 그후에도 계속 기뻐하고 만족할 줄 알게 된다. 참된 행복이 없이는 자신이 누구이건, 얼마나 많은 것을 가지고 있건 결코 만족하거나 행복할 수 없다.

> 참된 행복은 자신을 소중히 여기고
> 자신의 과거와 현재 그리고 미래를 소중히 여길 때 비로소 이룰 수 있다

참된 행복을 얻으려면 먼저 외적으로 성공하는 것이 인생의 최우선 목표가 아니라는 사실을 알아야 한다. 목표를 달성했는데 그것으로는 부족하다는 느낌이 들면 그러한 목표 달성이 무슨 소용이 있겠는가? 원하던 것을 얻자마자 그것이 더 이상 필요없다고 느껴진다면 원하는 것을 얻으려고 애쓸 필요가 있을까? 수백만 달러를 얻고도 만족스럽지 못하다면 많은 돈을 얻으려고 애쓸 필요가 있을까? 노래를 부르면 남들은 좋아하지만 정작 자신은 전혀 마음에 들지 않는다면 노래를 잘 부르려고 애쓸 필요가 있을까?

영원하고 참된 행복을 얻으려면 먼저 관점을 바꾸어야 한다. 외적인 성공이 아닌 참된 행복을 인생의 최우선 목표로 삼아야 하는 것이다. 이렇게 하는 것은 작지만 분명히 큰 변화다.

행복을 느껴보자

영원한 행복은 우리 안에서 온다. 원하는 것을 얻는다 해도 우리가 원래 행복하던 정도만큼만 행복해질 수 있다. 무언가를 잘하고 새로운 것을 배운다 해도 원래 자신감을 느끼던 만큼만 자신감을 얻을 수 있다. 누군가를 사랑할 때도 원래 '자신'을 사랑하던 만큼만 사랑할 수 있다. 마음의 평온함 역시 원래 평온하던 만큼만 느낄 수 있다.

이미 자기 안에 사랑과 기쁨, 자신감과 평온함이 깃들여 있는 사람만이 외적인 성공을 얻었을 때 더욱 행복을 느낄 수 있다.

원래 행복한 사람만이 외적인 성공을 얻었을 때 행복할 수 있다

원래 행복한 사람만이 원하는 것을 얻을 때 그 기쁨을 누릴 수 있다. 이것은 따뜻한 욕조 안에 들어가 있는 것에 비유할 수 있다. 따뜻한 욕조 안에 들어가 가만히 누워 있어보라. 시간이 한참 지난 후에는 더 이상 따뜻하다는 느낌이 들지 않는다. 하지만 이때 몸을 조금만 움직이면 물이 움직여서 따뜻함이 다시 느껴진다. 즉 욕조 안에서 따뜻함을 느끼기 위해서는 '따뜻한 물 속에 들어가 있어야 하고', '몸을 움직여야 한다'는 두 가시 조건이 충족되어야 한다.

이와 마찬가지로 삶에서 행복을 느끼기 위해서는 '원래 행복해야 하고', '원하는 것을 얻음으로써 기쁨의 물결을 만들어내야 한다'는 두 가지 조건이 충족되어야 한다. 원래 행복한 사람이라면 두 번째 조건인 기쁨의 물결을 만들기 위해 굳이 엄청나게 큰 외적인 성공을 거두지 않아도 된다.

내면의 힘과 자신감으로 가득 찬 욕조 안에 있다면 몸을 조금만 움

직여도 자신감의 물결이 느껴진다. 사랑과 평화로 가득 찬 욕조 안에 있다면 조금만 몸을 움직여도 사랑과 평화의 물결이 느껴진다.

반대로 불행이나 불안감 아니면 스트레스로 가득 찬 욕조 안에 있다면 몸을 움직였을 때 불행과 불안, 스트레스의 물결이 느껴질 것이다. 그러한 상태라면 원하는 것을 아무리 많이 손에 넣어도 행복을 느낄 수 없다.

불행의 진짜 원인

외적으로 성공을 이루었는데도 행복하지 않다면 아직 무언가 다른 목표를 이루지 못해서 불행하다고 생각하게 되기 쉽다. 그래서 불행을 느낄 때면 새로운 목표를 찾게 된다. 원하는 것을 얻지 못해서 불행하다고 생각하기 때문이다. 하지만 이것은 잘못된 생각이다.

원하는 것을 갖지 못해 불행하다는 것은 잘못된 생각이다

참된 행복을 얻으면 더 많은 것을 원하는 것이 불행의 원인은 아니라는 것을 알게 된다. 더 많이 가지고 싶어하는 것은 긍정적이고 행복한 마음을 불러온다. 열정, 자신감, 결단력, 용기, 기쁨과 믿음, 감사하는 마음, 사랑 등 일일이 열거할 수 없을 정도로 많은 감정들이 바로 여기에서 비롯된다. 원래 행복하고 자신감에 넘치는 사람은 더 많은 것을 원하고 그것을 얻기 위해 노력하는 과정에서 기쁨과 사랑, 자신감과 평온을 얻는다.

인간은 본질적으로 '더 많은 것'을 원한다. 인간의 영혼은 항상 더 오래 살기를 원한다. 인간의 정신은 더 많이 알고 싶어한다. 인간의

마음은 언제나 더 많은 사랑을 원하고 더 많은 것을 갖고 싶어한다. 인간의 감각은 더 많은 쾌락을 원한다. 참된 자신에게 충실한 사람이라면 누구든 더 많은 것을 원하게 마련이다.

인간은 본질적으로 '더 많은 것'을 원한다

이성과 사귀면서 더 많은 사랑을 원하는 것은 당연한 일이다. 직업에서 더 큰 성공을 바라는 것은 당연한 일이다. 더 많은 쾌락을 추구하며 즐기기를 원하는 것도 지극히 정상적인 일이다. 더 많은 것을 원하는 것은 인간이면 누구나 가지고 있는 욕구일 뿐, 결코 비정상적인 것이 아니다. 풍요로움과 사랑, 즐거움 그리고 더 많은 것을 향한 욕구는 인간이 살아가는 삶의 본질이다.

그렇다고 해서 더 많은 것을 원하는데 그것을 갖지 못하는 것이 불행의 원인이 될 수도 없다. 불행한 것은 마음속에서 기쁨을 느끼지 못하기 때문이지, 외적인 조건과는 아무런 상관이 없다. 불행은 어둠과도 같다. 어둠은 빛이 없는 곳에 존재한다. 그래서 빛을 비추면 어둠은 물러간다. 이와 마찬가지로 우리의 마음에 빛을 비출 수만 있다면 불행은 얼마든지 물리칠 수 있다.

빛이 있으면 어둠은 물러간다

참된 자기 자신을 찾으면 우리는 언제나 행복할 수 있다. 참된 자신은 늘 행복하고 자신감에 차 있으며 사랑을 듬뿍 안고 있기 때문이다. 행복하고 싶다면 먼저 자기 안에 숨어 있는 '참된 자신'을 되찾아야 한다. 마음속을 제대로 살펴보기만 한다면 기쁨과 사랑, 힘과 평온함이 이미 자기 안에 깃들여 있음을 알게 될 것이다. 기쁨과 사랑으로 가득 찬 모습, 그것이 우리의 참모습이다.

자신의 욕망을 솔직하게 수용하라

how to get what you want and want what you have

영화나 소설에는 돈이나 성공을 위해 악마에게 영혼을 파는 인물들이 곧잘 등장한다. 모두 지어낸 이야기이기는 하지만 완전히 엉터리 같은 이야기는 아니다. 자기 자신을 포기하면 외적인 성공을 거두기가 훨씬 쉽기 때문이다. 하지만 영혼을 팔거나 양심을 외면하는 것은 곧 돈이나 성공을 위해 행복과 사랑을 포기하는 것이나 마찬가지다.

사랑, 기쁨, 믿음, 동정심, 인내, 지혜, 용기, 겸손, 감사함, 인자함, 신뢰, 친절…… 이들 모두는 사람이면 누구나 타고나는 천성이다. 이런 천성을 외면하는 것이 바로 '자신'을 포기하는 일이다. 자기 자신을 포기하고 나면 상대적으로 외적인 성공은 쉽게 얻을 수 있다. 하지만 참된 행복까지 얻을 수 있는 것은 아니다.

외적인 성공을 이루기 위해 자신의 모든 것을 바치면 성공은 빨리 얻을 수 있다. 그러나 그렇게 하는 동안 참된 자기 자신은 서서히 잃어버리게 된다. 참된 자신을 잃어버리면 '자신'의 존재가 얼마나 소중한가도 잊어버리게 된다. 나아가 마음의 평화와 사랑의 소중함도 잃게 된다. 이러한 상태에서는 행복이란 언제나 내 손에 닿지 않는 '다른 사람의 이야기'일 뿐이다. 설령 행복이 찾아온다 해도 스쳐 지나가는 짧은 행복에 불과하다.

외적인 성공을 위해 자신의 모든 것을 바치면
성공은 빨리 얻을 수 있지만 참된 자신을 잃어버리게 된다

세상에서 성공한 사람들 중에는 냉혹한 사람들이 많다. 이러한 사람들은 외적인 성공을 위해서 다른 사람에게는 조금도 신경 쓰지 않는다. 무엇이든 이기적으로 생각하고, 원하는 것은 악착같이 손에 넣는다. 큰돈을 번 사람들이 종종 욕을 먹는 것은 다 이런 이유 때문이다. 물론 성공한 사람들이 모두 이기적인 것은 아니다. 하지만 성공하고 돈을 많이 번 사람들 중에 이기적이고 냉혹한 사람들이 많은 것은 분명한 사실이다.

남을 배려하지 않고 무엇이 옳고 그른지에 신경쓰지 않으면 이기적인 사람이 될 수밖에 없다. 남에게 관심을 가지지 않으면 아무 거리낌없이 멋대로 행동하게 된다. 인류의 역사를 살펴보면 자신의 권력을 제멋대로 휘둘러서 다른 사람들을 짓밟고 괴롭힌 사람들을 수없이 찾아볼 수 있다. 그들은 오로지 자신의 이익만을 생각했을 뿐, 자신의 행동 때문에 다른 사람들이 어떤 피해를 당하는지에 대해서는 아무 관심이 없었다. 부와 권력 때문에 참된 자신을 내팽개쳐버린 그들의 삶이 겉으로는 호화롭고 즐거워 보일 수도 있다. 하지만 마음속까지 행복하지는 못했을 것이다.

성공과 행복은 늘 함께 다니지 않는다

그런데 때로는 참된 자신을 찾기 위해 외적인 성공 같은 것은 아예 거들떠보지도 않는 사람들도 있다. 이러한 사람들은 오로지 내면의 정신적인 행복만을 추구하며 세상의 그 무엇에도 집착하지 않는

다. 그저 "돈 워리 비 해피(Don? worry, be happy)"라거나 "모든 것은 하늘에 달려 있다"고 말한다. 그리고 마음만 먹으면 성공은 저절로 이루어진다고 생각한다.

이는 얼핏 생각하면 옳은 이야기인 것처럼 여겨지기도 한다. 하지만 꼭 그렇지는 않다. 참된 자신을 소중히 하면 행복해지는 것은 사실이다. 그렇다고 원하는 것을 모두 얻을 수 있는 것은 아니다.

세상에는 가진 것이 없어도 행복한 사람들이 얼마든지 많이 있다. 인도의 시골 마을이나 동남 아시아의 외딴 지역, 기아에 허덕이는 아프리카에 가보면 가진 것이 없어도 그저 행복하게 웃는 사람들을 만날 수 있다. 지구의 다른 한편에서는 많은 사람들이 엄청난 부를 쌓아놓고도 불행의 늪에서 허우적대며 살고 있다. 부를 자랑하는 나라에서도 친절하고 남에게 베풀기 좋아하는 사람들은 대개 근근이 먹고사는 사람들이다. 이들은 참된 기쁨과 사랑이 무엇인지 알고 있다. 다만 자신이 원하는 것을 손에 넣는 방법을 모를 뿐이다.

세상에는 돈이 많아도 불행한 사람들이 많이 있다

외적인 성공을 거두지 못한 사람들 중에는 단지 부에 관심이 없는 사람들이 있는가 하면, 돈을 죄악의 근원이라고 생각하여 아예 거들떠보지도 않는 사람들도 있다. 그러한 사람들은 세상의 모든 문제가 돈 때문에 생긴다며 돈을 경멸하기까지 한다.

그러나 돈이 그렇게 나쁜 것만은 아니다. 구더기 무서워 장 못 담그는 격이라고나 할까? 그들은, 부자들이 돈의 힘을 함부로 남용하는 것이 못마땅해서 돈에 대한 인간의 자연스러운 욕망까지 애써 외면하고 있는 것이다. 일부러 돈을 외면하든, 단순히 돈에 관심이 없든, 돈에 대해 부정적으로 생각하면 '돈'은 결코 찾아오지 않는다.

정신적으로만 행복한 것은 완전한 행복이라고 할 수 없다. 자신에게 주어진 삶을 제대로 살기 위해서는 더 많은 것을 원하는 마음을 자연스럽고 정당하게 받아들여야 한다.

원래 돈에 관심이 없다고 믿는 사람이라면 자신이 정말로 그렇게 생각하고 있는지를 다시 한 번 찬찬히 생각해볼 필요가 있다. 어쩌면 더 많이 갖고 싶다는 욕망을 무의식적으로 억제하고 있을지도 모른다. 돈에 관심이 없는 사람이라면 지금 그대로도 얼마든지 행복하겠지만, 자신의 솔직한 욕망을 있는 그대로 수용한다면 아마 지금보다 훨씬 더 행복해질 것이다.

자신이 원하는 것을 얻지 못했을 경우, 아예 처음부터 그것을 원하지 않았다면서 자신의 욕망을 부정할 때가 있다. 원하는 것을 얻지 못해 실망하는 대신에 "그런 건 중요한 게 아니야"라거나 "사실은 별로 갖고 싶지 않았어"라는 말로 자기 자신을 위로한다. 그런데 이런 말을 습관적으로 하다 보면 감정이 무뎌져서 아무리 실망을 해도 서운한 생각이 들지 않게 되고, 자연스러운 욕망까지 느끼지 못할 수도 있다.

수도사에서 백만장자가 되기까지

20대 때 나는 외적인 성공을 철저히 외면하면서 살았다. 스위스에서 9년간을 수도사로 지내면서 '하느님'을 만난 나는 영적인 행복으로 충만해졌다. 그래서 더 이상 세속적인 행복 따위는 거들떠보지도 않기로 결심했다. 그곳에서 나는 이 세상을 좀더 나은 곳으로 만들 수 있는 길을 알려달라고 하느님께 기도했다. 그러자 하느님께서는 나를 캘리포니아로 인도해주셨다.

그 뜻에 따라 로스앤젤레스에 정착한 나는 예전보다 더욱더 물질적인 풍요를 외면했다. 당시 나는 돈 많은 자본가들의 이기심과 욕심 때문에 세상이 점점 병들어간다고 믿고 있었다. 내 눈에 비친 자본가들은 타인에 대한 배려와 자연에 대한 경외심이라곤 없이 그저 자기 욕심만 채우려고 달려드는 이기주의자들일 뿐이었다.

그들에 대한 반항심으로 나는 직업도 갖지 않았고, 가지고 있는 모든 것을 가난한 이웃들에게 나눠줘 버렸다. 그러자 몇 달 지나지 않아 나 역시 빈곤한 이웃들처럼 집 없는 노숙자가 되었다.

그러던 어느 날 나는 삶의 전환점을 맞이하게 되었다. 그날도 나는 다른 노숙자들과 함께 모닥불 주위에 모여 그들에게 내 생각을 이야기하고 있었다. 그런데 그 노숙자들 중 누군가가 내게 맥주를 건네면서 이렇게 말했다.

"당신 이야기를 듣는 건 참 좋아요. 하지만 무슨 얘기를 하는 건지 도무지 이해할 수가 없어요."

그 말에 모여 있던 모두가 웃음을 터뜨렸다.

그날 밤 나는 늦게까지 그의 말을 몇 번이고 되새겨보았다. 그리고 그 말 한마디가 내 생각을 바꿔놓았다. 그 노숙자의 말 한마디가, 내가 있어야 할 자리를 찾지 못한 채 지금껏 헤매고 있다는 현실을 깨닫게 해준 것이다. 나는 나 자신이 옳다고 생각한 신념대로 이 세상을 바꾸고자 했다. 그렇다면 나는 그렇게 할 수 있는 곳에 있어야만 했다.

그뿐만이 아니었다. 과거에는 당연하게 받아들였던 물질적인 풍요로움을 무턱대고 외면하고 있다는 것도 그때 깨닫게 되었다. 마음은 기쁨과 사랑으로 충만했지만 당시의 나는 결코 행복하지는 않았다.

나에게 노숙자의 삶은 어울리지 않았던 것이다.

나는 춥고 배고프고 두렵고 절망적이었다. 이렇게 나 자신에게 솔직해지면서 나는 비로소 하느님께 도움을 청하기 시작했다. 9년 동안 수도사 생활을 하면서 나는 정신적인 행복을 누릴 수 있었다. 하지만 그날 밤 노숙자가 한 말로 인해 정신적인 행복이 온전한 행복의 전부는 아니라는 사실을 알게 되었다. 인간은 정신적인 행복만으로는 진정으로 행복할 수 없다. 그리고 물질적인 풍요를 추구하는 것은 결코 죄악이 아니다. 노숙자의 말 한마디로 나는 이런 진리를 깨닫게 되었다.

그 뒤로 나는 하느님께 물질적인 풍요를 얻게 해달라고 기도했다. 그러자 내가 바라는 일들이 일어나기 시작했다. 작은 기적들이 벌어진 것이었다.

> 인간은 정신적인 행복만으로는 진정으로 행복할 수 없다
> 그리고 물질적인 풍요를 추구하는 것은 죄악이 아니다

배가 고프면 누군가가 먹을 것을 주었다. 차 안에서 자는 게 힘들게 느껴지면 누군가가 잠자리를 마련해주었다. 자동차 기름이 떨어지면 부모님이 기름 값을 보내주었다. 주위로부터 그런 도움을 받다 보니 어느새 돈과 부에 대한 부정적인 생각이 사라지기 시작했다.

주위의 도움을 받아들이고 물질적인 풍요를 다시 인정하기 시작한 지 1년 정도 지나자 다시 예전처럼 편안하고 아늑한 생활을 할 수 있게 되었다. 내가 진정으로 원하는 삶이 어떤 것인지 그때까지도 확실하게는 몰랐지만 내 기도는 계속해서 현실로 이루어졌다.

나는 항상 "구하라, 그러면 얻으리라"는 예수님의 말씀에 따라 살

아왔다. 그리고 그 노숙자의 말을 들은 날부터 내 삶은 새로운 국면으로 접어들게 되었다. 당시 나는 마음의 천국은 이미 찾은 상태였다. 이제부터는 모든 것이 나에게로 올 차례였다. 새로운 자각을 얻은 그날 이후로 9년간은 내가 원하는 모든 것이 이루어졌다. 그것도 내가 상상했던 것 이상으로.

참된 나를 찾고 하느님의 진리를 깨닫기까지 9년이라는 세월이 걸렸다. 그 뒤로 다시 9년이라는 세월이 흐르는 동안 나는 세속적인 삶에서 원하던 모든 것을 손에 넣었다. 그리고 또다시 9년이라는 세월이 흐르자 기대 이상의 성공을 거두었고, 사람들이 좀더 빨리 꿈을 이룰 수 있는 방법을 개발해냈다.

나는 기도와 명상을 하면서 정신적인 행복을 얻는 데 9년이라는 시간이 걸렸지만 당신은 그렇게까지 많은 시간을 투자할 필요가 없다. 새로운 천년이 시작된 지금, 마음의 천국을 찾으려고 하루에 열 시간 이상을 기도와 명상에 바치는 건 시대에 뒤떨어진 일이 아닐까?

돈에 대한 편견을 버려라

내가 지금껏 살아온 길을 되돌아보면 실수한 것도 많고 잘못한 일도 많다. 하지만 그런 실수들이 있었기에 지금의 내가 될 수 있었다고 생각한다. 많은 실수와 잘못을 저질렀지만 주위로부터 사랑과 지원을 받은 덕분에 나는 그런 일들에서 인생의 교훈과 지혜를 얻을 수 있었다.

고달픈 빈털터리 생활을 경험한 덕에 나는 돈에 대한 편견을 버릴 수 있었다. "구하라, 그러면 얻으리라"는 교훈을 아주 힘들게 깨달은 것이다. 또 하느님께 이것저것 해달라고 기도하다 보니 하느님께서 돈 버는 방법도 가르쳐주신다는 걸 알게 되었다.

하느님은 돈 버는 방법도 가르쳐주신다

지금의 내가 될 수 있었던 것은 기도의 덕도 있지만, 내가 이 세상에서 제 몫을 할 능력이 있음을 스스로 깨달았다는 것이 중요한 요인이라고 생각한다. 물론 하느님이 큰 힘이 되어주셨다. 하지만 그밖에도 나를 아끼고 언제든지 내가 다시 시작할 수 있도록 힘이 되어준 가족과 친구들의 힘도 컸다.

하느님과 가족, 친구들의 사랑과 지원이 있었기에 나는 좀더 빨리 예전의 나로 돌아올 수 있었다. 하느님의 사랑에 보답하기 위해서라도 우리는 제 몫으로 주어진 역할에 충실해야 한다. 하느님이 모든 것을 다 해주시리라고 믿고만 있어서는 곤란하다. 그런 생각만으로는 아무것도 할 수 없다. 하느님은 우리가 절대로 할 수 없는 일만 도와주시기 때문이다.

하느님은 우리가 절대로 할 수 없는 일만 도와주신다

외적인 성공을 추구할 때도 모든 것을 하느님께 맡긴 채 그저 성공하게 해달라고 기도만 하고 있어서는 곤란하다. 하느님께 기도를 하는 동안에도 자기 몫은 스스로 해야 한다. 씨앗이 튼튼하고 밭이 좋아도 직접 물을 주지 않으면 싹이 트지 않는다.

참된 행복과 외적인 성공을 이루기 위해서는 주위 사람들로부터 사랑과 지원을 얻어 자기의 정서적인 필요를 충족시키는 것이 필수적이다. 이렇게 필요한 것을 얻고 나면 이제는 자신의 힘들었던 과거를 떠올리면서 교훈과 지혜를 얻을 수 있게 된다. 사랑의 지원이 없다면 우리는 과거에서 분노와 좌절감만 느끼게 될 뿐이며, 그러면 과거로부터 교훈을 얻어 성장할 수 있는 기회를 놓치고 만다.

내 경우에 가난했던 노숙자 시절은 물질적인 풍요로움을 향해 마음을 열 수 있는 계기가 되었다. 다시 넉넉한 생활을 하게 되면서 나는 돈이 얼마나 소중한 것인지 깨달았다. 돈은 천국의 축복이 될 수도 있고 지옥행 급행열차가 될 수도 있다. 돈 그 자체는 좋은 것도 나쁜 것도 아니다. 우리 인간이 돈을 나쁜 것으로 만들기도 하고 좋은 것으로 만들기도 하는 것뿐이다. 노숙자 시절의 힘든 경험 덕분에 나는 지금 돈으로 얻을 수 있는 많은 것들에 대해 감사하며 살아가고 있다.

돈은 천국의 축복이 될 수도 있고 지옥행 급행열차가 될 수도 있다

나는 한창 돈이 궁할 때 50달러를 빌려준 친구를 아직도 잊지 못하고 있다. 그 친구가 돈을 빌려주었을 때 나는 말할 수 없이 기쁘고 고마웠다. 그리고 그때 굶주린 사람은 아주 사소한 일에도 감사할 수 있다는 것을 알게 되었다. 돈을 빌려준 친구에 대한 고마움과 함께 앞으로도 주위로부터 필요한 도움을 받을 수 있다는 자신감이 생기자, 그때부터 원하는 것이 무엇이든 이루어지기 시작했다.

물질적인 성공을 통해 얻은 아늑한 삶을 즐기고는 있지만 지금도 나는 세상 곳곳을 여행하면서 가끔은 미개발국의 현지인들과 함께 생활하곤 한다. 서구식의 안락한 삶에서 잠시 벗어나 생활하다 보면 그러한 삶이 얼마나 소중한 것인지 새삼 깨닫게 된다. 미개발국에서의 힘든 생활은 내가 소유한 것에 대한 고마움을 일깨워주는 계기이기도 하다.

먹을 물은 어디 있는지, 음식은 끓여먹을 수 있는지, 목욕은 어떻게 하고 용변은 어떻게 볼 것인지, 잠은 어디서 잘 것인지…… 이런 일상의 일들을 걱정하다 보면 문명사회에서 머리를 짓누르던 스트레스는 말끔히 사라진다. 당연한 것으로 여기던 아늑함에서 잠시 벗어나면 그런 것 없이도 얼마든지 행복할 수 있다는 것을 알게 된다. 마음과 감정, 감각의 쾌락을 누릴 수 없을 때는 심연의 영혼이 더 밝게 빛난다.

하지만 이렇게 느끼는 행복도 물질적 풍요를 누리는 아늑한 삶으로 다시 돌아갈 수 있기 때문에 가능하다. 내가 아늑한 생활을 뒤로 하고 미개발국 현지인들의 불편한 생활에 동참하는 것은 일시적인 일일 뿐이다. 그런 곳에서 생활하면서도 나는 여전히 안락함과 풍요로움, 가족과 친구, 건강을 중요하게 여긴다.

그렇게 일주일 정도 지낸 후에는 다시 원래의 아늑한 삶으로 돌아온다. 나의 일상으로 돌아와 따뜻한 욕조 속에 몸을 담그고 있노라면 육체적인 안락감이 밀려온다. 그러면 내가 가진 물질적인 풍요로움에 대해 하느님께 저절로 감사드리게 된다.

돈과 부에 대한 애착이 세상을 어지럽힌다는 데 대해서는 이견이 없다. 그렇다고 돈을 무작정 혐오하고 있을 수만은 없다. 나쁜 것은 돈이 아니라 그것을 사람들이 잘못 쓰기 때문이다. 물질적인 풍요나 돈에 대한 욕구 자체는 해로울 것이 없다. 돈과 부를 삶의 제1의 목표로 추구하면서 참된 자기 자신을 외면하는 것이 문제일 뿐이다. 참된 자신에게 솔직해질 수만 있다면 돈은 하느님께서 주신 축복이 될 수도 있다.

부와 외적인 성공에 대한 욕구는 인간의 타고난 천성이다. 성공한다고 해서 반드시 자기 자신에게서 멀어지는 것은 아니다. 우리는 얼마든지 참된 자신을 지킴과 동시에 물질적인 성공을 얻을 수 있다.

원하는 것을 얻으면서 자신을 사랑하고 소중히 여기기만 하면 된다. 참된 행복이라는 것을 제대로 알기만 한다면 우리는 정신적인 행복과 물질적인 행복을 함께 누릴 수 있다.

영혼을 위한 열 가지 사랑 비타민

how to get what you want and want what you have

지금까지는 외적인 성공을 추구하기 전에 먼저 참된 행복을 찾아야 하는 이유에 대해 살펴보았다. 그런데 전혀 행복하지 않은 상태에서도 참된 행복을 찾을 수 있을까? 자기 안에 사랑이 부족한 사람이 자신은 물론이고 남을 사랑할 수 있을까? 자신을 사랑하고 싶지만 거울 속에 비친 자기 모습만 보아도 짜증이 나고 싫을 때는 어떻게 해야 할까?

이웃을 사랑하고 싶지만 그 이웃이 한없이 밉기만 할 때는 어떻게 해야 할까? 남편이나 아내를 사랑하고 싶지만 도무지 그럴 마음이 생기지 않을 때는 어떻게 해야 할까? 자기 일을 사랑하고 싶지만 그 일이 지긋지긋하거나 지루하기만 할 때는 어떻게 해야 할까? 가족을 아끼고 사랑하고는 있지만 그 가족들 곁을 떠나고 싶을 때는 어떻게 해야 할까? 자신은 진정으로 행복하고 싶지만 세상이 그렇게 놓아두지 않을 때는 어떻게 해야 할까?

대답은 간단하다.

"자신이 필요로 하는 것을 얻어라."

아무리 좋은 자동차도 기름이 없으면 꼼짝도 못한다. 마찬가지로 우리도 필요한 것을 얻지 못하면 참된 자신이 될 수 없다. 행복은 우리의 본성이다. 그 본성을 되찾아 참된 자신으로 돌아가려면 특별한 종류의 사랑과 지원이 필요하다. 우리가 마음을 열고 그 사랑과 지원을 받기 전까지 행복의 문은 열리지 않는다.

아무리 좋은 자동차도 기름 없이는 꼼짝하지 못한다

외적인 성공을 얻지 못했다고 해서 불행해지는 것은 아니다. 때로 그렇게 생각될 때도 있지만 사실은 그렇지 않다. 삶이 너무 고단하여 사랑도 기쁨도 자신감도 모두 잃어버렸을 때야말로 참된 자신을 찾아야 한다. 먼저 자신에게 필요한 것을 얻지 못하는 한 우리는 행복해질 수 없다.

사람은 자신에게 필요한 사랑을 얻으면 행복하다고 느낀다. 만약 불행하다면 그것은 우리에게 필요한 특정한 사랑이 결핍되어 있기 때문이다. 사랑은 연료와 같은 것이다. 그래서 필요한 사랑이 결핍되면 우리는 아무것도 하지 못하고 주저앉게 된다. 아무리 좋은 전구라도 전기를 꺼버리면 불이 들어오지 않는 것처럼, 우리는 사랑을 받아야 참된 자기 자신을 찾을 수 있는 힘이 생긴다. 우리에게 필요한 사랑을 얻는 것은 전구의 불을 밝히기 위해 전기를 켜는 것과 같다. 전선은 이미 다 연결되어 있다. 해야 할 일은 전기 스위치를 켜는 것뿐이다.

사랑 비타민

신체가 건강을 유지하기 위해서는 물과 공기, 음식, 비타민과 무기질이 필요하다. 마찬가지로 우리의 영혼도 건강을 유지하고 마음과 감정, 육체를 제대로 이끌어가기 위해서 여러 가지 종류의 사랑이 필요하다.

마음은 의지를 세우고 목표를 정하며 긍정적인 사고를 하고 믿음을 가짐으로써 영혼이 목적을 성취하도록 도와준다. 감정은 영혼에게 필요한 것들을 흡수하는 것으로 영혼을 돕는다. 그리고 육체의 감각기관은 바깥세상에 있는 정보와 쾌락을 제공하여 영혼을 만족시켜준다.

감정은 영혼이 성장하는 데 필요한 것들을 흡수한다

필요한 것을 얻지 못하면 영혼은 그 힘을 잃는다. 그러면 우리는 제 몫의 삶을 살 수 없다. 영혼과의 연결이 이루어지지 않으면 인생의 방향을 상실하게 된다. 우리는 어떻게 살아야 하는가를 잘 알고 있다고 생각하지만 사실은 그렇지 않다. 삶을 이끌어 가는 영혼을 만들기 위해서는 마음을 열고 자신에게 필요한 종류의 사랑을 받아들일 수 있어야 한다. 우리 영혼이 건강한 참모습을 되찾기 위해서는 여러 가지 필요한 사랑 비타민을 섭취해야 한다.

마음이 닫혀 있거나 엉뚱한 곳에서 사랑을 찾는다면 참된 행복은 이룰 수 없다. 자신에게 어떤 사랑이 필요한지 명확하게 알고, 마음을 열고 그 사랑 비타민을 받아들여야 참된 자기 자신을 회복할 수 있다.

필요한 '사랑 비타민'은 열 가지가 있다. 이 사랑 비타민들을 모두 충분히 가져야 참된 행복을 이룰 수 있다. 참된 자신을 알고 체험하기 위해서는 마음을 열고 이 비타민들을 모두 받아들일 수 있어야 한다. 고통에서 벗어나고 참된 행복을 이루기 위한 힘을 얻기 위해서는 이들 '사랑 비타민'이 반드시 필요하다.

열 가지 '사랑 비타민'

1. 비타민 G1 — 신(God)으로부터의 사랑과 지원
2. 비타민 P1 — 부모(Parents)로부터의 사랑과 지원
3. 비타민 F — 가족(Family), 친구(Friend)로부터의 사랑과 그들과 함께 나누는 즐거움(Fun)
4. 비타민 P2 — 동료(Peer)나 비슷한 목표를 가진 사람들의 사랑과 지원
5. 비타민 S — 자신에 대한 사랑(Self-love)
6. 비타민 R — 연인이나 배우자와의 사랑(Romance)
7. 비타민 D — 내게 의지하는 이(Dependent)로부터의 사랑
8. 비타민 C — 사회(Community)로 환원하는 사랑
9. 비타민 W — 세상(World)으로 환원하는 사랑
10. 비타민 G2 — 신(God)을 향한 사랑

   이러한 열 가지 사랑을 모두 가지면 우리는 풍요롭고 행복한 삶을 살 수 있다. 자신의 삶에 만족하지 못하거나 원하는 것을 얻지 못하는 근본적인 이유는 필요한 사랑이 부족하기 때문이다. 많은 경우에 우리는 마음은 열어놓고 있으면서도 전혀 엉뚱한 곳에서 사랑을 찾아헤맨다. 또 다른 경우에는 자기에게 맞는 사랑을 찾기는 했는데 마음을 닫고 있어서 영혼에게 필요한 사랑을 섭취하지 못할 때도 있다.
   하지만 앞에서 열거한 열 가지 사랑 비타민에 대해 제대로 알고 그 비타민들을 섭취할 수 있는 방법만 배운다면, 우리는 지금 당장이라도 자신의 꿈을 실현시킬 수 있는 힘을 얻을 수 있다.

사랑 비타민은 모두 소중하다

우리가 온전하기 위해서는 이들 각각 다른 종류의 사랑과 지원 모두가 필수적이다. 그런데 가끔은 그 중요도가 달라질 때도 있다. 우리 신체는 하나의 비타민이 부족하면 병에 걸린다. 다른 비타민이 아무리 풍부해도 부족한 한 가지 비타민을 대신하지는 못한다. 그럴 때 부족한 비타민을 공급해주면 우리 몸은 금방 건강을 회복하게 된다.

이와 마찬가지로 열 가지 사랑 비타민 중 한 가지가 부족하면 다른 사랑이 아무리 풍부해도 우리는 행복해질 수 없다. 행복을 얻는 방법이 다양한 이유가 바로 이 때문이다.

신으로부터의 사랑이 충족되는 순간 행복해지는 사람이 있는가 하면, 자기 자신을 소중히 여기고 자신의 삶에 충실할 때 행복해지는 사람도 있다. 연인과의 사랑을 통해 행복을 얻는 사람이 있는가 하면 가족이나 친구와 함께 지내면서 행복을 얻는 사람도 있다. 사람들은 저마다 다른 사랑을 필요로 한다. 그리고 열 가지 사랑 비타민 중 채워지지 않은 사랑이 있을 때 그 사랑을 더 간절히 원하게 된다.

열 가지 사랑 중 채워지지 않은 사랑이 있으면
그 사랑을 간절히 원하게 된다

예를 들어 신으로부터의 사랑이 절대적으로 부족한 사람이 열린 마음으로 종교 집회에 참석한다면 아마 엄청난 감동을 받게 될 것이다. 하지만 신의 사랑이 부족하지 않은 사람이라면 같은 장소에 가도 그리 큰 감동을 받지 않을 것이다. 물론 마음이 깨끗해지고 신의 사랑을 느끼기는 하겠지만 그처럼 대단한 느낌은 아닐 것이다.

음식을 먹을 때도 똑같다. 배가 몹시 고픈 사람이 음식을 먹는다면 무한한 행복감과 함께 음식 한 가지 한 가지가 무척 맛있게 느껴질 것이다. 하지만 방금 근사한 식사를 마친 사람이라면 아무리 좋은 음식을 보아도 시큰둥하기만 할 것이다. 당연히 먹었을 때도 별맛을 느끼지 못한다. 무엇이든 지나치면 흥미를 잃게 마련이다. 그래서 좋아하는 것도 너무 많으면 더 이상 거들떠보지 않게 된다.

크리스는 신앙심이 깊은 사람이었다. 아내와 가족이 있고 직업도 좋은 그는 오랫동안 성실하게 살아왔다. 그런데 40대에 들어서면서부터 우울증에 빠져들기 시작했다. 상담을 해보니 그는 자신이 우울하다는 것에 큰 죄책감을 느끼고 있었다.

크리스는, 자신은 신의 사랑을 받고 있으며 신의 사랑을 받는 사람은 반드시 행복해야 한다고 생각하고 있었다. 그는 평생 신을 섬기며 신의 말씀에 따라 살아왔다. 그런 자신이 우울하다는 사실을 그는 도저히 받아들일 수 없었다. 그리고 처음으로 신의 사랑을 느꼈던 때의 기쁨을 더 이상 느끼지 못하는 자신에게 죄책감을 갖게 되었다.

하지만 열 가지 사랑 비타민에 대해 배우고 나자 크리스는 지금껏 자신이 '즐거움'을 너무 도외시하고 살아왔다는 것을 깨닫게 되었다. 사랑 비타민 F와 S가 결핍되어 있었던 것이다. 신의 뜻에 따라 선량하게 살아야 한다는 생각에 크리스는 자기 자신을 위해서는 아무것도 하지 않았다. 교회와 신에게 헌신하느라 편하게 지내면서 인생을 즐길 생각을 전혀 하지 못했던 것이다.

자신에게 어떤 문제가 있는지 알게 되자 크리스는 자신을 좀더 소중히 여기기로 했다. 그래서 그는 우선 장기휴가를 냈다. 그러고는 멋진 차를 사서 아내와 아이들과 함께 여행을 떠났다. 또 그는 여태껏 생각도 해보지 않았던 일들을 실행해보기로 했다. 그래서 섹스와 부부간의 사랑에 대한 책을 산 다음 아내와 함께 읽으면서 부부생활도 즐기기 시작했다.

자신을 돌보면서도 죄의식을 갖지 않게 되자 크리스의 우울증은 점차 사라졌다. 한동안 손을 놓았던 교회활동도 다시 시작했다. 다시 돌아간 교회에서는 많은 사람들이 환영해주었고 지원도 아끼지 않았다. 우울증에 빠졌던 크리스가 가장 먼저 해야 할 일은 자신을 보살핀다고 해서 신에 대한 사랑을 저버리는 것은 아니라는 사실을 깨닫는 것이었다.

필요한 사랑은 어디서든 얻을 수 있다

우리의 영혼은 필요한 사랑을 얻을 수 있는 힘을 가지고 있다. 그런데 그러기 위해서는 먼저 정신이 우리에게 필요한 사랑이 무엇인지를 밝혀내야 하며, 마음은 그 사랑을 받아들일 수 있도록 문을 열어야 한다. 필요한 사랑은 언제라도 얻을 수 있다.

그런데 마음이 얻을 수 없는 것을 원하고 있다면 그것은 자신에게 어떤 사랑이 필요한지를 잘 모르고 있다는 뜻이다. 많은 경우에 원하는 것을 얻지 못하는 것은 한 가지 사랑에서 모든 것을 얻으려고 하기 때문이다.

한 가지의 사랑 비타민만으로는 영혼의 영양이 균형을 이룰 수 없다. 필요한 사랑을 얻지 못한다고 생각되는 것, 그것은 바로 엉뚱한 사랑 비타민을 과다섭취하고 있다는 증거다.

자신에게 무엇이 필요한지 잘 모를 때 우리는 원하는 것을 얻을 수 없다

이러한 일은 특히 결혼생활에서 많이 일어난다. 결혼을 하고 나면 사람들은 다른 사랑 비타민은 무시하고 오직 배우자와의 사랑에만 집착한다. 왜 그럴까? 이유는 간단하다. 처음에는 그 사랑만으로도 모든 것이 완벽해 보이기 때문이다. 결혼 초기에는 아내나 남편만 있으면 온 세상이 천국처럼 느껴진다. 이성과의 사랑을 가리키는 비타민 R에 대한 필요를 충족시켜줄 상대를 만났으니 그렇게 느끼는 것도 당연하다. 둘만의 사랑이 너무나 소중해서 다른 사랑 같은 것은 안중에도 없다.

하지만 뜨거운 사랑은 잠깐이다. 비타민 R을 과다섭취하는 동안 나머지 사랑 비타민에 대한 결핍은 점점 심해지고 있다는 것을 본인은 알지 못한다. 영혼에는 열 가지 사랑 비타민이 모두 필요한데 우리의 마음은 한 번에 한 가지 비타민만 섭취할 수 있다. 그래서 열 가지 사랑 비타민이 모두 부족할 때도 한 가지 비타민만 섭취하면 나머지 비타민도 모두 섭취한 것처럼 느껴진다.

영혼에는 열 가지 사랑 비타민이 모두 필요하다
하지만 우리의 마음은 한 번에 한 가지 비타민만 섭취할 수 있다

비타민 R은 물론이고 나머지 사랑 비타민까지 모두 부족할 때, 비타민 R을 섭취하는 동안에는 다른 비타민의 부족을 느끼지 못한다. 하지만 일단 비타민 R을 충분히 섭취하고 나면 그때부터는 나머지 비타민의 결핍으로 인한 증세가 나타나기 시작한다.

한 가지 필요가 충족되고 나면 부족한 나머지의 사랑에 대한 필요가 느껴지기 때문이다. 부부나 연인이 아무리 뜨겁게 사랑을 나눈다

해도, 일단 비타민 R이 충족되고 나면 채워지지 않은 나머지 사랑 비타민으로 인한 결핍 증세가 나타난다.

수많은 부부와 연인들이 만났다가 헤어지는 이유가 바로 여기에 있다. 처음 사랑을 시작할 때는 너무나 열렬히 사랑하기 때문에 나머지 사랑 비타민에 신경쓸 틈이 없다. 행복을 바라는 참된 자신이 연인과의 사랑에 취해버렸기 때문이다. 하지만 비타민 R이 충족되고 나면 연인과 사랑에 빠지기 전과 같은 불만이 되살아나기 시작한다.

그리고 그때부터 상대방에 대한 애정이 식어가기 시작한다. 같이 무엇을 하건, 상대가 무엇을 하든 더 이상 만족스럽지 않다. 더 이상 둘 사이가 좋아질 기미도 보이지 않는다. 일은 갈수록 꼬이기만 하고 드디어 서로를 불평하기 시작한다.

상대방의 있는 그대로를 사랑하는 대신 그가 바뀌기를 바라거나 그를 바꾸고 싶어한다. 사랑하고 싶은 마음은 사라지고 상대방을 바꾸기 위해 기를 쓰거나 아예 새로운 사람을 만나야겠다고 마음먹는다. 그래서 결국 필요한 것을 얻을 수 있는 힘을 잃어버리게 될 뿐 아니라 한때는 사랑했던 사람에게 상처를 주게 된다.

하지만 열 가지 '사랑 비타민'에 대해 잘 알고 나면 사랑이 부족하다는 바보 같은 착각은 더 이상 하지 않게 될 것이다. 필요한 것을 얻기가 어렵다면 초점을 바꾸고 목표를 변화시키면 된다. 그러면 즉시 필요한 현실적인 지원을 얻을 수 있다. 찾는 것이 어디에 있으며, 그것을 얻기 위해서는 어떻게 해야 하는지만 알면 우리는 언제든지 필요한 사랑을 얻을 수 있다.

사랑 탱크

how to get what you want and want what you have

우리는 모두 열 가지 사랑 비타민을 담는 열 가지 사랑 탱크를 가지고 있다. 이 열 가지 사랑 탱크를 가득 채우면 우리는 행복해질 수 있다. 참된 자신에게서 멀어졌다면 그것은 하나 이상의 사랑 탱크가 비었다는 뜻이다. 그럴 때는 자신에게 필요한 사랑 비타민을 섭취해서 그 탱크를 채워주어야 한다. 그러면 우리는 다시 참된 자신으로 돌아갈 수 있다.

그러니까 참된 자신으로 돌아가는 비법은 바로 사랑 탱크를 가득 채우는 것이다. 열 가지 사랑 탱크가 모두 가득 차면 우리는 마음이 평온해지고 행복해지며 만족감을 느끼게 된다. 그리고 더 많은 행복을 끌어들일 자기 내부의 잠재력과도 만나게 된다.

그런데 하나의 탱크가 가득 차면 얼른 다른 탱크들이 비어 있지는 않은지 확인해보아야 한다. 열 가지 탱크들이 모두 차 있는지 늘 주의를 기울여야 어느 한 탱크가 비어 불행해지는 일을 막을 수 있다. 예를 들어 이성으로부터의 사랑에만 집착하다 보면 나머지 사랑 탱크가 비게 되어 아무리 사랑을 받아도 부족하다고 생각하게 된다.

하나의 탱크가 가득 차면 다른 탱크가 비어 있지 않은지 확인하라 이성과 사랑에 빠지면 사랑 비타민 R이 담긴 탱크가 가득 차게 된다. 그런데 탱크가 가득 찬 뒤에도 계속 그 사랑에만 집착하다 보면 더 이상 만족감을 느끼지 못한다.

참된 자신으로 돌아가게 해주는 사랑 비타민이지만 이미 충족된 비타민에 계속 집착하다 보면 오히려 참된 자신에게서 멀어질 수도 있다. 참된 자신을 잃고 만족감도 느끼지 못하면 연인이나 배우자가 아무리 사랑을 베풀어도 더 이상은 행복을 느낄 수가 없다. 그러면 어떻게든 둘 사이를 바꿔보기 위해 이런저런 변화를 시도해보기도 하지만 좀처럼 예전의 사랑을 회복하지 못한다. 이럴 때는 문제 해결을 위해 서로에게 매달리는 것이 아무 소용이 없다. 그보다는 사랑 비타민 R이 아닌 다른 사랑 비타민을 찾아 부족한 사랑 탱크를 채워주는 일이 시급하다.

비타민 R의 탱크가 가득 찼는데도 연인과 문제를 해결한답시고 그 사랑에만 매달리면 문제는 점점 심각해지기만 한다. 이런 사실을 모르기 때문에 많은 부부와 연인들이 서로의 관계를 회복시키려다 오히려 상대방의 마음에 상처를 주는 일을 되풀이하게 된다. 하나의 탱크가 가득 차면 다른 사랑 탱크로 주의를 돌려야 한다는 것을 안다면, 많은 부부와 연인들이 쓸데없는 싸움과 고통에서 벗어날 수 있다.

조지와 로즈는 결혼 8년째에 접어드는 부부이다. 두 사람은 『화성에서 온 남자, 금성에서 온 여자』를 열심히 읽으면서 둘 사이의 올바른 커뮤니케이션을 익히려고 부단히 노력했다. 하지만 좀처럼 사이가 원만해지지 않았다. 남편 조지는 책을 통해서 배운 것들을 열심히 실천했는데, 그럼에도 아내 로즈는 좀처럼 만족하지 못했다. 그녀는 자신이 이야기할 때 남편이 귀를 기울여주지 않고 자신이 바라는 걸

남편이 제대로 해주지 않는다고 느꼈다.

로즈는 남편을 사랑하려고 애썼다. 하지만 그녀가 아무리 노력해도 조지는 아내가 불평만 한다고 속상해했다. 로즈는 마치 살얼음 위를 걷고 있는 것 같은 상태였다. 남편을 사랑하려고 해도 그를 생각하면 자꾸 화가 났다. 그에게 잘해주려고 생각하면 할수록 자신은 충분히 받지 못한다는 생각이 들었다. 조지와 로즈 부부는 서로에 대한 애틋한 사랑을 잃어버린 것이었다.

둘의 문제를 해결하기 위해 사랑 탱크에 대해 배운 조지와 로즈 부부는 약 두 달 정도 서로에 대해 아무것도 기대하지 않고 살아보기로 했다. 그 동안 두 사람은 각방을 쓰면서 각자의 일에만 신경쓰기로 했다. 서로에 대한 관심이나 사랑은 일단 접어두고, 가족들이나 친구들과 함께 많은 시간을 보냈다. 그리고 상대방과 관계없이 자기가 하고 싶었던 일들을 실컷 했다.

그렇게 몇 주일이 지나자 두 사람은 마음이 편해지고 행복해지기 시작했다. 자신의 불행을 상대방 탓으로 돌리며 싸우는 일이 없어지자, 그제야 두 사람은 서로가 함께했던 날들이 얼마나 행복했던가를 다시 깨닫게 되었다. 비타민 R 이외의 나머지 사랑 탱크들이 채워지면서 그들은 자기 자신을 소중히 여기고 자신에게 만족할 수 있게 된 것이었다.

약속한 두 달이 끝나자 조지와 로즈 부부는 화해를 기념하면서 외식을 했다. 둘은 오랜만에 행복한 시간을 보냈다. 조지는 몇 년 만에 처음으로 아내가 매력적으로 보이면서 뜨거운 사랑을 느꼈다. 로즈도 오랜만에 남편의 사랑을 느낄 수 있었다. 그녀는 남편이야말로 자신의 완벽한 이상형이었음을 깨달았다. 조지는 자상하고 재미있는 사람이며 로즈를 깊이 사랑하고 있었다. 밝고 웃음을 잃지 않으며 우스갯소리도 잘 받아들이는 로즈도, 조지가 바라던 이상형 그 자체였다.

예전의 사랑을 되찾기 위해 조지와 로즈 부부가 한 일은 잠시 서로에게서 멀어졌던 것뿐이었다. 잠깐의 이별 후 다시 만난 두 사람은 예전보다 훨씬 더 뜨거운 사랑을 나누는 사이가 되었다.

사랑 탱크를 가득 채워라

사랑 탱크 하나가 가득 차면 굉장히 기분이 좋아진다. 그럴 때마다 우리는 연인이나 배우자 때문에 기분이 좋아졌다고 생각한다. 하지만 사실은 참된 자신에 가까워졌기 때문에 기분이 좋아진 것이다.

물론 연인이나 배우자의 사랑은 참된 자신으로 돌아가는 데 큰 힘이 된다. 사랑을 베풀어주는 사람이 옆에 있으면 진정한 자신을 발견하기가 훨씬 더 쉬워진다. 그리고 곁에서 베풀어주는 사랑의 종류에 따라 발견할 수 있는 참된 자신의 모습도 달라진다.

그런데 사랑 탱크 하나가 가득 찼다고 해서 늘 만족스럽고 즐겁기만 한 것은 아니다. 오히려 지루하고 짜증이 나거나 불만스러워질 수도 있다. 연인이나 배우자에게 싫증이 나고 불만이 생기는 것은 텅 비어버린 나머지 사랑 탱크들 때문이다.

사랑 탱크 하나가 가득 차면 지루하고 짜증이 생기기 시작한다

사랑 탱크 하나가 가득 찼다는 것은 아이로니컬하게도 뭔가 부족하다는 느낌이 드는 것으로 알 수 있다. 그럴 때는 자신에게 어떤 사랑이 부족한지를 정확히 파악할 수 있어야 한다. 그렇지 않으면 우리의

머리는 모든 것을 연인이나 배우자 탓으로 돌리게 된다.

연애중이거나 결혼한 사람은 불만이 생기면 상대방과의 관계를 개선하려고 애쓰지 말고, 한숨 돌리면서 부족한 나머지 사랑 탱크를 채우도록 하자. 둘의 사랑을 회복하는 데는 이 방법이 훨씬 도움이 된다.

두 사람이 서로 사랑하다가 그 사랑이 식었다면 그것은 사랑 비타민 S(자신에 대한 사랑)의 결핍증 때문일 가능성이 많다. 자기 자신을 사랑하지 못하면 그 부족한 사랑을 배우자나 연인으로부터 보충받고 싶어진다. 그래서 상대방에게 점점 더 많은 사랑을 요구하게 된다. 하지만 자신을 사랑하지 못하는 사람은 배우자나 연인이 아무리 사랑을 베풀어주어도 만족하지 못한다. 채워지지 않은 자기애(自己愛)의 빈 공간은 배우자나 연인의 사랑으로는 결코 채워지지 않는다.

자신을 사랑하지 못하는 사람은 그 누구의 사랑으로도 행복해질 수 없다

자신감이 넘치고 자신을 소중히 여기는 사람은 좀처럼 남의 말에 기죽지 않는다. 반면에 자신감이 없고 자신을 소중히 여기지 않는 사람은 남들이 아무리 용기를 북돋워줘도 자신을 부족한 사람으로 여긴다. 자기 자신을 먼저 사랑하지 않으면 다른 누구의 사랑도 소용없다. 자기애의 탱크를 채워줄 수 있는 사람은 자기 자신뿐이다.

자신에 대한 사랑이 부족한 사람이 연애나 결혼생활을 하면, 연인이나 배우자가 자신을 소홀히 대한다는 생각이 들어 자주 화를 내게 된다. 그는 연인이나 배우자가 행복을 가져다주기를 바란다. 하지만 자신에 대한 사랑이 부족하면 행복해지기는커녕 갈수록 상황이 나빠지기만 할 가능성이 훨씬 크다.

그럴 때는 앞서서 연인이나 배우자가 변했다고 생각하게 된다. '전에는 이러지 않았는데'라는 생각이 들며, 연인이나 배우자가 해주지 않는 일들이 머릿속을 가득 채운다. 그러고는 "당신이 요즘 내게 해준 게 뭐야?"라는 말을 입에 달고 다니게 된다.

이 모두는 비타민 S가 부족할 때 나타나는 증상들이다. 이런 증상이 나타날 때 자기 자신에게 주의를 돌리고 자신을 소중히 여기기 시작하면 그는 다시 예전의 모습으로 돌아갈 수 있다. 자신만을 위한 시간을 내고, 자신이 하고 싶었던 일들을 하다 보면 짜증과 불만은 사라지고 다시 즐거운 마음을 찾을 수 있다.

'나'를 사랑하자

얼마 전 책 한 권을 집필하면서 나는 처음으로 '사랑 탱크'라는 개념을 생각해냈다. 당시 나는 한창 글이 잘 풀리고 있었다. 이미 써놓은 글들도 모두 마음에 들었다. 그런데 어느 순간부터 갑자기 글이 생각대로 써지지 않았다. 며칠 동안 끙끙대면서 나는 좀더 나은 글을 써보려고 애썼다. 하지만 아무리 써도 마음에 드는 글이 나오지 않았다. 그러다 보니 나는 어느새 스스로를 변명하기에 이르렀다.

'책 한 권이 처음부터 끝까지 완벽할 수는 없어.'

'이 정도면 괜찮은 거 아냐? 너무 지나치게 신경쓰는 것도 좋지 않아.'

이렇게 자기 합리화를 하면서 나는 지긋지긋하게 끌고 가던 한 단원을 마무리지었다.

그런 다음 아내 보니에게 내 글을 읽어달라고 부탁했다. 물론 부탁을 할 때는 자신의 글이 무척 마음에 들며, 아내가 꼭 읽어주었으면 좋겠다고 생각하는 것처럼 부풀려서 행동했다. 그때 나는 그 글이 아내의 마음에 들어서 내가 더 이상 그 글에 신경쓰지 않았으면 좋겠다고 바라고 있었다. 그러니까 자신이 쓴 글에 대해 더 이상 신경쓰지 않기 위해 아내의 '허락'이 필요했던 것이다.

그런데 아내는 글을 다 읽은 후 아주 조심스럽게 글이 불분명하며 복잡하다고 말했다. 사실 나도 똑같은 생각을 하고 있었다. 하지만 아내에게서는 그런 말을 듣고 싶지 않았다. 그래서 나는 아내에게 화를 냈다. 아내가 그렇게 비판적인 평을 하리라고는 상상도 못했던 것이다.

돌이켜 생각해보면 그때 아내는 비판적이지도 않았고 틀린 말을 한 것도 아니었다. 게다가 비평을 할 때는 아주 조심스럽게 말했다. 그런데도 나는 아내를 나쁜 사람인 양 몰아붙였다. 하지만 그때 아내가 글이 아주 마음에 든다고 말했더라도 정직하게 말해주지 않는다면서 화를 냈을 것 같다.

정작 그 글을 못마땅해한 것은 나 자신이었으면서도 나는 아내에게만 화를 냈다. 여기서 우리는 자신을 사랑하지 않을 때 연인이나 배우자와의 관계에 어떤 영향을 끼치게 되는지 알 수 있다. 만약 내가 그 글을 무척 마음에 들어했다면 아내가 무슨 말을 하건 대수롭지 않게 여겼을 것이다. 하지만 당시의 나는 나 자신에게서 받지 못한 사랑을 아내에게 대신 받으려 했고, 그것이 뜻대로 되지 않자 화가 났던 것이다.

그 사실을 깨닫기 전까지는 도무지 화가 가라앉지 않았다. 나는 아내가 한 말에 하루 종일 화가 났다. 심지어는 아내와 말다툼까지 벌였다. 다툰 것은 다른 이유 때문이었지만 어쨌든 실제 원인은 그 글이었다. 부부나 연인이 말다툼을 하다 보면 어느 순간부터는 처음 싸우게 된 이유는 잊어버리고 다투는 방식을 놓고 실랑이를 벌이게 된다. 그러면 이런 말들이 오가게 된다.

"내 말은 하나도 안 들었군요."

"그래서 지금 그런 식으로 나를 욕하는 거예요?"

그러고는 자신을 정당화하기 위해 상대방의 지나간 잘못을 하나씩 들추어내기 시작한다. 그날 저녁에 아내와 나는 돈 문제로 싸웠다. 하지만 싸움의 진짜 원인은 바로 내가 나 자신을 사랑하지 못한 데 있었다.

연인이나 부부가 말다툼을 하다 보면 어느 순간부터는
처음 싸우게 된 이유는 잊어버리고 다투는 방식을 놓고 싸우게 된다

아내와 싸운 그날 저녁, 나는 한 친구와 함께 액션 영화를 보러 갔다. 영화를 본 지도 오래되었고 원래 내가 액션 영화를 좋아하기 때문에 영화를 보는 동안 무척 기분이 좋았다. 기분이 좋아지자 집에 와서 아내에게 사과하기도 훨씬 쉬워졌다. 그리고 아내에 대한 애정도 새롭게 솟아났다.

다음날 글을 다시 한 번 읽어보니 고쳐써야 할 내용들이 금세 눈에 들어왔다. 글을 고쳐 쓰고 나자 하나같이 마음에 들었다. 글쓰기를 가로막고 있었던 보이지 않던 장벽이 사라진 것이었다.

글을 마무리한 뒤에 나는 그 동안 벌어졌던 일들을 차분한 마음으로 되짚어보았다.

'우선 왠지 글이 써지지 않았다. 억지로 써놓은 글들은 도무지 내 마음에 들지 않았다. 그런데도 아내의 비판이 언짢게 느껴졌다. 그래서 아내와 말다툼까지 벌였다. 그런 다음 영화를 보러 가서 기분

이 많이 좋아졌다.'

그 무렵 나는 여러 가지 종류의 사랑이 필요했다. 아내의 사랑이 필요했고, 나 자신에 대한 사랑이 필요했으며, 무엇보다도 함께 즐길 수 있는 친구의 사랑이 필요했다.

서로 싸우던 그날, 나는 아내의 사랑을 느낄 수도 없었고 고마워할 수도 없었다. 그 순간 내게 필요했던 사랑은 그것이 아니었기 때문이었다. 글도 쉽게 써지지가 않았다. 왜냐하면 나 자신을 사랑하지 않았기 때문이었다. 막연히 내가 쓰는 글이 마음에 들지 않았다. 그런데 친구와 함께 영화를 보면서부터 나는 기분이 다시 좋아지기 시작했다.

비어 있던 사랑 탱크를 채우고 나서야 나는 다시 내 글과 아내를 소중히 여길 수 있게 되었다. 내게 필요했던 것은 친구와 함께 즐거운 시간을 보내는 일이었다. 영화를 보러 가는 길에 나는 한 남자와 이야기를 하게 되었는데, 유부남인 그는 내 기분을 굉장히 잘 이해해주었다. 그 사람과 나는 동료의식을 느끼게 되었다.

친구와 동료로부터의 사랑으로 두 가지 사랑 탱크를 채우고 나자, 기분이 나아지면서 모든 상황을 사랑이 담긴 새로운 시선으로 바라볼 수 있게 되었다. 나에게 어떤 사랑이 부족한가를 알고 그것을 채우고 나자 비로소 참된 자신으로 돌아올 수 있게 된 것이다.

그 뒤로 나는 상황에 따라 필요한 사랑이 달라질 수 있다는 개념을 상담을 받으러 온 사람들에게 적용시켜보았다. 그 시도는 성공적이었다. 사이가 나빠진 부부나 연인에게 상대방에게서 더 많은 사랑을 받으려고 애쓰는 대신 그밖의 가족이나 친구들로부터 사랑과 지원을 받으라고 권했다. 비타민 R 이외의 사랑 탱크들을 채워나갈 것을 권했다. 그렇게 한 다음에는 연인이나 배우자가 상호간의 커뮤니케이

션을 개선시킬 수 있도록 했다.

  연인이나 배우자의 미운 점만 보이고 상대방이 나를 사랑하는 것 같지도 않을 때, 상대방이 원하는 것에 맞춰 사랑을 베풀어준다는 것은 결코 쉬운 일이 아니다. 하지만 사랑 탱크에 대해서 잘 알고 나면 우리는 얼마든지 그렇게 할 수 있다. 열 가지 사랑 탱크를 모두 채워야 한다는 것을 알게 되면서부터 나는 항상 강하면서도 긍정적인 태도를 가지고 살 수 있게 되었고, 예전보다 훨씬 더 행복해졌다. 그리고 사업에서도 기대 이상의 성공을 거두었다.

인생에는 열 가지 단계가 있다

how to get what you want and want what you have

사랑 탱크에는 자연적인 순서가 있다. 인간은 수정을 거쳐 태어나서 어른이 되는 동안에 많은 성장단계를 거친다. 이러한 단계들을 거치는 동안 인간은 자신의 모든 능력을 제대로 발달시키기 위해 필요한 사랑을 충분히 섭취해야 한다. 각 단계에서 필요한 사랑을 충분히 얻은 사람은 든든한 기반 위에서 다음 사랑의 단계로 무난하게 넘어갈 수 있다.

다음 단계로 잘 넘어가기 위해서는 이전 단계에서 필요했던 사랑 탱크들이 모두 채워져 있어야 한다. 만약 그렇지 못하면 현재 단계에서 필요한 사랑 탱크를 채우면서 동시에 이전 단계로 되돌아가고 싶어한다. 필요한 탱크들을 모두 채워야 참된 자신이 될 수 있기 때문이다.

하나의 성장단계를 거치는 동안 필요한 사랑을 제대로 얻지 못하면 얻지 못한 만큼 참된 자신에게서 멀어지게 되고, 자신의 다양한 면을 발달시키지도 못하게 된다. 제때 받지 못한 사랑을 다시 충분히 받기 전까지 그것은 절대로 불가능하다.

필요한 사랑과 이해, 관심을 제대로 받지 못한 아이는 자기 자신에 대해 잘 알지 못한다. 자신이 얼마나 소중한 존재인지 모른 채 자신은 사랑받을 가치가 없는 사람이라고 생각한다. 이런 아이는 인생에서 자기 가치에 관한 문제를 겪게 되며, 내부의 자연스러운 본성인 사랑·즐거움·평화·자신감을 상실하고 만다. 다시 아이 시절로 돌아가 필요한 사랑을 보충하기 전까지는 항상 그러한 상태에 머물 수밖에 없게 된다.

제대로 성장하고 참된 자신을 유지하기 위해서는 각각의 성장단계에 필요한 사랑 비타민을 제때 섭취해야 한다.

인생의 열 가지 단계

성장단계	사랑 비타민	필요한 사랑
임신에서 출생까지	비타민 G1	신의 사랑
출생에서 7세	비타민 P1	부모의 사랑
7세부터 14세	비타민 F	가족, 친구, 그들과 나누는 즐거움
14세부터 21세	비타민 P2	목표가 같은 이들로부터의 사랑
21세부터 28세	비타민 S	자신에 대한 사랑
28세부터 35세	비타민 R	이성과의 사랑
35세부터 42세	비타민 D	자녀에 대한 사랑
42세부터 49세	비타민 C	사회에 대한 사랑
49세부터 56세	비타민 W	세상에 대한 사랑
56세부터 끝까지	비타민 G2	신을 섬기는 사랑

한 인간으로 완전히 성숙하는 약 쉰여섯 살이 될 때까지 각 단계별로 필요한 사랑 비타민은 우리의 성장에 필수적인 요소들이다. 이러한 사랑 비타민을 제대로 얻지 못하면 어떤 식으로든 고통을 겪는다. 그리고 여러 성장단계를 거치는 동안 계속해서 '뭔가 부족하다'고 느낀다.

다른 사람이 글 읽는 것을 한 번도 들어본 적이 없는 사람이 글 읽기를 배우기란 여간 어려운 일이 아니다. 자전거도 타본 적이 없는 사람이 자동차 운전을 배우는 것도 마찬가지다. 덧셈, 뺄셈도 못하고 글도 못 읽으면서 사업을 하겠다고 나서는 것 역시 매우 어렵다. 물론 어떻게든 경영은 할 수 있겠지만 많은 문제가 뒤따르게 될 것이다.

무엇을 배우든 기본적인 바탕이 필요한 것처럼 열 가지 사랑 비타민은 각각 다음 단계를 거쳐 성장하기 위해 필요한 기본 바탕이 된다. 이 기본 바탕들이 모두 마련되어야 참된 자신이 될 수 있다.

각각의 성장단계에서 경험하는 불만족은 현재 자신이 위치해 있는 단계에서 필요한 사랑을 충분히 받지 못해서 생기는 것이 아니다. 그보다는 다른 사랑 탱크가 비어 있기 때문에 생기는 것이다.

부부나 연인이 사이가 나빠지는 진짜 이유는 자신을 사랑하지 못하기 때문인 경우가 많다. 나 역시 결혼생활을 통해 그러한 경험을 했고, 그 덕분에 '사랑 탱크'라는 개념을 이해하게 되었다. 하지만 그런 경험이 없어도 이 책만 끝까지 읽으면 사랑 탱크에 대해 금방 이해하게 될 것이다.

'사랑 탱크'와 '인간의 성장단계'는 사실 일반상식이나 다름없는 개념들이다. 아이들은 일곱 살쯤 되면 뭐든지 혼자 하려 하고, 부모보다는 친구를 더 찾기 시작한다. 이런 변화 때문에 유치원과 초등학교 1학년 아이 사이에는 엄청난 차이가 있다.

다음으로 이어지는 커다란 변화는 사춘기다. 그 다음으로 이어지는 큰 변화는 '성인'이 되는 스물한 살 때쯤 찾아온다. 이때가 되면 대부분의 청소년들이 집을 떠나 자립하기 시작한다. 인간의 성장단계 중에서 가장 잘 알려진 것이 바로 이 세 단계이다. 나머지 단계들은 보통 관심 밖에 있다.

우리는 흔히 스물한 살 정도면 인간의 성장이 모두 끝난다고 생각한다. 하지만 사실은 그렇지 않다. 어린아이와 사춘기 그리고 성인으로 넘어가는 단계는 대략 7년을 주기로 이어진다. 나머지의 성장단계도 이와 비슷하게 대략 7년을 주기로 이어진다.

인간은 쉰여섯 살 이후에도 계속 성장한다. 모든 사랑 탱크가 차는 쉰여섯 살 무렵이 되면 인간은 자신의 모든 가능성을 깨닫게 된다. 자신이 어떤 사람인지, 또 무엇을 할 수 있는지를 알게 된다. 그래서 그 다음부터는 자신의 가능성을 한껏 펼치면서 신을 섬기고 남을 위한 삶을 살아간다. 삶이란 성장과 발달의 연속이다. 성장이 멈춘 뒤 인생에 남는 것은 죽음뿐이다.

인간의 성장은 스물한 살에 멈추는 것이 아니다
우리는 전생애에 걸쳐 계속 성장한다

많은 사람들과의 상담을 통해 나는 나이가 스물여덟 살쯤 되면 큰 변화를 겪는다는 것을 알게 되었다. 그들은 이렇게 말한다.

"더 이상 다른 사람을 위해 살지 않겠습니다. 나를 위한 나만의 삶을 살겠습니다."

스물여덟 살 정도가 되면 드디어 자신을 하나의 인격으로 분명히 받아들일 수 있을 정도로 성장한다. 그리고 이성과 진지한 관계를 맺을 준비를 마친다. 만약 이때 자신을 찾지 못하면 다음의 성장단계로 넘어가지 못한다. 그래서 계속 이 단계에 머물면서 자유로움을 느끼고 싶어한다.

20대 초반에 결혼한 사람들 중에는 스물여덟 살쯤 되어 큰 변화를 겪는 이들이 많다. 통계에 따르면 특히 스물여덟 살 무렵에 이혼율이 급증한다고 한다. 이 무렵에 배우자나 연인과의 관계를 소중히 발전시키지 않으면 갑자기 상대방에게서 충분히 사랑받지 못하고 있다는 생각에 빠지게 된다.

스물여덟 살부터 서른다섯 살 사이에 겪게 되는 '이성과의 사랑이 필요한 단계'에 이르면, 우리는 그러한 관계를 맺을 준비가 되어 있는지 스스로에게 묻게 된다. 이럴 때 전단계에서 '자신'을 찾지 못한 사람은 무언가 채워지지 않았다는 느낌이 들기 때문에 자기 내면의 인도를 알아차리지 못한다. 참된 자신에서 멀어지면 자신이 무엇을 해야 하는지 제대로 알 수가 없다.

전단계에서 채워야 하는 사랑 탱크를 제대로 채우지 못하면 다음 단계로 넘어가는 것이 어려워진다. 이 때문에 건강한 이성관계도 맺지 못하고, 직장에서도 충분히 능력을 발휘하지 못하게 되는 것이다.

2보 전진을 위한 1보 후퇴

앞으로 나아가기 위해서는 뒤로 물러설 줄 알아야 한다. 살다 보면 이렇게 해야 할 때가 많다. 예순이나 일흔 또는 그 이상 나이를 먹으면 어린 시절의 기억이 또렷해지기 시작한다. 그래서 할아버지나 할머니들은 옛날 이야기하기를 좋아한다. 이것은 그분들이 건강하다는 증거다. 과거를 생각하면서 추억에 잠기는 것이 건강하고 생기 있게 지내기 위한 비결인 셈이다.

과거에 사랑 탱크를 제대로 채우지 못해 마음의 상처를 입은 사람들은 과거를 치유할 때까지 인생의 다음 단계로 제대로 넘어가지 못한다. 그 증거로 몸에 병이 생기기도 한다. 때로는 부분적인 기억상실이 일어나서 오로지 옛날 일만 기억하는 증세가 나타나기도 한다.

이렇게 되면 말 그대로 과거에 묻혀 살게 될 수도 있다.

필요한 사랑을 받지 못하면 병에 걸려도 좀처럼 회복되지 못한다

아무리 좋은 차라도 기름이 없거나 엔진 오일을 제때 갈아주지 않으면 움직이지 못한다. 마찬가지로 한 가지 사랑 탱크가 텅 비면 아무리 나머지 사랑을 주고받아도 삶의 원동력을 얻을 수 없다. 그래서 나이 든 노인들 중에는 아예 아이처럼 행동하거나, 병으로 몸을 제대로 가누지 못해 아이처럼 남에게 모든 것을 의지하며 퇴행증세를 보이는 이들이 많다.

퇴직 증후군―56세

하나의 성장단계에서 다음 단계로 넘어가는 시점이 되면 사랑 탱크들 중에서 유독 한 가지가 텅 빈 것 같은 느낌이 든다. 그러면 그 빈 탱크를 채우기 위해 과거로 돌아가고 싶어진다. 이러한 전환기를 잘 넘기지 못하면 자신에게 진정으로 필요한 것이 무엇인지도 모른 채 끊임없는 혼란을 겪게 된다.

그러면 먼저 쉰여섯 살 무렵에 해당하는 열 번째 탱크부터 시작해서 사랑 탱크들을 역순으로 살펴보기로 하자.

대부분의 남자들은 퇴직만 하면 오래 전부터 하고 싶었던 일들을 실컷 하겠다고 마음먹는다. 그 동안 가족을 부양하느라 꾹 참고 하지 않았던 일들을 해보겠다고 벼르고 있는 것이다.

그러나 이것은 결국 앞으로 성장하지 않고 과거의 욕구로 되돌아가겠다는 뜻이다. 신을 섬기는 대신 자신의 욕구에 충실하겠다는 뜻

이다. 하지만 이렇게 자신만을 위해 살기로 작정한 삶도 곧 지루해지게 마련이다. 그리고 삶이 지루해지는 순간 갑자기 죽음을 맞게 된다.

생명보험사들의 통계에 따르면, 남자들의 사망률이 퇴직 후에 급격히 증가한다고 한다. 이것은 계속 일을 했다면 더 오래 살 수 있었다는 뜻이다. 그래서 남자의 장수비결의 하나로 나이가 들어서도 계속 직업을 갖고 일하는 것을 꼽는 사람들도 있다.

그런데 남자의 장수비결은 이뿐만이 아니다. 인생을 즐기고 사랑 탱크를 가득 채우는 것도 그 비결에 포함된다. 나이가 들어서도 계속 일하는 남자들은 대개 자신의 일을 진정으로 사랑하기 때문에 늙어서도 일을 놓지 않는 경우가 많다. 이런 사람들의 대부분은 사랑 탱크가 가득 채워진 삶을 살고 있을 가능성이 많다. 자신의 일을 사랑한다는 것, 그것은 참된 자기 자신을 찾았다는 증거이기도 하다.

다른 사람들이 자신을 필요로 하고 자신이 누군가를 책임지고 있다는 생각을
잃어버리면 남자는 삶의 목적과 생동감을 잃어버린다

그런데 여자는 남자와는 달리 쉰여섯 살이 넘어도 사망률이 급증하지 않는다. 하지만 남자와 마찬가지로 퇴행증세가 나타난다. 이때쯤 되면 인생의 다음 단계로 넘어갈 준비가 되어 있지 않은 여자들은 고집이 세어지고 억지를 부리기 시작한다. 살아오면서 얻은 소중한 지혜를 다른 사람들과 나누고 세상을 좀더 살기 좋은 곳으로 만드는 대신, 한없이 과거로 되돌아가고 싶어하는 것이다.

이런 여자들은 다른 사람의 생각에는 무조건 고개를 내젓는다. 마치 "난 뭐든 내 맘대로 할 거야. 더 이상 어른들 말은 듣지 않을래. 나

도 알 건 다 알아" 하고 말하는 청소년기의 아이들 같은 행동을 보인다. 또는 독립심이 지나쳐서 자기 방어적으로 변하기도 하고 완고해지기도 한다. 이런 증세를 겪지 않으려면 자신은 결코 혼자가 아니며, 원한다면 얼마든지 남에게 의지할 수 있다는 것을 배워야 한다.

> 여자는 자신이 혼자가 아니며 언제든 남에게 의지할 수 있다는 것을 알아야 한다
> 독립심이 지나친 것도 좋은 것은 아니다

사랑 탱크가 모두 가득 찬 상태로 이 시기를 맞은 사람은 편안하게 인생의 다음 단계로 넘어갈 수 있다. 이런 사람은 자신이 세상에 태어난 목적을 달성할 수 있다고 믿기 때문에 늘 행복할 수 있다.

'세상은 나를 보살펴주었고 또 나를 필요로 한다.'

이런 사실을 깨닫고 나면 더 이상 몸이 아플 이유가 없다. 그래서 늘 건강하게 살면서 세상과 신을 위해 기꺼이 봉사하다가 오랜 세월이 지나 때가 되면 죽음을 맞이한다.

성장의 한 단계에서 다음 단계로 넘어가는 전환기를 맞을 때마다 우리는 마음의 소리에 귀를 기울이고 비어 있는 사랑 탱크를 채워야 한다. 그렇게 하지 않으면 자신에게 진정으로 필요한 것이 무엇인지도 모르는 채 끊임없는 혼란을 겪게 된다.

빈 둥지 증후군—49세부터 56세까지

퇴직 증후군 다음으로 널리 알려진 증후군이 바로 '빈 둥지 증후군'이다. 마흔아홉 살 무렵이 되면 많은 부모들이 느닷없이 인생이 허무하다고 느끼기 시작한다. 자신이 속한 이 세상에 사랑을 베풀어야 하

는 새로운 역할을 부여받는 이 시기에, 사람들은 갑자기 자신과 자신의 삶이 공허하다고 느끼기 시작한다. 그래서 세상에 공헌하기는커녕 자신에게 무언가가 부족하다는 생각에만 빠져들게 된다.

이럴 때 결혼한 사람들은 공허의 원인을 배우자나 결혼생활의 탓으로 돌리게 되기 쉽다. 자녀가 성장하여 집을 떠나 독립하거나 부모 품에서 벗어나려고 하면, 부모는 이제 자녀의 사랑을 잃어버렸다는 생각이 들어 상실감에 빠진다. 이제 그들에게 남은 것은 아이들이 떠난 텅 빈 둥지뿐이다.

결혼한 사람이든 독신이든 이때가 되면 인생을 즐길 수 있는 자유를 얻게 된다. 그런데 때로는 이 자유 때문에 문제가 생기기도 한다. 이 나이가 되면 가족 이외의 사람에게서도 사랑을 받을 줄 알아야 한다. 그렇지 못한 사람은 배우자가 자신을 충분히 사랑해주지 않는다고 화를 내게 된다.

하지만 이 시기는 배우자에게 화를 내거나 배우자가 없다고 한탄하고 있을 때가 아니다. 그보다는 세상과 타인에게 사랑을 베풀어야 할 때다. 자신의 손으로 세상을 좀더 나은 곳으로 바꾸어나가야 할 시기인 것이다.

이 시기를 맞을 준비를 미리 해두지 않은 사람들은 삶이 공허하다는 좌절감에 빠지기 쉽다. 사랑 탱크들을 채울 줄 모르면 삶의 여정에서 앞으로 나아가기가 점점 더 힘들어진다. 의학계에서는 인간의 수명을 연장시키기 위해 많은 연구를 거듭하고 있다. 하지만 그 방법은 의외로 간단하다. 사랑 탱크들을 가득 채우기만 하면 된다. 그렇게만 하면 항상 젊은 마음을 유지하면서 건강하게 장수할 수 있다.

젊음을 유지하는 비결은 사랑 탱크를 가득 채우는 것이다

이 나이가 되면 사람들은 서서히 죽음을 생각하게 되면서 어떻게든 젊어지려고 애쓴다. 이것은 자연스럽고 건강한 현상이다. 만약 예전에 사랑 탱크들을 가득 채워두지 않았다면 젊어지고 싶다는 욕구는 한층 더 강렬해진다.

이때가 되면 아동기와 청소년기, 20대의 청년기에 느끼던 삶의 활발한 에너지가 줄어들기 시작한다. 그래서 남자들은 젊다는 것을 증명하고 싶어서 젊은 여자를 가까이하게 되고, 여자들은 젊게 보이려고 외모에 신경을 쓰기 시작한다. 그전부터 젊어질 방법을 찾아두지 않은 사람들은 빈 둥지 증후군이 찾아오는 이 무렵이 되어서야 그 방법을 찾아나선다. 이렇게 자신에게 몰두하느라고 정작 이 시기에 해야 할 일은 놓쳐버리고 만다.

빈 둥지 증후군이 찾아오는 이 시기는 세상에 사랑을 쏟아야 할 때다. 지금까지는 사랑을 '받으며' 살아왔으니 이제부터는 그 사랑을 이웃과 사회에 '베풀어야' 한다.

그럴 준비가 되어 있는 사람이라면 이 세상을 좀더 살기 좋은 곳으로 만드는 데 이바지하면서 큰 기쁨을 맛보게 된다. 하다못해 세계를 여행하면서 만나는 사람들에게 사랑을 나누어주는 것만으로도 기쁨을 얻을 수 있다. 이 시기는 자신이 속한 세상 밖으로 관심을 돌리고 다른 사회와 문화 속에서 사는 사람들을 만나야 할 때다. 그래서 50대나 60대가 되어 여유롭게 세상을 돌아다니며 여행하는 이들을 보는 것이 나는 참 좋다.

중년의 위기—42세부터 49세까지

인간의 성장단계 중에서 '중년의 위기'를 겪는 이 시기도 빼놓을 수 없이 중요한 단계다. '중년의 위기'는 대개 마흔두 살을 전후해서 찾아온다. 새로운 성장단계로 넘어갈 시기가 되면 사람들은 과거에 충족되지 못한 사랑 때문에 공허함을 느끼게 된다.

낙하산을 타고 공중낙하를 하는 사람들은 비행기에서 뛰어내리기 전에 몇 번이고 낙하산을 점검한다. 그와 마찬가지로 우리도 사회에 사랑을 베풀기 전에 자신의 내면이 충분히 채워졌는지를 점검하고 싶어진다. 우선 기초를 다지지 않으면 집을 지을 수가 없다. 또 은행에 잔고가 없다면 자선단체에 돈을 기부할 수가 없다.

내면을 충실하게 다져놓지 않은 사람은 인생에서 때가 되어도 제대로 앞으로 나아가지 못한다. 그 대신 채워지지 않은 사랑을 충족시키기 위해 한없이 뒤를 돌아보게 된다. 그러다 보니 잘 나가던 사업가가 갑자기 모든 것을 내팽개치고 산 속에 파묻히는가 하면, 유부남이 바람을 피워 문제를 일으키기도 한다. 고지식하고 보수적이던 사람이 호화로운 최고급 스포츠카를 타고 다니는가 하면, 또 어떤 사람은 청소년기에 꿈꿨지만 이루지 못한 일들에 매달리기도 한다.

중년이 되면 자기의 삶에서 진정으로 중요한 것이 무엇인지를 다시 생각하게 된다. 그러다가 지금껏 책임감 때문에 늙어버렸다는 생각이 들면 책임감을 다 내팽개치기도 한다. 하지만 늙었다고 생각되는 건 책임감 때문이 아니라 과거에 채워지지 못한 사랑 탱크 때문이다.

앞으로 나아가야 할 때가 되어도 준비가 안 된 사람은 과거로 돌아가고 싶어진다

책임감에서 벗어나고 싶어지는 것은 과거의 어느 한 시기에 자신을 희생했다거나 자신이 원하는 것을 얻지 못했다는 생각이 들어 불만족이 생기기 때문이다. 이럴 때 다시 앞으로 나아가기 위해서는 현재의 삶을 엉망으로 만들거나 주변의 사랑하는 사람들을 괴롭히지 않으면서 자신에게 필요한 것을 얻을 수 있어야 한다. 지금의 삶을 망치지 않고도 부족한 사랑 탱크를 채울 수 있는 방법은 얼마든지 있다.

> 앞으로 나아가기 위해서는 현재의 삶을 엉망으로 만들거나
> 사랑하는 이들을 괴롭히지 않으면서 자신에게 필요한 것을 얻을 수 있어야 한다

여자는 마흔두 살 정도가 되면 생활에 불만이 생기면서 삶에서 원하는 것을 하나도 얻지 못했다고 불평하기 시작한다. 자신은 다른 사람들을 위해 모든 것을 희생했는데 아무런 보답도 받지 못했다는 생각이 들어 화가 나고 삶도 힘들게만 느껴진다.

이럴 때 사랑 탱크를 알지 못하는 여자는 과거로 돌아가 상처를 치유하는 대신 현재의 삶을 불평하고 원망하게 된다. 때로는 사랑받기를 포기하고 사회에 봉사하면서 살겠다는 생각도 하지만, 스스로가 내린 그런 결정에 금방 화가 난다. 더 나쁜 것은 그렇게 화를 내는 자신에게 죄책감을 느끼게 된다는 점이다.

지나온 과거에 대한 안타까움과 부족감은 언제든지 느낄 수 있지만, 성장의 전환기에 특히 강하게 느껴진다. 과거에 만족하지 못하고, 부족한 사랑 탱크를 채워서 과거의 상처를 치유하지 않으면 사랑으로 충만한 참된 자기 자신을 찾을 수 없다. 참된 자기 자신을 찾지 못하면 자신이 희망하는 삶도 살 수 없다.

말하고 싶지 않은 비밀, '비밀스러운 위기'—35세부터 42세까지

서른다섯 살 무렵이 되면 우리는 또 한 번의 위기를 맞게 된다. 그런데 이 위기에 대해서는 아무도 말을 하지 않는다. 이 시기가 되면 사람들은 자신에게 의지하는 사람에게 '무조건적인 사랑'을 베풀고 싶어한다. 자신에게 의지하는 사람이란 자녀들이 될 텐데, 아이가 없다면 개나 고양이 같은 애완동물도 여기에 해당될 수 있다. 어쨌든 이 때가 되면 자신을 필요로 하고 자신에게 의지하는 존재에게 무조건적인 사랑을 베풀고 싶어한다.

자신에게 의지하는 존재에게 이러한 사랑을 베풀면서 우리는 처음으로 무조건적인 사랑을 경험하게 된다. 부모와 자식간의 가장 이상적인 관계가 바로 이 무조건적인 사랑이다. 부모에게 사랑받는다고 해서 아이가 부모에게 사랑을 빚지는 것은 아니다. 물론 알게 모르게 자녀에게 사랑을 되갚으라고 압력을 가하는 부모들도 있다. 그런 부모들은 자녀에게 이런 말을 하곤 한다.

"내가 너희 때문에 이 고생을 하는 거야."

하지만 그래서는 안 된다. 자녀가 자신에게 빚졌다고 생각하는 것, 이런 생각을 하는 것은 지금 말하고자 하는 성장단계를 맞을 준비가 제대로 되어 있지 않다는 증거다.

> 알게 모르게 자녀에게 사랑을 되갚으라고 압력을 가하는 부모들이 있다

사랑 탱크가 가득 찬 부모에게는 자녀가 한없이 고마운 존재다. 자녀가 있기에 조건 없이 사랑을 베풀고 싶은 욕구를 마음껏 발산할 수 있기 때문이다. 누군가를 그토록 사랑할 수 있다는 것은 크나큰 행복

이 아닐 수 없다. 사랑을 베풀면서 자신이 행복해질 수 있으니, 자녀에게 사랑을 베푸는 것은 결국 자신에게 사랑을 베푸는 것이나 다름없다. 자녀에게 무조건적인 사랑을 베풀면서 부모는 인생에서 한 단계 더 성장하게 된다. 그런데 많은 부모들이 무조건적인 사랑을 베풀 준비가 되어 있지 않은 상태에서 부모가 되기 때문에 문제를 겪게 된다.

무조건적인 사랑을 베풀 준비가 되어 있지 않은 상태에서 부모가 된 사람들은, 이런 사랑의 욕구를 느끼는 나이가 되면 자신에게 죄책감을 느끼기 시작한다. 그래서 자신이 부모가 되었다는 사실에 대해 불만을 가졌던 여러 가지 일들이 떠오른다. 자녀에게 제대로 사랑을 베풀어주지 않았던 과거가 생각나기도 한다. 때로는 모든 사랑을 다 베풀어주었는데도 자녀에게서 그 사랑을 되돌려받지 못해 마음에 상처를 입는 부모들도 있다.

사랑 탱크가 가득 차지 않은 사람은 무조건적인 사랑을 베풀지 못한다

하지만 자녀에 대해 이런 기분이 든다고 털어놓는 사람은 아무도 없다. 그래서 이때 찾아오는 위기를 '비밀스러운 위기'라고 하는 것이다. 부모라면 당연히 자기 아이를 사랑하고, 아이에게 무엇이든 해주고 싶어한다. 그러면서도 한편으로는 아이 때문에 자신의 삶을 잃어버렸다는 생각을 하게 된다. 이런 생각을 하지 않으려면 이 시기 이전에 채워야 할 사랑 탱크를 다시 가득 채워줘야 한다.

아이도 없고 보살펴줄 대상도 없는 사람은 이 나이가 되면 왠지 허전한 기분이 들기 시작한다. 그런 사람들은 인생의 다음 단계로 나아가지 못하고 마치 아이처럼 그저 뭐든 자기 멋대로 하려고 든다. 이

나이에는 '무조건적인 사랑'의 욕구를 발산해야 하는데 그렇게 하지 못하기 때문에 무엇을 하든지 그저 불만스럽기만 하다. 하지만 왜 그런지 이유는 모른다.

이 나이가 되어 자녀가 없는 사람들은 '무조건적인 사랑'의 욕구를 충족시키려고 조카들을 돌보기도 한다. 하지만 그것으로는 부족하다. 조카를 돌볼 때보다 훨씬 더 큰 책임감을 갖고 돌볼 수 있는 대상이 필요하기 때문이다.

그 대상으로 적당한 것이 바로 애완동물이다. 애완동물은 매일 규칙적으로 먹여주고 함께 놀아줘야 한다. 또한 아프면 옆에서 지극정성으로 간호를 해주어야 한다. 애완동물을 기르려면 아이를 기르는 것처럼 많은 시간과 정성을 들여야 한다. 그래서 자식을 키우는 것만큼의 큰 애정이 필요하다. 동물을 좋아하지 않는 사람이라면 화초나 정원을 가꾸는 것도 괜찮다. 그 대상이 무엇이든 무조건적인 사랑을 베풀 수만 있으면 되니까 말이다.

자녀가 없는 사람이 조카를 돌보는 것만으로는
'무조건적인 사랑'의 욕구를 충족시킬 수 없다

그런데 이 자녀 문제만이 비밀스러운 위기의 전부는 아니다. 여기에는 부부간의 성생활이 포함된다. 이 나이가 되면 대부분의 남자는 섹스에 흥미를 잃기 시작한다. 반대로 여자는 섹스의 참맛을 알게 되고 더 자주 성관계를 원하게 된다. 이런 일은 특히 20대에 결혼한 부부들 사이에서 많이 일어난다. 결혼 후 이 시기가 되기까지 오랫동안 자신이 원하는 만큼의 섹스를 하지 못한 남자는 이 나이가 되면 섹스에 대한 예전의 열의를 잃어버린다. 반면에 여자는 결혼해서 아이를 낳고 나면 성욕이 한층 더 왕성해진다.

서른일곱 살 정도 되면 여자는 성생활이 부족하다고 불평하기 시작한다
하지만 남자는 그 반대다

부부관계에 대한 강연회를 하다 보면 성관계를 요구했을 때 아내에게 거절당하는 횟수가 늘어날수록 남편은 섹스에 대한 열의를 잃어버리게 된다는 이야기를 할 때가 있다. 이런 이야기를 하는 날이면 강연회가 끝날 무렵 늘 여러 명의 여성들이 나를 찾아온다. 남편이 창피해할까봐 몰래 나를 찾아온 여성들은, 부부간의 성생활이 예전 같지 않은 것은 사실이나 거절당하는 쪽은 오히려 자신들이라고 말한다. 자신들은 섹스를 원하는데 남편들이 예전만큼 섹스에 흥미를 보이지 않는다는 것이다. 그런 말을 하는 여성들에게 나이를 물어보면 대부분 서른일곱 살 안팎인 경우가 많다.

이 나이가 되어 전보다 더 많은 사랑을 베풀고 싶은 욕구가 생기면, 여자는 남편이나 연인과 좀더 뜨거운 사이가 되고 싶어진다. 하지만 남자는 과거에 여자에게 거절당하며 맛보았던 좌절감이 쌓여 이 나이쯤이면 골프나 즐기면서 편히 쉬고 싶다는 생각을 할 뿐이다. 성적인 욕구가 계속해서 억압당하다 보면 그 이외의 다른 즐거움을 찾아 거기에서 만족을 얻으려고 하게 된다. 그래서 거절당할지 모른다는 불안감을 안고 아내나 연인에게 섹스를 요구하기보다는 차라리 스포츠 중계나 보겠다는 생각을 하게 되는 것이다.

정체성의 위기―28세부터 35세까지

"나는 누구인가?"

"내가 정말로 하고 싶은 것은 무엇일까?"

누구나 20대가 되면 이런 생각을 하게 된다. 자신이 누구인지 제대로 알지 못하고 자신을 사랑하지 않는 사람은, 스물여덟 살 무렵 다음의 성장단계로 넘어가서도 여전히 정체성 문제에 매달리게 된다. 그래서 결혼한 사람은 결혼생활에서 벗어나려 한다거나, 독신인 사람은 이성과의 진지한 관계를 회피하게 된다.

30대가 되어서도 배우자를 찾지 못하는 독신 여성들이 있다. 그들은 어떤 이유가 되었든 배우자나 연인을 찾지 못하고 있다. 이들이 계속해서 이렇게 방황하는 것은 20대에 자기 정체성을 파악하지 못했기 때문이다. 이들은 자신이 정말로 원하는 것이 무엇인지를 알지 못한다. 그래서 연애를 시작하면 연인을 위해 자신의 모든 것을 포기하거나 자신이 남자와 동등하다는 것을 증명해보이기 위해서 애를 쓰기도 한다. 하지만 남자와 동등해지려고 하면 참된 자기 자신에게서 멀어질 수밖에 없다. 그러면 결국 자신이 원하는 것도 얻을 수가 없다.

20대는 방황과 모험의 시기다. 이 시기에 자신이 어떤 사람인지, 자신이 무엇을 원하는지를 제대로 파악하지 못하면 그 뒤로 이어지는 삶을 제대로 즐길 수가 없다. 참된 자기 자신을 찾지 못하고, 자신을 소중히 하지 못하면 기대했던 삶을 살 수가 없다. 자신에게 만족하지 못하면 스스로에게 너무 많은 것을 요구하게 되고, 그러다 보면 다른 사람에게도 너무 많은 것을 기대하고 요구하게 된다.

그래서 자신을 소중히 하거나 사랑하지 못하면 배우자나 연인에게도 만족하지 못하게 되는 것이다. 이 때문에 여자들은 배우자감으로 딱 맞는다고 생각되지 않는 남자는 아예 만나려고도 하지 않는다. 그리고 남자들은 여자와의 관계가 진지해지려고 하면 뒤로 물러서게 된다.

천생연분 찾기

남자에 대해 지나치게 까다로운 여자는 자신과 어울리는 남자에게는 만족하지 못하고 자신과 어울리지 않는 남자만 찾는다. 그러나 이들이 결혼해야겠다고 마음먹고 나면 우선 가벼운 데이트를 시작하는 대신 무조건 딱 맞는 천생연분만을 찾는다. 그래서 절대로 아무나 만나지 않는다. 한 번을 만나도 '바로 그 사람'을 만나야 한다고 생각하기 때문이다. 천생연분이 아닌 남자를 만나는 것은 쓸데없는 시간 낭비일 뿐이다.

그것도 일리가 있는 생각이기는 하다. 하지만 그러는 동안 아주 중요한 것을 놓쳤다는 사실을 알고 있을까? 여자는 자신에게 딱 맞는 '짝'을 만나기 전까지는 함부로 심각한 관계에 빠져서는 안 된다. 하지만 바로 그 짝을 만나기 전까지는 가능한 한 많은 남자들을 만나보는 것이 좋다. 배우자감으로 적당한 사람이 아니더라도 서로 호감이 가는 상대가 있다면 함께 즐거운 시간을 보내는 것이 좋다.

자신감이 부족한 여자는 남자와의 데이트를 어렵게만 생각한다. 그래서 '바로 이 남자'라는 생각이 들지 않으면 아무도 만나려고 하지 않는다. 그런데 한 남자와 너무 깊은 관계에 빠지지 않을 수 있는 가장 좋은 방법은 '자기 짝'을 찾을 때까지 여러 남자를 만나보는 것이다. 가끔씩 만날 수 있는 남자를 사귀면서 또 다른 남자를 만나보는 것이다. 물론 그렇게 하면서 상대방에게도 다른 남자를 만난다는 사실을 밝혀야 한다. 만약 그런 일을 받아들이지 못하는 남자라면 '안녕' 하고 다른 남자를 만나면 된다.

지난날의 상처를 어루만지며

스물여덟 살 정도가 되면 사람들은 감정적으로 많은 혼란을 겪게 된다. 특히 과거에 자신의 감정을 제대로 표현해보지 못한 사람들은 더욱 많은 혼란을 겪게 된다. 20대 초반이 육체가 성숙하는 시기라면 20대 후반은 정신과 감정이 성숙하는 시기다. 그래서 과거에 제대로 표현하지 못한 감정의 앙금이 남아 있는 사람은 20대 후반이 되면 그 앙금을 해결하고 싶어한다. 그리고 이성과의 진지한 관계를 원하게 되는 이 시기가 되면 갑자기 자신의 감정에 민감해진다. 그래서 급격한 감정의 변화를 겪게 되는 것이다.

과거에 해결하지 못했던 감정의 앙금이 다시 떠오르고, 지금껏 배워왔던 것들이 과연 진실인가 하는 의문을 품게 된다. 이때부터 자신의 생각에 따라 살아가야 한다. 물론 인생의 여정에서 여전히 다른 사람의 도움이나 조언을 받을 수는 있지만 무엇이 진실이고 무엇이 자신에게 맞는가는 스스로 결정해야 한다. 다른 사람에게 맞는다고 해서 자신에게도 맞으라는 법은 없다.

20대나 그 이전에 맺었던 이성과의 관계에서 상처를 받은 사람은 또 다른 관계를 맺기 전에 우선 그 과거의 상처를 치유해야 한다. 새로운 이성을 만나 마음을 열고 진지한 관계를 맺기 전에 먼저 다시는 상처받지 않을 거라는 자신감을 가져야 한다.

치유받지 못한 상처를 안고 있는 사람은 또 다른 관계를 맺는 것을 두려워한다. 이런 두려움 때문에 여자들은 남자를 고르는 데 까다로워지고 진지한 관계를 회피한다. 하지만 남자들은 그렇지 않다. 과거의 상처 때문에 새로운 이성과의 만남을 주저하지는 않는다. 하지만 이성과의 관계가 진지해지려고 하면 뒤로 물러나게 된다. 여자가 진지한 관계를 맺기로 마음먹는 순간부터 남자는 까다로워지기 시작하는 것이다.

과거의 관계로부터 생긴 마음의 상처를 치유하지 않는 한 새로운 관계를 맺기는 점점 더 힘들어진다. 20대 후반에 접어들면 직업에 전념하고 복잡한 사회생활을 하게 되어 이성과 진지한 관계를 맺기가 쉽지 않다. 때로는 스스로 그런 관계를 회피하기도 한다. 이런 상황을 극복할 수 있는 방법은 우선 가벼운 데이트를 시작해보는 것이다. 단, 과거의 상처를 치유할 때까지는 너무 진지한 관계를 맺어서는 안 된다. 이 과거의 상처를 치유하는 방법에 대해서는 뒤에서 좀더 자세히 알아보도록 하자.

배움의 위기—21세부터 28세까지

아이들이 집을 떠나 독립하거나 대학에 입학하면 '캠퍼스'라는 새로운 환경에서 많은 위기에 처하게 된다. 이 시기를 맞는 젊은이들 중에는 아직 자신을 통제할 줄 몰라서 처음 얻은 '자유'를 어떻게 누려야 할지 모르는 이들이 많다.

집을 떠나 독립하게 되면 먹고살기 위해 직장을 구해야 한다. 가정이라는 굴레에서는 벗어났지만 다시 직장이라는 굴레로 들어가야 하는 것이다. 먹고살기 위해서는 남이 시키는 대로 해야 한다. 그래서 돈 벌기에 신경쓰느라 자신이 누구인지, 또 자신이 진정으로 원하는 것이 무엇인지 생각할 겨를조차 없다.

과거에는 고등학교만 졸업하면 바로 직업전선에 뛰어들어야 하는 사람들이 많았다. 집을 떠나 독립한다는 것은 스스로 밥벌이를 해야 한다는 뜻이었다. 요즘도 많은 젊은이들이 고등학교만 졸업하면 집을 떠나 독립한다. 하지만 이들은 과거처럼 직업전선에 뛰어드는 대신 대학으로 달려간다. 그리고 그곳에서 이제껏 경험하지 못했던 자유를 얻게 된다. 아무도 잔소리하지 않는 대학 캠퍼스에서 갑자기 너무 큰 자유를 얻다 보면 이를 주체하지 못해 방종한 생활에 빠져들 수가 있다. 그래서 술이나 마약에 빠져들고 연애에만 열중하다가 성적이 형편없이 떨어져 학교를 그만두게 되는 일이 벌어지기도 한다.

이전 단계에서 필요한 사랑 탱크들을 가득 채우지 못한 채 이 시기를 맞은 사람들은, 학업을 계속하건 그렇지 못하건 간에 마음이 불안해지면서 하지 말라는 일만 골라서 하거나 뭐든 멋대로 하려고 든다. 그리고 '혼자'라는 불안감에서 벗어나기 위해 서둘러 결혼하기도 하고, 자신감이 없어져서 꿈을 포기하기도 한다.

이런 불안 없이 제대로 된 20대를 맞기 위해서는, 10대 시절에 같은 목표를 가진 친구들과 많이 어울려야 한다. 긍정적인 사고를 가지고 적극적으로 목표를 향해 함께 나아갈 수 있는 친구나 선후배와의 만남은 인생에 커다란 도움이 된다. 설령 나중에 목표가 바뀐다 해도 그들과의 만남을 통해 '할 수 있다'는 자신감을 얻을 수 있다.

청소년기에는 여러 가지 단체 활동을 통해 자신감을 얻게 된다

그런데 가끔은 자신과 맞지 않는 무리에 끼어들게 될 수도 있다. 그러면 시간이 지난 후에 그 무리의 목표가 자신에게는 무의미하다

는 생각이 들게 된다. 그러다 보면 이 세상 어디에도 자신이 있을 곳이 없다는 생각에 빠진다.

하지만 20대는 자신이 있을 곳을 찾아 방황하는 시기다. 이런 사실만 잘 알고 있다면 그 어떤 젊은이도 함부로 자신의 꿈을 포기하지는 않을 것이다. 훌륭한 위인들 중에는 20대 후반이 지나서야 겨우 자신의 위치를 찾기 시작한 이들이 매우 많다. 여러분 중에 혹시 그 나이 이전에 성공한 이가 있다면 그것은 '운'이 좋아서였을 뿐이다.

내 딸이 다니는 대학에서 학부모를 대상으로 강연회를 한 적이 있었다. 여기에서 대학졸업 후에 전공학과와 직접적으로 관련된 직업을 갖는 사람이 얼마나 되는가라는 질문이 나왔는데, 대답은 '겨우 10퍼센트 정도'였다. 이 대답에 강연회에 참석한 학부모들은 모두 뜻밖이라는 반응을 보였다. 그러면서도 전공학과가 자기 자녀의 인생에 큰 영향을 끼치지 않는다는 사실에 적이 안심하는 듯했다.

교육의 참된 목표는 학생의 장래를 결정하는 데 있는 것이 아니라, 학생의 관심 분야를 찾아내고 이 세상과 학생 자신에 대해 알 수 있는 기회를 제공하는 데 있다.

호르몬의 위기—14세부터 21세까지

사춘기가 되면 아이들은 성호르몬이 급격히 분비되어 신체적으로 많은 변화를 겪게 된다. 그래서 '남자'와 '여자'의 차이가 분명해진다. 더불어 신체적 변화와 함께 정신적으로도 큰 변화를 겪게 된다. 이 시기 이전에 필요한 사랑 탱크가 충분히 채워진 상태에서도 사춘기의 변화는 아이들에게 큰 충격으로 다가온다. 그런데 필요한 사랑 탱크가 채워지지 않은 상태에서 사춘기를 맞게 되면 그 충격은 더욱 심각해진다.

얼마 전부터 사춘기 아이들에 대한 사회적인 관심이 높아지기 시작했다. 이와 관련된 연구에 따르면, 사춘기가 되면 여자아이들은 자긍심에 큰 변화를 겪게 되고, 남자아이들은 행동에 큰 변화를 겪게 된다고 한다. 과거에는 이런 현상들을 드러내놓고 이야기하지 않았다. 하지만 요즘은 전문가들이 적극적으로 사춘기 아이들에 대해 연구하고 있으며, 부모와 교사들도 사춘기 아이들을 어떻게 대할 것인가에 많은 관심을 가지고 있다.

사춘기 문제는 당사자들끼리 솔직하게 이야기를 나누며 해결해야 한다. 사춘기는 같은 목표를 가진 이들로부터 받는 사랑이 필요한 시기다. 그리고 과거에 제대로 받지 못한 사랑에 대한 허전함이 갑자기 밀려오는 시기이기도 하다. 우리는 사춘기가 되기 전까지는 그 이전에 충분히 받지 못했던 사랑에 대해 별로 인식하지 못한다. 그러나 사춘기에 접어들면 예전에 사랑받지 못했던 기억들이 갑자기 떠오르면서 그것으로 인해 괴로워하기 시작한다.

열두 살에서 열네 살 사이에 아이들은 매우 중요한 변화를 겪게 된다. 어리기만 하던 아이들이 10대로 접어들면, 부모는 아이가 변하고 있다는 것을 느낀다. 10대 아이들은 부모의 가족에게서 벗어나 또래집단에 더 가까워지고 싶어한다. 이들은 그저 장난치고 노는 데는 더 이상 관심이 없다. 그 대신 학교공부에 충실해지고 또래집단과 공동으로 하는 목표에 심취한다. 그러나 이전 단계에서 놀이를 충분히 즐기지 못한 아이들은 사춘기가 되어서도 여전히 어린아이처럼 장난만 치려고 든다.

사춘기가 되면 가족보다는 또래집단과 친구를 더 많이 찾는 것은 사실이나, 그렇다고 해서 가족이나 부모와 완전히 멀어지는 것은 아니다. 인간이 성장하는 데 가장 필요한 것은 바로 부모의 사랑이다. 다만 이때는 또래집단이나 자기만의 우상에게서 더 많은 영향을 받게 되는 것뿐이다. 이럴 때에 현명한 부모라면 10대인 자녀가 도움이 될 만한 또래집단이나 모임에 참여할 수 있도록 이끌어주어야 한다.

또 '미꾸라지 한 마리가 개울물을 흐린다'라는 말이 딱 맞는 시기가 바로 이때다. 아이들의 모임에서는 모임의 리더가 전체에게 큰 영향을 끼치게 마련이다. 특히 이상적인 역할 모델을 찾지 못한 10대에게는 더욱 그렇다.

10대는 가족의 품 밖에서 자신이 누구인지 그리고 자신이 무엇을 할 수 있는지를 알아내야 한다. 집 밖에서 배운 것을 자신의 것으로 만들어 가족의 품으로 돌아와야 하는 것이다. 우리 어머니는 나에게 무술부터 시작해서 신문 돌리기까지 시키면서 내가 집 밖에서 많은 사람들을 만나고 여러 모임에 참여할 수 있는 기회를 마련해주셨다.

아이들이 관심을 갖는 대상은 무척 다양하다. 이 시기의 아이들은 자신이 흥미를 갖는 일을 열심히 즐기고 배울 수 있어야 한다. 또 이 시기는 자신감을 확립하는 시기이기도 하다. 그래서 자신이 무엇을 잘하는지를 알고, 무언가를 배워서 그것에 익숙해지는 경험을 하는 것이 무엇보다 중요하다. 그렇게 하려면 학교수업 외에 각종 운동이나 노래, 연극 같은 특별활동을 마음껏 할 수 있어야 한다.

10대의 자녀를 혼자 내버려두어서는 안 된다. 아이들이 사춘기에 접어들어 부모에게서 멀어지기 시작하면 부모의 역할도 급격히 변한다. 아이들이 어릴 때는 부모가 '관리자'의 역할을 했지만 아이들이 자라면 '상담자'로 역할이 바뀐다. '관리자'는 통제를 하지만 '상담자'

는 고객의 요청이 있을 때만 '조언'을 해줄 수 있다. 이 조언을 따를 것인가 말 것인가는 '고객'이 스스로 결정하게 된다.

이 시기가 되면 딸을 둔 어머니는 매우 혼란스러워진다. 딸들은 어린 시절에는 무조건 어머니 품에 매달린다. 그런데 사춘기에 들어서면 예전에 어머니에게 매달렸던 것만큼이나 어머니에게 반항하기 시작한다. 어머니에게서 벗어나지 않고서는 참된 자신을 찾을 수 없다고 생각하기 때문이다.

그러면 어머니도 나름대로 아이의 '관리자' 역할에서 벗어나기 위해 힘든 시기를 보내게 된다. 자신은 똑같은 사랑을 베풀고 있는데도 어렸을 때는 무조건 자기 품만 파고들던 아이가 사춘기가 되자 자신을 속박한다며 대들기 시작한다. 이때가 되면 부모들은 예전처럼 아이를 마음대로 할 수 없다는 것을 깨달아야 한다. 그것은 당연한 일이다.

사춘기가 된 아이들은 가족의 품을 벗어나 다른 사람들과 어울리고 그 속에서 필요한 사랑을 받아야 한다. 그렇다고 아이들이 부모에게서 완전히 떠나는 것은 아니다. 사춘기의 한 아이가 이렇게 말한 것이 이를 나타내준다.

"어렸을 때만큼 어머니가 필요하진 않아요. 그래도 집에 갔을 때 어머니가 있어야 마음이 놓여요."

아이들은 무엇을 하라고 시키지 않으면 스스로 부모에게 다가와 무엇을 해야 하느냐고 묻는다. 그럴 때는 지시하듯 말하는 대신 이렇게 말해주는 것이 좋다.

"네 생각은 어떻니?"

부모가 아이의 말에 귀기울여주고 의견을 물어보아 주면 아이 역시 부모의 의견에 귀를 기울이게 된다. 물론 그럴 때도 지나치게 아이를 구속하지 않도록 늘 조심해야 한다.

또래모임에는 여자아이에게 적당한 것이 있고 남자아이에게 적당한 것이 있다. 부모가 가족 밖의 사회로 눈을 돌리면, 사춘기 자녀에게 또래친구들 속에서 자신에 대해 알고 삶의 방향을 생각할 수 있게 하는 기회를 마련해줄 수 있다. 사춘기는 같은 것을 좋아하고 같은 목표를 향해 나아가는 또래집단과의 만남을 통해 성장하는 시기다.

조용한 위기―7세부터 14세

부모의 품을 벗어나 학교에 입학한다는 것은 어린아이에게는 커다란 충격이다. 하지만 그 충격이 얼마나 큰지 아무도 알지 못한다. 그 충격을 기억하는 사람도 없다. 부모는 아이와 함께 학교에 가지 않는다. 그래서 아이가 학교에서 어떤 일을 겪는지 모른다. 그 때문에 아이는 학교에 입학하면서 '조용한 위기'를 맞게 된다.

어떤 이유로든 자기 생각을 마음대로 표현하지 못하게 되면 아이들은 부모에게 말을 안 하게 되고, 자기가 무슨 생각을 하는지도 제대로 모르게 된다. 이 시기의 아이들이 자기 생각을 똑바로 알기 위해서는 누군가가 계속 질문을 해야 한다. 아이에게 무엇을 했는지, 어떤 기분인지, 무엇을 원하는지 질문을 해서 아이가 자기 생각을 입 밖으로 표현할 수 있도록 도와주어야 한다.

이전의 성장단계에서 제대로 보살핌을 받지 못한 아이는 이 시기가 되어도 자기 나이에 맞는 놀이를 즐기기보다는 계속 '아기'처럼 행동한다. 자주 짜증을 내거나 보채고 밤에는 오줌을 싸기도 하며 손가락을 빨기도 한다. 아이가 이런 행동을 보이면 부모는 무턱대고 부끄러워하기보다는 자신의 아이가 미처 채워지지 않은 사랑 탱크 때문에 힘들어한다는 것을 알아야 한다. 그리고 아이에게 필요한 사랑을 채워줄 수 있도록 특별히 신경을 써야 한다.

일곱 살쯤 되면 아이는 친구들과 어울려 놀면서 개구쟁이 짓도 많이 한다. 마치 태어나서 지금껏 잠만 자다가 갑자기 깨어난 것처럼 정신없이 말썽을 피운다. 일곱 살부터 열네 살까지는 친구와 함께 노는 법을 배우면서 사회성을 기르는 시기다. 그러나 여기에서 말하는 나이는 절대적인 것이 아니다. 아이에 따라서 이 시기는 일찍 찾아올 수도 있고 늦게 찾아올 수도 있다. 태어나서 열네 살이 되는 동안 겪는 변화의 시기에 부모나 보호자의 보살핌을 제대로 받지 못한 아이는, '나는 누구인가'라는 정체성을 제대로 형성하지 못한다. 또 자신이 무엇을 원하는지도 제대로 파악하지 못한다.

한편 이 시기는 욕구를 참는 법을 배우는 때이기도 하다. 이 시기에 아이는 '차례'를 기다리거나 서로 나누는 법을 배우게 된다. 또 원하는 것을 얻기 위해 기다리는 법도 배운다. 그런데 이런 것들을 배우는 동안 자기 뜻대로 되지 않으면 아이들은 쉽게 짜증을 낸다. 이렇게 짜증을 내는 것은 올바른 감정의 발달을 위해서 꼭 필요한 반응이다. 그러므로 아이가 짜증을 낸다고 해서 무조건 야단을 쳐서는 안 된다.

부모는 아이의 짜증을 사랑으로 받아주이야 한다. 아이들은 짜증을 내기는 해도 욕구를 억제하지 않고 다스리는 법을 배운다. 즉 아이가 짜증을 낼 때 부모가 화를 내지 않고 사랑으로 받아주면, 아이는 더 이상 떼를 쓰지 않아도 자기 욕구를 해결할 수 있다는 것을 터득하는 것이다.

그런데 짜증은 아이들만 내는 것이 아니다. 적당히 그럴 수만 있다면 성인도 짜증을 내면서 나쁜 감정을 남에게 퍼붓지 않도록 자신을 다스리는 법을 배울 수 있다. 자신의 불행을 남의 탓으로 돌리는 사람들은 대부분 첫 번째 사랑 탱크가 텅 비어 있다. 자신의 불행을 남의 탓으로 돌리느라 남에게 손가락질을 하면 손가락 세 개는 자신을 가리키게 된다. 이런 행동을 하지 않으려면 마치 부모가 아이에게 하는 것처럼 자신의 감정에 스스로 귀를 기울여야 한다. 젖먹이 아기처럼 굴지 않도록 유년기에 필요한 사랑 탱크를 채울 수 있는 방법은 제 `10`장에서 자세히 살펴보도록 하자.

유년기에 필요한 사랑 탱크가 가득 차면 마음이 안정된다. 아무도 돌보아주지 않는 아이는 자신이 사랑받을 자격이 없다고 생각한다. 당연히 받아야 할 사랑을 받지 못하면 겉으로는 아무 문제가 없어 보여도 속마음은 편치 못하다. 자신은 아무것도 가지지 못했다고 생각하기도 한다.

우리는 누구나 사랑받을 자격이 있는 사람이고 싶어한다. 그런데 이런 자격을 갖춘다는 것이 어린아이에게는 매우 큰 부담이 될 수 있다. 아이들에게는 무조건적인 사랑이 필요하다. 어렸을 때 충분히 사랑받은 사람은 참된 자신을 찾고 즐길 줄 안다. 어린 시절에 충분히 사랑받고 보살핌을 받으며 자란 사람은 자신을 아끼고 소중히 할 줄 안다. 하지만 그렇지 못한 사람은 평생 자신이 바라는 삶을 살지 못한다.

인간은 천성적으로 자기 이외의 대상을 사랑하고 싶어한다. 그리고 자신감이 넘치며 온순하고 밝다. 이러한 본성은 타고나는 것이다. 그래서 어렸을 때는 마음속에 이런 본성이 가득하다. 하지만 필요한 사랑을 충분히 받지 못하면 자라면서 점차 이 본성을 잃어버리게 된다. 어린 시절에 사랑을 충분히 받았느냐 그렇지 못했느냐에 따라 참된 자기 자신과 가까워질 수도 있고 멀어질 수도 있다. 사랑은 나와 남을 이어줄 뿐만 아니라 나와 참된 나를 이어주는 매개체다.

어린아이에게는 참된 자신을 알고 소중히 할 능력이 없다. 부모와 가족, 친구의 사랑을 통해서만 자신을 알 수 있을 뿐이다. 그 사람들이 자신을 존중해주어야만 자신이 당연히 존중받아야 할 사람이라고 생각하게 되고, 그들이 자신을 소중하게 보살펴주어야만 자신이 마땅히 보살핌을 받아야 할 사람이라고 생각하게 된다. 그리고 그들이 자신을 도와주고 격려해주면 자신이 그럴 만한 사람이라고 생각하게 된다.

초등학교 아이들에게 가장 필요한 것은 안정감이다. 부모의 품을 떠나 세상을 배우고 세상에 적응하는 법을 배우면서 아이들은 실수를 저질러도 너그럽게 용서받고, 그 실수를 통해 지혜와 교훈을 얻을 수 있어야 한다. 초등학교에 다니는 아이를 둔 부모는 아이의 생활을 관리하고 아이가 적극적으로 세상을 배우고 세상에 적응할 수 있도록 이끌어주어야 한다. 이 시기에는 자기 생각을 마음껏 떠들고 재미있게 놀아야 한다. 이 시기에 지나치게 완벽한 생활을 강요하면 아이의 자연스러운 성장을 방해할 수 있다.

어린아이에게 지나치게 많은 것을 요구하고 완벽한 사람이 되기를 바라면, 그 아이는 자라서 매우 점잖아지거나 일에만 매달리는 사람이 될 수 있다. 그런데도 여진히 많은 아이들이 집안일이나 공부 아니면 가족을 위해 희생하도록 강요받으며 자라고 있다. 초등학교 시절은 자신을 아껴주는 사람들과 함께 지내면서 사랑과 관대한 용서를 누려야 하는 시기다.

이전 단계와 마찬가지로 이 시기에도 아이들의 두뇌는 아직 완전히 성장하지 못했다. 그래서 자신이 잘못을 저질렀을 때 '나쁜 짓을 했다고 해서 내가 나쁜 사람이 되는 것은 아니다'라는 생각을 하지 못한다. 그 대신 '나쁜 짓을 했다면 그건 내가 나쁜 사람이라는 뜻이다'라고 생각한다. 또한 '내게 나쁜 일이 일어났다면 그건 내가 나쁜 사람이라는 뜻이다'라고 생각한다.

성인들 중에도 이렇게 생각하는 사람들이 있다. 이것은 그들이 '나쁜 짓을 하는 것'과 '나쁜 사람이 되는 것'의 차이를 제대로 모르는 부모 밑에서 성장했기 때문이다. 아이가 어른의 말을 듣지 않을 때는 '나쁜 짓'을 했다기보다는 '통제할 수 없는 상태'에 놓여 있다고 생각하는 편이 낫다. 그러면 그 아이 자체에 대해 부정적인 생각을 갖지 않게 된다.

만약 아이가 나쁜 짓을 하면 벌을 주는 대신에 '작전 타임'을 갖도록 하자. 작전 타임의 시간은 아이가 한 살씩 먹을 때마다 1분씩 늘려서 '여덟 살이면 8분'과 같은 식으로 정하는 것이 적당하다.

아이가 말을 듣지 않고 말썽을 부리면 몇 분 간의 작전 타임을 통해 '통제할 수 있는 상태'로 돌아올 수 있도록 한다. 이렇게 작전 타임을 가지면 아이는 다시 통제할 수 있는 상태로 돌아온다.

작전 타임의 방법은 간단하다. 정해진 시간 동안 아이를 방안에 가두어두면 된다. 이렇게 하면 아이가 통제할 수 없는 상태에서 남에게 피해를 끼칠 염려도 없고, 자신의 혼란한 감정에서 벗어날 수도 있다. 물론 작전 타임을 하는 동안에도 아이는 계속 소란을 피울 것이다. 하지만 이런 행동은 아이가 자신의 욕구를 억압하지 않으면서 스스로를 통제하는 방법을 배울 수 있는 좋은 기회가 된다.

자신의 감정을 제대로 이해하고 이것을 올바로 표현하는 것이 얼마나 중요한지를 알고 나면 부모는, 아이가 자신의 감정을 다스릴 수 있도록 종종 작전 타임을 갖게 된다. 아이가 부모보다 덩치가 작기 때문에 아이가 말을 듣지 않으면 언제든 가볍게 안아올려 작전 타임을 위해 방안에 가둘 수 있다.

작전 타임을 하기 위해 가두어둔 아이가 그 안에 가만히 있으려 하지 않는다고 해서 부모가 밖에서 문을 잠가서는 안 된다. 그보다는 아이가 나오지 못하도록 밖에서 문을 꼭 잡고 있는 편이 낫다. 작전 타임을 당하더라도 아이는 자신이 부모에게서 완전히 버림받은 것이 아니라는 걸 알아야 한다. 가끔씩 작전 타임을 가지면 아이는 자신의 감정을 제대로 이해하게 된다. 그리고 다른 사람을 배려해야 한다는 생각도 갖게 된다.

작전 타임을 활용하지 않고 '벌'만 주면 아이는 올바른 성인으로 성장하지 못한다. 부모에게 버림받았다고 생각하게 될 뿐만 아니라 자신의 감정을 제대로 다스리는 훈련도 받지 못하기 때문이다. 그래서 교도소에 수감된 사람들 중에는 부모나 사회로부터 계속해서 벌을 받은 이들이 많다. 나중에 자녀를 교도소에 보내고 싶지 않다면 벌을 주어선 안 된다.

교도소 수감자 중 90퍼센트 정도가 남자인 반면 상담분야 종사자의 90퍼센트는 여자다. 그 이유는 남자는 벌을 받으면 다른 사람에게 분풀이를 하지만, 여자는 자신에게 뷰풀이를 하기 때문인 것으로 보인다. 그렇기 때문에 사춘기가 되면 여자아이들은 자긍심이 심하게 무너지는 반면, 남자아이들은 거친 행동을 일삼게 된다.

계속해서 벌을 받다 보면 아이는 자신의 감정에 무뎌지고 부모를 기쁘게 해주고 싶다는 자연스러운 욕구도 잃어버리게 된다. 그 보상 심리로 어른이 되어 남을 즐겁게 해주기를 좋아하는 사람들 중에는 어렸을 때 부모나 가족을 기쁘게 해주지 못했던 이들이 많다. 따라서 자녀가 대수롭지 않은 일을 해도 부모가 기뻐해주면 아이의 자긍심은 무럭무럭 자라게 된다.

   자녀가 초등학교에 다니기 시작하면 부모는 아이를 어떻게 보살펴야 할지 몰라 답답할 때가 있다. 이 시기의 아이에게는 부모의 사랑보다 친구와의 우정, 그리고 자기 자신으로부터의 사랑이 더 필요하다. 이럴 때 부모는 어떻게 해야 할까? 방법은 간단하다. 아이의 말에 무조건 귀를 기울이고 아이의 마음을 잘 이해해주기만 하면 된다. 부모가 무조건적인 사랑을 베풀어주면 아이는 가족으로부터 사랑을 받고 있다는 자신감을 얻게 되고, 더불어 다른 아이들과 함께 어울리면서 친구를 얻을 수 있다는 자신감도 갖게 된다.

   이 시기는 아이가 세상을 알고 적응하면서 무럭무럭 성장하는 시기로서, 불안정한 시기이기도 하다. 그래서 무엇보다도 부모의 사랑이 가장 필요하다. 하지만 지나치게 많은 사랑은 아이의 성장에 방해가 될 수도 있다. 이 시기가 되면 아이가 스스로 할 수 있는 일들도 제법 생긴다. 그런데도 부모가 뭐든지 다 해주려고 하면 아이는 부모에게서 벗어나고 싶어하게 된다.

탄생의 위기—태어나서 7세까지

   태어나서 일곱 살이 될 때까지는 꿈속에서 보내는 시절이라고 할 수 있다. 이 때는 자신이 누구인지도 모른다. 부모가 해주는 것 이상의 것은 바라지도 않는다. 아이들은 부모의 사랑만으로 이 시기를 살아간다.

   하지만 세상에 대한 생각은 태어나면서부터 형성된다. 아이가 갓 태어났을 때는 자기가 원하는 것을 손에 넣을 힘이 없다. 그래서 어른의 보살핌을 제대로 받지 못하면 죽어버릴 수도 있다.

이렇게 육체적으로 연약한 상태에서 아기들은 세상에 대해 두 가지 중 한 가지 생각을 하게 된다. '나는 원하는 것을 가질 수 있다'가 아니면 '나는 원하는 것을 가질 수 없다'라는 생각이다. 이 둘 중 한 가지 생각을 바탕으로 우리는 삶을 시작하게 된다.

아기에게는 자신이 원하는 것을 '가질 수 있는지' 아니면 '가질 수 없는지'를 알 능력이 있다

유아기 때 받은 느낌은 거의 평생 동안 지속된다. 갓 태어난 아기는 아직 두뇌가 제대로 발달하지 않았지만 자신이 어떤 상황에 처해 있는지 정확히 느끼고 판단할 줄 안다. 그래서 자신이 원하는 것을 가질 수 있는지 아니면 가질 수 없는지도 분명히 판단할 수 있다.

60여 년 전부터 미국의 산부인과에서는 아기가 태어나면 산모와 다른 병실에 두었다. 그 때문에 베이비붐 세대부터 그 이후의 세대들은 자신이 원하는 것을 얻을 수 없다는 생각이 마음속에 각인된 채 자라났다. 하지만 지금은 신생아와 산모를 서로 다른 병실에 두는 방식이 점차 사라지고 있다. 부모와 아기가 함께 지내면서 결속력을 다지는 것이 매우 중요하다는 인식이 차츰 높아지고 있기 때문이다.

물론 신생아 때 자신이 원하는 것을 가질 수 없다고 생각했다고 해서 평생 자신이 아무것도 할 수 없는 사람이라고 생각하게 되는 것은 아니다. 오히려 더 강인한 사람이 될 수도 있다. 원하는 것을 얻을 수 없다는 생각이 들면 우리는 더 강한 존재가 되려고 노력하게 된다. 자신을 도와줄 사람이 아무도 없으면 원하는 것을 스스로 얻어야 한다.

남에게 의지한다는 것은 생각도 할 수 없는 일이다.

원하는 것을 가질 수 없으면 그것을 가질 수 있을 만큼 빨리 자라야 겠다고 생각하게 된다. 그래서 어린 나이부터 책임감이 강해지고 독립심이 생긴다. 그러면 겉으로는 어른스러워지고 원하는 것을 할 수 있는 것처럼 보이지만 마음속으로는 여전히 뭔가 허전함을 느낀다.

나이보다 어른스러운 아이는 성장의 단계를 제대로 거치지 못한 경우가 많다

원하는 것을 가질 수 없다고 생각될 때 나타나는 또 하나의 증상은 자신이 무엇을 원하는지, 무엇이 필요한지를 확실히 알지 못한다는 것이다. 필요한 것을 얻지 못하면 자신에게 그것이 정말 필요한지를 제대로 판단하지 못한다. 그리고 자신에게 무엇이 필요한지를 잘 모르면 자신이 그것을 가질 자격이 있다는 것도 잘 모르게 된다. 반대로 필요한 것을 충분히 가질수록 자신에게 무엇이 필요한지 분명히 알게 되고 그것을 가질 자격이 있다고 믿게 된다.

자신에게 무엇이 필요한지 분명히 알고, 그것을 얻으면
자신이 그것을 가질 자격이 있다고 생각하게 된다

자신은 필요한 것을 가질 자격이 없다고 생각하는 사람은 원하는 것을 얻으려고 할 때 지나치게 자기 자신을 혹사한다. 그래서 부모를 기쁘게 하거나 그들에게서 원하는 것을 얻고자 할 때 심지어는 자기 자신을 포기하기도 한다. 원하는 것을 가질 수 없다고 생각하는 사람은 지나치게 남에게 의존하거나 뭐든 혼자서 하려고 든다. 하지만 충

분히 사랑을 받아서 자신감이 넘치는 사람은 남은 물론이고 자기 자신에게 적당히 의지할 줄 안다.

필요한 것을 얻지 못했을 때는 스스로 노력해서 원하는 것을 얻으려고 하게 된다. 필요한 것과 원하는 것은 분명히 다르다. 필요한 것을 얻을 때는 남의 도움이 필요하지만 원하는 것을 얻을 때는 자기 힘이 필요하다. 어린아이들은 원하는 것을 얻을 수 있을 만큼 자랄 때까지 오랫동안 남의 도움으로 필요한 것을 얻어야 한다. 그래서 20대가 될 때까지는 남에게 의지하면서 살아야 한다. 하지만 스무 살이 넘으면 자신이 원하는 것을 얻을 수 있을 만큼 자라게 된다.

나이에 맞지 않게 너무 빨리 자란 아이는 뭐든 자기 혼자서 하려고 한다. 그런 아이들은 남의 도움이 얼마나 중요한지 모르기 때문에 그러한 도움을 무조건 거부하려고 한다. 그리고 다른 사람과 가까워지는 것도 싫어한다. 하지만 신생아와 산모를 격리하지 않는 지역에서 자란 아이들은 부모와 가깝게 지내며 가족과도 돈독한 유대관계를 맺는 것을 확인할 수 있다.

선진국 병원들이 신생아와 산모를 떼어놓는 바람에 아이들이 출생 후 정신적인 고통을 겪기는 했지만 그것이 사회에 전적으로 악영향을 끼친 것만은 아니다. 새롭고 더 나은 길로 가기 위해서는 나쁜 길도 지나가야 하는 법이다. 그래서 미국의 베이비붐 세대들도 과거에는 물질적인 성공만을 추구했지만 이제는 자신에게 진정으로 필요한 사랑을 찾아나서고 있다. 그 결과 현재 미국에서는 유아기에 충분한 사랑을 받지 못해서 생긴 상처를 치유할 수 있는 갖가지 심리치료 방법들이 개발되고 있다.

임신에서 출산까지

우리의 삶은 어머니의 자궁에서 수정이 이루어지면서부터 시작된다. 그리고 동시에 신과의 관계도 시작된다. 사고가 가능할 정도로 두뇌가 발달하지 않은 태아 상태에서도 우리는 많은 경험을 하게 된다. 그러나 이때의 기억은 태어난 지 두 살쯤 되어 말하기 능력이 급격히 발달할 무렵이면 거의 잊혀진다.

어머니 자궁 속에서의 삶은 천국에서의 삶과도 같다. 아무것도 하지 않고 가만히만 있어도 어머니의 신체가 모든 것을 알아서 제공해 준다. 어머니의 자궁 속에서 건강하게 자란 태아는 태어나서도 건강하게 살 수 있다.

자궁 속의 태아를 위해 무엇이든 해주는 어머니를 통해 우리는 신의 숭고한 힘을 처음으로 경험하게 된다. 그런데 태어난 후에 주위 사람들이 그 숭고한 힘을 믿지 않으면 우리도 그 힘이 항상 우리를 돌보아준다는 사실을 잊어버리게 된다.

우리가 경험하는 치료의 효과는 바로 이 '힘'에서 비롯된다. 병을 고치는 것은 의사가 아니다. 의사는 치료를 도울 수 있는 방법을 알려줄 뿐, 병을 진정으로 낫게 하는 것은 바로 신의 숭고한 힘이다. 살아가는 동안 우리는 병에 걸리고 회복되기를 반복한다. 병에 걸리는 것은 우리를 있게 한 그 숭고한 힘을 다시 만날 때가 되었다는 신호인 셈이다.

그런데 가끔은 어머니의 자궁 속에서도 그 숭고한 힘을 놓치는 때가 있다. 어머니가 불쾌한 감정을 느끼면 그 느낌이 곧장 자궁 속 태아에게 전달되어 평생을 따라다니게 된다. 그러므로 건강하고 밝은 아이를 낳고 싶으면 어머니가 임신 기간 동안 사랑을 듬뿍 받으면서 행복하게 지내야 한다.

어머니가 신을 받아들이느냐 그렇지 않느냐는 태아에게 많은 영향을 미친다. 임신한 여성이 자신에 대한 신의 도움을 믿지 않고 앞으로 아기는 전적으로 자기가 혼자 책임을 져야 한다거나, 아기가 태어나면 다시는 예전의 모습으로 돌아갈 수 없다고 생각하며 불안해하면 그 불안은 곧장 태아에게 전달된다.

현명한 여성은 아기가 태어난 후의 삶에 대해 걱정하기보다는 자신에게 필요한 사랑과 보살핌을 얻기 위해 노력한다. 젊은 어머니의 경우에는 아이가 생기면 자신의 인생은 이제 끝이라는 생각으로 걱정에 싸일 수도 있다. 하지만 모든 일은 자연의 뜻에 맡겨두면 된다. 일단 아이를 어느 정도 키우고 나면 얼마든지 다시 예전의 삶으로 돌아가 자신의 꿈을 실현시킬 수 있다.

요즈음은 출산을 전적으로 병원에만 맡기다 보니 신이나 자연의 역할이 점차 줄어들고 있다. 그래서 이 세상은 원하는 것을 얼마든지 얻을 수 있는 마법의 성과 같은 곳임을 아기들이 깨닫지 못한다. 아기를 가진 여성은 신의 힘을 잊지 않기 위해 영혼을 맑게 하는 책을 읽거나 자연 속에서 많은 시간을 보내는 것이 좋다. 자연의 품에서 벗어나면 임신기간이 더욱 힘들어진다.

각 성장의 단계별로 필요한 사랑에 대해 얘기하는 책을 읽다 보면, 자신이 얼마나 사랑을 받지 못하고 자랐던가 하는 생각이 들면서 지금 자신이 안고 있는 문제를 모두 과거의 탓으로 돌리려는 마음이 들기도 한다. 그래서 자신이 한없이 초라하고 가엾게 느껴진다면 어린 아이의 마음으로 돌아가도록 하자. 그리고 스스로를 다독이면서 앞으로는 뭐든지 잘될 거라고 자신에게 말해주자.

한 가지 다행스러운 점은 이 책을 읽고 나면 필요한 사랑 탱크를 가득 채우는 방법을 알게 된다는 사실이다. 그 방법대로 사랑 탱크를 채우고 나면 우리는 얼마든지 필요한 사랑을 다시 얻을 수 있다.

사랑 탱크를 채워라

how to get what you want and want what you have

 벽에 금이 가면 우선 건물의 기초를 살펴보게 된다. 기르던 화초가 누렇게 시들어 죽어가면 뿌리에 물을 뿌려 되살려낸다. 이와 마찬가지로 우리에게 문제가 생겼을 때 열 가지 사랑 탱크만 채워주면 쉽게 해결할 수 있다. 필요한 사랑을 얻고 나면 참된 자신으로 돌아갈 수 있기 때문이다.

 살아가면서 겪는 모든 어려움은 열 가지 사랑 탱크만 채우면 극복할 수 있다. 삶에 지쳐 힘이 들 때 현재 자신의 어려움이 어린 시절의 상처에서 비롯되었다는 것을 알고 나면 그 어려움을 극복할 수 있는 큰 힘을 얻게 된다. 그래서 과거에 채워야 했던 사랑 탱크를 가득 채우면 이제부터는 자신이 원하는 삶을 만들어갈 수 있다.

 사랑 탱크를 채우는 일은 일상생활 속에서 늘 실천하는 것이 좋다. 한 번 가득 채웠다고 해서 사랑 탱크가 늘 가득 차 있는 것은 아니기 때문이다. 탱크 속의 사랑은 우리가 각 성장의 단계를 거칠 때마다 참된 자기 자신을 찾아 제대로 성장할 수 있도록 이끌어준다. 자신이 원하는 것을 얻고 참된 자신으로 돌아가기 위해서는 사랑 탱크를 항상 가득 채워두어야 한다. 아름다운 꽃도 물을 꾸준히 주면서 잘 가꾸어야 오랫동안 보며 즐길 수 있는 것처럼, 사랑 탱크도 관심을 갖고 꾸준히 채워주어야 한다.

첫 번째 사랑 탱크—사랑 비타민 G1

첫 번째 사랑 탱크는 신(God)으로부터의 사랑과 보살핌을 담는 탱크이다. 신이 베풀어주는 사랑 비타민 G1이 부족하면 삶이 고달퍼진다. 신의 사랑을 느끼지 못하면 모든 일을 자신이 혼자 해야 한다고 생각하기 때문에 삶에 지치고 스트레스를 받게 된다. 이러한 것을 해결해주는 첫 번째 사랑 탱크를 채우려면 종교활동을 하거나 영적인 정화를 경험함으로써 자신은 결코 혼자가 아니며 더 큰 힘이 자신을 도와주고 있다는 것을 자각해야 한다.

명상은 종교가 아니다. 하지만 우리는 명상을 통해 영적인 도움을 받을 수 있다. 무신론자나 종교가 없는 사람도 규칙적으로 명상을 하면 사랑 비타민 G1을 섭취할 수 있다. 그렇게 해서 사랑 비타민 G1을 얻고 난 뒤에 비로소 종교에 귀의해서 신의 사랑을 느끼고 다른 사람들에게서 도움을 받을 수 있다는 사실을 깨닫는 사람들도 있다. 명상을 통해 첫 번째 사랑 탱크를 가득 채우는 방법은 9장에서 다시 살펴보기로 하자.

두 번째 사랑 탱크—사랑 비타민 P1

두 번째 사랑 탱크는 부모(Parents)의 사랑과 보살핌을 담는 탱크다. 부모가 베푸는 사랑 비타민 P1이 부족하면 자신이 가치가 없으며 다른 사람들보다 모자란 존재라는 생각을 하게 된다. 그래서 삶이 늘 불만족스럽고 정서적으로 불안정하다. 우리는 흔히 직업이나 주변 사람들 탓으로 스트레스가 쌓인다고 생각하지만, 사실 스트레스는 우리 안에서 비롯된다. 겉으로 보는 세상은 우리의 마음을 비추어 주는 거울에 불과하다.

성인이 되면 무조건적인 사랑을 받기 위해 부모에게 의지하지 않게 된다. 처음부터 자녀에게 필요한 사랑을 주지 못하는 부모도 있지만, 자녀가 성인이 되면 부모가 더 이상 곁에 없는 경우도 있다. 그래서 성인이 되면 자신에게 필요한 사랑을 얻어낼 대상을 스스로 선택해야 하기도 하고 또는 자기 자신에게 그런 사랑을 베풀어야 하기도 한다.

자신의 감정을 사랑으로 다스리지 못한다면 그것은 바로 두 번째 사랑 탱크가 비어 있다는 신호이다. 자신감이 없고 자신의 생활에 만족하지 못한다면 그 순간부터 비어 있는 사랑 탱크를 채우면서 충분히 사랑받지 못했던 과거의 상처를 치유해야 한다.

그렇게 하기 위해 상담자나 심리치료사를 찾는 것은 '부모'를 새로 얻는 것과 같다고 할 수 있다. 그들은 내담자의 이야기를 들어주고 이해해주며 무조건적인 사랑을 베풀어준다. 그들을 통해 필요한 사랑의 욕구가 충족되면 그때부터는 자기 자신에게 사랑을 베풀 수 있게 된다. 그렇게 해서 두 번째 사랑 탱크가 채워지기 시작하면 과거에 부모가 자신을 얼마나 사랑해주었던가를 새삼 깨닫게 되거나, 아니면 부모 아닌 다른 누군가가 자신에게 무조건적인 사랑을 베풀어주었음을 깨닫게 된다.

명상을 하고 신을 만나는 것이 화분에 물을 주는 일이라면, 과거의 상처를 치유하는 것은 화분의 흙을 갈아주는 일이라고 할 수 있다. 식물이 잘 자라려면 좋은 흙이 필요하다.

어린 시절의 기억에 사로잡혀 평생을 살아가는 사람들이 많이 있다. 하지만 그러한 태도에서 조금만 벗어나면 좀더 나은 삶을 살 수 있다. 어린 시절이야 어떻게 보냈든 어른이 된 지금, 필요한 것은 무엇이든 스스로 얻을 수 있다. 스스로에게 사랑을 베풀 수도 있고 필요한 것을 줄 수도 있는 것이다.

샌퀜틴교도소에서 워크숍을 실시한 적이 있었다. 나는 그곳에 있는 사람들처럼 사랑 비타민 P1이 부족한 이들을 만난 적이 없었다. 워크숍은 모두 아흔 명의 죄수들이 참석했고, 나는 서른두 명의 자원봉사자들과 함께 워크숍을 이끌어가게 되었다. 사랑 탱크들이 비교적 충분하게 채워져 있던 봉사자들은 죄수들의 심리치료 과정에 많은 도움이 되었다.

죄수들끼리만 모여서 치료 과정을 실시할 때는 그다지 큰 성과가 나타나지 않았다. 그런데 자원봉사자들이 워크숍에 참여하자 상당히 고무적인 효과가 나타났다. 그러다 보니 끝까지 같은 죄수들끼리만 치료과정을 받겠다던 죄수들까지도 워크숍이 끝나는 주말에는 자원봉사자를 찾게 되었다. 이 결과를 통해, 사랑을 받으며 자란 사람과 함께하는 심리치료가 훨씬 더 효과적이라는 사실이 증명되었다. 샌퀜틴교도소의 죄수들은 모두 사랑을 충분히 받지 못하고 자랐기 때문에 서로에게도 사랑을 베풀 수 없었던 것이다.

이때의 경험을 통해 나는 훈련받은 전문적인 심리치료사와 경험이 없는 지원자들이 함께하는 워크숍이 상당히 효과적이라는 사실을 알게 되었다. 심리치료 워크숍을 실시하면서 샌퀜틴에서처럼 오랫동안 기억에 남는 경험을 한 적이 많다. 그런 좋은 경험을 할 수 있었던 것이 나는 무엇보다도 행복하다. 그런 멋진 경험을 할 수 있었던 심리치료 과정에 대해서는 제11장에서 자세히 이야기할 것이다. 11장에서는 가정이나 심리치료소 또는 워크숍에서 혼자 아니면 파트너와 함께 해볼 수 있는 심리치료 과정들을 살펴보기로 한다.

세 번째 사랑 탱크—사랑 비타민 F

세 번째 사랑 탱크는 가족(Family)과 친구(Friend)의 사랑 그리고 그들과 함께 나누는 즐거움(Fun)을 담는 탱크다. 아무 재미도 없이 점잖고 진지하게만 살면 사랑 비타민 F가 부족해진다. 가족이나 그밖의 친밀한 사람들로부터 비난을 받거나 그들과의 관계가 지루할 때 세 번째 사랑 탱크만 가득 채우면 모든 문제는 저절로 해결된다. 세 번째 사랑 탱크는 친구와 어울리면서 즐겁게 놀 때 가득 채워진다.

세 번째 사랑 탱크를 가득 채우려면 오래된 친구와의 우정도 소중히 해야 하지만 새로운 친구도 많이 사귀어야 한다. 오랜 친구는 본래의 나를 아끼고 소중히 할 수 있도록 도와주고, 새로운 친구는 지금껏 몰랐던 나의 새로운 면을 발견할 수 있도록 도와준다. 그러므로 오랜 친구와 새로운 친구, 모두 다 소중하다.

'왜 나는 친구가 없을까?' 하고 고민하는 사람들이 있다. 이유는 간단하다. 친구를 사귀는 방법을 모르기 때문이다. 자기 마음에만 들면 친구가 되는 게 아니다. 그렇다고 누군가가 먼저 다가와 친구가 되자고 정하기만을 기다려서도 안 된다. 친구가 없는 사람은 먼저 다른 사람을 위해 뭔가를 해보도록 하자. 먼저 베풀고 나중에 보답받겠다는 마음만 가지면 주위 사람들로부터 호감을 얻게 되고 친구도 많이 사귈 수 있다.

친구를 사귀기가 어렵다면 사랑 탱크에서 그 해결책을 찾을 수도 있다. 이 법칙은 모든 사랑 탱크에 똑같이 적용된다. 원하는 것을 얻지 못하는 것은 '엉뚱한 곳을 쳐다보고 있다'는, 즉 자신에게 어떤 사랑이 필요한지를 잘 모르고 있다는 신호다. 그럴 때는 어떤 사랑 탱크가 비어 있는지를 정확히 파악하는 것이 무엇보다 중요하다. 그래야 이미 가득 차 있는 사랑 탱크를 채우느라고 정작 필요한 사랑 탱크를 텅 비운 채 내버려두는 일을 피할 수 있다.

심리치료를 통해 효과를 보는 사람이 있는가 하면 그렇지 못한 사람도 있는 이유가 바로 여기에 있다. 사랑 비타민 P1이 절실하게 필요한 사람은 심리치료를 통해 큰 효과를 볼 수 있다. 하지만 사랑 비타민 F가 필요한 사람은 심리치료보다는 친구들과 어울려 축구를 하는 편이 훨씬 낫다. 비어 있는 사랑 탱크를 찾아 딱 맞는 방법으로 채워주는 것, 그것이 가장 중요하다.

친구는 있는 그대로의 자기 자신을 소중히 아끼고 받아들일 수 있도록 도와준다. 친구와 어울리려면 두려움 없이 자신 있게 스스로를 표현할 수 있어야 한다.

세 번째 사랑 탱크를 채우는 데는 유머와 놀이도 많은 도움이 된다. 기분이 가라앉았을 때 재미있는 영화를 보면 사랑 비타민 F를 충분히 섭취할 수 있다. 그렇게 하기 싫어도 반드시 해야만 한다. 우리는 가끔 자신에게 꼭 필요한 것을 애써 외면하는 때가 있다. 그럴 때 억지로라도 싫은 일을 하다 보면 기분이 훨씬 좋아지는 것을 느낄 수 있다.

네 번째 사랑 탱크—사랑 비타민 P2

네 번째 사랑 탱크는 동년배(Peer)들의 사랑을 담는 탱크다. 이 탱크를 채우려면 비슷한 또래나 같은 취미를 가진 이들의 모임에 참여해야 한다. 좋아하는 스포츠 팀에 가입해도 좋고 취미활동 단체에 드는 것도 좋은 방법이다. 결혼한 사람도 배우자와 함께 즐길 수 있는 일 외에 혼자서 즐기는 취미를 갖는 것이 좋다. 그래야 '자신만의 것'을 가질 수 있고 배우자나 친구 이외의 사람과도 교류할 수 있기 때문이다.

운동을 좋아하는 사람은 자신이 좋아하는 스포츠 팀의 경기를 관람하면서 사랑 비타민 P2를 섭취할 수 있다. 특히 경기장에 찾아가 관람하면 텔레비전으로 경기를 시청하는 것에 비할 수 없을 만큼 많은 비타민 P2를 얻을 수 있다. 물론 텔레비전으로 경기를 보는 것만으로도 사랑 비타민 P2를 얻을 수는 있다. 하지만 경기가 벌어지는 현장에서 자신이 좋아하는 팀을 직접 보고 다른 팬들의 열띤 응원에 함께 동참하면서 일체감을 느끼다 보면 엄청난 양의 비타민 P2를 섭취할 수 있다.

네 번째 사랑 탱크를 채우려면 여러 사람이 함께 모여 같은 일을 즐길 수 있는 곳으로 가는 것이 좋다. 영화를 좋아하는 사람이라면 집에서 비디오만 보지 말고 영화관에 가보도록 하자. 가능하면 영화가 개봉되자마자 가보는 것이 좋다. 영화에 대한 다른 사람들의 소문을 듣지 못한 상태라야 더 흥미진진하게 영화를 즐기면서 큰 즐거움을 만끽할 수 있기 때문이다. 영화관에는 영화를 좋아하는 사람들이 모여 있다. 같은 것을 좋아하는 사람들이 발산하는 열정과 하나의 관심거리로 모아지는 에너지가 넘쳐흐르는 곳이 바로 네 번째 사랑 탱크가 비어 있는 사람이 가야 할 곳이다.

종교에 거부감을 느끼지 않는 사람이라면 종교집회에 참석하는 것도 좋은 방법이다. 그곳에 가서 여러 사람들과 함께 노래하고 기도해보자. 사랑 비타민 G1뿐만 아니라 사랑 비타민 P2도 얻을 수 있다. 사랑 비타민 P2는 같은 것을 좋아하고 원하는 사람들 속에 섞여 있을 때 섭취할 수 있기 때문이다.

자신이 좋아하는 가수나 음악가의 콘서트에 가는 것으로도 사랑 비타민 P2를 얻을 수 있다. 그러한 장소에 가서 사랑 비타민 P2에 흠뻑 젖어보자. 젊을 때 즐겨 찾던 화끈한 록 콘서트에 가면 청소년기에 맛보았던 뜨거운 열정을 되찾을 수 있다. 그곳에는 '내'가 좋아하는 음악을 같이 좋아하는 사람들이 있을 뿐만 아니라 '내'가 더 젊었을 때 듣던 음악이 있다. 젊었을 때 좋아하던 음악을 듣는 것은 언제든 우리를 다시 뜨거운 열정이 넘치는 청소년기로 되돌려놓는다.

한 가지 사랑 탱크를 채우고 나면 '내게 이런 사랑도 필요했구나' 하는 생각이 든다. 그러면서 그 사랑이 필요했던 성장단계의 기억들을 떠올리게 된다. 그럴 때 청소년기의 기억을 떠올리면 그 당시에 느꼈던 열정과 힘이 되살아난다.

자신에게 극복해야 할 문제가 생겼다면 비슷한 문제를 가진 사람들의 모임에 참여하는 것도 좋은 방법이 될 수 있다. 알코올 중독자들이 서로의 경험을 나누며 술을 끊기 위해 금주모임을 만드는 것도 그 속에서 사랑 비타민 P2를 얻을 수 있기 때문이다.

다섯 번째 사랑 탱크—사랑 비타민 S

다섯 번째 사랑 탱크는 자신에 대한 사랑(Self-love)을 채우는 탱크다. 이 탱크를 채우려면 세상에서 가장 중요한 것은 바로 '나 자신'이라는 사실을 받아들여야 한다. '내 삶'은 바로 '나의 것'이다. 그러므로 자신이 무엇을 원하는지 잘 생각해보고 그것을 얻기 위해 노력해야 한다.

그런데 자신이 원하는 것이 남을 기쁘게 하는 것이라면 그것은 아직도 세상에서 가장 중요한 것이 자기 자신이라는 생각을 받아들이지 못했다는 증거다. '내가 원하는 것'이란 '나를 위해 원하는 것'이라는 의미다. 자기 자신에게 정말로 부족한 것이 무엇인지, 자신이 정말로 원하는 것이 무엇인지를 잘 생각해보아야 한다.

그런데 아무리 생각해보아도 자신이 진정으로 원하는 것이 남을 기쁘게 하는 일이라면 지금 부족한 사랑 탱크는 다섯 번째 탱크가 아니다. 이럴 때는 좀더 깊이 생각해보도록 하자. 남을 기쁘게 하는 것 말고 또 하고 싶은 일은 없을까? 무엇을 해야 '내'가 즐거울 수 있을까? 이러한 생각은 어디든 자기만을 위해 생각하고 느낄 수 있는 곳에서 하는 것이 좋다.

자신을 사랑하고 아낄 수 있으려면 다양한 경험을 해보아야 한다

나만을 생각하고 느낄 수 있는 곳은 어디일까? 지금부터 그런 곳을 찾아보도록 하자. 먼저 늘 함께 생활하는 사람들 틈에서 벗어나 평소와는 다른 옷차림으로 독특한 생활을 해보자. 그리고 앞으로 다시는 가지 않을 것 같은 곳에 가서 지금까지 한 번도 하지 않았던 일을 해보자. 어차피 그곳에는 다시는 안 갈 테니 그곳에 있는 사람들도 다시는 안 볼 사람들뿐이다. 그런 사람들 앞에서 망신 좀 당한들 그 무슨 대수로운 일이겠는가?

하고 싶은 일이 있어도 남의 눈이 무서워 마음대로 못할 때가 있다. 실수를 해서 그 일이 평생 남의 입에 오르내릴까 무서워서 하고 싶은 일을 마음대로 못할 때도 있다. 그런데 낯선 사람들 틈에 섞여 있으면 그런 걱정을 할 필요가 없기 때문에 평소와 다른 행동을 할 용기가 쉽게 생긴다. 그래서 낯선 곳에 있으면 평소와는 다른 자기 자신을 발견하게 된다.

낯선 곳에 있으면 평소와 다른 자기 자신을 발견하게 된다

외적인 성공을 이루고 정신적인 행복도 얻으려면 자신이 무엇을 원하는지 정확히 알고 목표를 분명하게 세워야 한다. 무엇을 먹을지 전혀 생각하지 않고 레스토랑에 갔다고 상상해보자. 웨이터가 와서 무엇을 시키겠느냐고 물었을 때 "아무거나 주세요"라고 한다면 어떻게 될까? 잘못하면 먹다 남은 음식 찌꺼기를 먹게 될지도 모른다.

다섯 번째 사랑 탱크를 가득 채우려면 매일 조금씩 시간을 내서 자신이 무엇을 원하는지 생각하고 내일의 목표를 세워야 한다. 이 방법에 대해서는 제 10장에서 다시 살펴보도록 하자. 하루를 어떻게 살아갈지 계획만 잘 세운다면 남들이 남긴 찌꺼기나 처리하는 신세는 면할 수 있다.

여섯 번째 사랑 탱크―사랑 비타민 R

여섯 번째 사랑 탱크는 이성과의 사랑(Romance)을 채우는 탱크다. 이 탱크를 채우려면 자신의 삶을 누군가와 함께 나눌 수 있어야 한다. 나는 그 사람을 의지하고 또 그 사람은 나를 의지할 수 있어야 한다.

대부분의 경우 사랑 비타민 R에는 육체적인 관계가 포함된다. 그러한 관계까지 발전하려면 오랜 시간에 걸쳐 사랑을 키워가야 한다. 특히 여자의 경우 만나자마자 성적인 관계로까지 발전할 수 있는 사람은 거의 없다. 대부분의 여자들은 이런 종류의 사랑을 받아들이기까지 많은 시간이 걸린다. 반대로 남자는 순식간에 사랑에 빠진다. 그렇지만 남자 역시 진정한 사랑을 느껴야 이런 관계를 오래 지속시킬 수 있다.

사랑 비타민 R은 이성과 사랑을 주고받을 때 얻을 수 있다

　결혼하지 않았거나 연인이 없는 사람은 이성과 데이트를 해야 여섯 번째 사랑 탱크를 채울 수 있다. 물론 데이트를 한다는 것이 꼭 상대와 잠자리를 함께 해야 한다는 뜻은 아니다. 결혼상대자나 깊이 사귈 수 있는 연인을 찾고 있다면 시간을 충분히 갖고 잘 관찰해보아야 한다. 처음부터 완벽한 상대를 찾겠다고 생각하지 말고, 가벼운 마음으로 이 사람 저 사람을 만나보는 것이 좋다. 결혼상대자를 찾는 사람들 중에는 처음부터 완벽한 사람을 찾느라 쉽게 상대를 만나지 못하는 경우도 많다.
　아무리 해도 적당한 상대가 나타나지 않는다는 것은 과거에 채웠어야 할 사랑 탱크들이 비어 있다는 신호다. 또한 연인이나 배우자가 생긴 뒤에 처음과 같은 사랑의 감정이 솟구치지 않는다면 그것 역시 사랑 탱크들이 비어 있다는 신호다.

> 아무리 해도 적당한 상대가 나타나지 않는 것은
> 자신에게 맞지 않는 사람을 찾고 있다는 뜻이다

　공부할 준비가 되어 있으면 스승은 언제든지 나타나게 마련이다. 그리고 질문을 하면 언제든 답이 주어지게 마련이다. 이성과 사귈 마음의 준비를 하고 느긋하게 데이트를 즐기다 보면 딱 맞는 상대가 언제든지 나타난다.
　하지만 조급한 마음으로 상대를 찾다 보면 자신에게 딱 맞는 상대는 좀처럼 나타나지 않는다. 그러므로 조급한 마음을 버리고 지금까지의 삶을 그대로 열심히 살아가노라면, 그 모습에 이끌려 자신에게 딱 맞는 상대가 당신을 찾아오게 될 것이다.

천생연분은 '완벽한' 사람이라는 뜻이 아니다. 다만 당신의 배우자로 '딱 맞는' 사람이라는 뜻이다. 그렇게 자신에게 딱 맞는 사람을 만나 그 사람을 사랑하게 되면 참된 자기 자신으로 돌아가기도 한결 쉬워진다. 천생연분은 '딱 한 사람'만으로 정해져 있는 것이 아니다. 이 세상에는 자신의 삶을 함께하기에 적당한 사람들이 수도 없이 많다. 그 많은 사람들 중에서 당신이 선택한 바로 '그 사람'이 당신의 천생연분이 되는 것이다.

천생연분은 '완벽한' 사람이라는 뜻이 아니다
단지 나의 배우자로 '딱 맞는' 사람이라는 뜻이다

인류의 원시 시대에는 생존본능의 필요성에 따라 이성관계가 이루어졌다. 우리가 지금까지 알고 있는 이성과의 사랑법도 사랑보다는 생존본능을 기초로 하고 있다. 하지만 이제는 현대에 맞는 사랑법을 배워야 한다.

영화 속에는 우리가 원하는 사랑이 무수히 등장한다. 하지만 그러한 사랑을 할 수 있는 방법은 영화 속 그 어디에서도 찾을 수 없다. 이성과 사랑의 관계를 맺고 그 사랑을 영원히 지켜가기 위해서는 새로운 사랑의 기교를 익혀야 한다.

이성과의 사랑은 결코 우연히 이루어지지 않는다. 사랑 탱크를 모두 채운다 해도 그것은 이루어지지 않는다. 사랑에는 노력이 뒤따라야 하기 때문이다. 그래서 『화성에서 온 남자, 금성에서 온 여자』의 내용들은 영원한 사랑을 위한 새로운 사랑법에 초점을 맞추고 있다.

이성과의 사랑은 단지 본능을 충족시키기 위해서만 필요한 것이 아니다. 이성과의 사랑은 직장에서의 성공에도 큰 영향을 끼친다.

침실에서의 열정은 직장에서의 열정으로 이어진다

외적인 성공을 거두기 위해서는 먼저 기본적인 욕구가 충족되어야 한다. 그런데 성적 욕구를 억누르다 보면 자신의 내부에 잠재된 힘 중에서 많은 부분을 잃어버리게 된다. 자신의 본능과 욕구를 충족시켜주어야만 자신이 원하는 것을 얻고 원하는 삶도 만들어갈 수 있다.

일곱 번째 사랑 탱크—사랑 비타민 D

일곱 번째 사랑 탱크는 자신에게 의지하는 대상(Dependent)에게 베푸는, 무조건적인 사랑을 채우는 탱크다. 다른 사람을 보살펴주고자 하는 욕구는 인간의 성장에서 없어서는 안 될 중요한 욕구다. 무조건적인 사랑을 베풀지 못하면 30대 중반 이후부터는 더 이상 성장하지 못한다.

일곱 번째 사랑 탱크를 채우기 위해서는 아이를 길러야 하고 시간이 지나서는 손자를 돌봐주어야 한다. 손자가 없다면 다른 누군가에게 그 사랑을 쏟아야 한다. 사람은 누군가를 사랑하고 돌보면서 다른 사람을 위해 자신을 희생할 수 있다.

이러한 무조건적인 사랑과 보살핌은 부모와 자녀 사이에 존재하는 것이 가장 이상적이다. 이성과의 관계에서는 이런 사랑이 바람직하지 않다. 자칫하면 여성이 배우자에게 한없이 사랑을 베풀게 될 수도 있기 때문이다. 그렇게 무한정한 사랑을 베풀다가 나중에 자신이 보답받지 못한다는 생각이 들어 화가 나면 여성은 그렇게 화내는 자신 때문에 오히려 죄책감을 느끼게 된다. 자신이 베푼 사랑을 돌려받지 못한다는 생각이 들면 화가 나게 마련이다. 그런데 이렇게 화가 났을 때 화내는 자신에게 죄책감을 갖기 시작하면 자신도 사랑받아야 한다는 사실을 잊어버리게 된다.

> 자신이 베푼 만큼의 사랑을 돌려 받지 못한다는 생각이 들면 화가 나게 마련이다

무조건적인 사랑은 말 그대로 완전히 '무조건적'이어야 한다. 한동안은 아무런 보상이 없더라도 언젠가는 보상이 있겠지 하는 생각을 하면서 사랑을 베풀 때가 있다. 그럴 때 사랑에 대한 보상이 늦어지면 어느 날 갑자기 마음이 텅 빈 것처럼 느껴지면서 보상받지 못한 사랑에 화가 나고, 그러면 더 이상 상대를 사랑할 수 없게 된다.

무조건적인 사랑을 베풀 수 있으려면 앞에서 살펴보았던 여섯 가지 사랑 탱크가 가득 채워져 있어야 한다. 그런 다음에야 자녀에게 마음껏 사랑을 베풀 수 있다. 아이가 없는 사람은 그 사랑을 배우자나 연인에게 베풀 수도 있는데, 절대로 그렇게 해서는 안 된다. 그랬다가는 그 사랑을 되돌려받지 못해 어느 날 갑자기 화가 폭발할지도 모른다. 또는 배우자나 연인을 아이처럼 취급해서 상대와의 관계를 망쳐버릴지도 모른다.

무조건적인 사랑은 모든 사랑 탱크가 가득 차 있을 때만 가능하다. 불우이웃을 돕거나 조카를 돌보는 것만으로 무조건적인 사랑에 대한 욕구가 해소될 것이라고 생각할 수도 있다. 하지만 결코 그렇지 않

다. 그러한 상대에게는 결코 무조건적인 사랑을 베풀 수가 없다. 30대 중반부터 40대 초반까지의 사람들에게는 무조건적인 사랑을 베푸는 경험이 반드시 필요하다. 자녀가 없는 사람이라면 애완동물이나 화초를 길러보는 것도 괜찮다. 이런 것들은 살아 있는 존재이면서 많은 사랑을 필요로 하기 때문이다. 자녀가 있는 사람이라도 아이가 자라나면 아이를 대신해서 사랑을 베풀 수 있는 대상을 찾아야 한다. 그럴 때 손자가 있다면 가장 안성맞춤일 것이다.

이렇게 누군가에게 무조건적인 사랑을 베풀고 보살펴주면 우리의 영혼은 조금씩 강해진다.

여덟 번째 사랑 탱크—사랑 비타민 C

여덟 번째 사랑 탱크는 살고 있는 사회(Community)를 위해 헌신하고 그곳을 더 살기 좋은 곳으로 만들려는 사랑을 채우는 탱크다. 이런 사랑이 필요한 시기가 되면 자원봉사 활동 등을 통해 자신과 직접적으로는 관련이 없는 사람들을 도와주어야 한다. 불우이웃을 돕는다거나 자신이 살고 있는 지역의 학교나 도서관에서 자원봉사 활동을 하는 것도 좋고, 환경보호 활동을 하는 것도 좋다. 자신이 살고 있는 사회를 위해 할 수 있는 일은 이런 일 외에도 얼마든지 널려 있다.

이 시기에 이르면 어떤 방법으로든 남을 돕는 데 마음을 써야 한다. 그 동안 살아오면서 다른 사람들로부터 받았던 사랑을 사회에 되돌려주어야 할 때가 온 것이다. 이렇게 여덟 번째 사랑 탱크를 채우기 위해서는 자신이 가지고 있는 것을 남에게 베풀어주어야 한다.

살아오면서 받았던 사랑을 이제는 사회를 위해 베풀어야 할 때가 왔다 이제부터는 자선단체에 기부금도 내고 자신의 시간을 쪼개어 자원봉사 활동도 해야 한다. 사회 속에서 이런 활동을 하다 보면 마음이 넓어지고 내면도 더욱 성장하게 된다. 그렇다고 가족까지 잊은 채 봉사활동만 하라는 것은 아니다. 이웃에게 사랑을 베푸는 일에 푹 빠져 생활하다 보면 사랑하는 가족과 친구를 잊어버릴 때가 있는데, 그래서는 결코 안 된다.

무조건적인 사랑과 마찬가지로 이 사랑 비타민 D도 먼저 자기 자신을 사랑하고 앞에서 살펴본 사랑 탱크들을 가득 채운 후에야 얻을 수 있다.

아홉 번째 사랑 탱크—사랑 비타민 W

아홉 번째 사랑 탱크는 세상(World)을 향한 사랑을 채우는 탱크로서, 여덟 번째 사랑 탱크의 연장선에 있다고 볼 수 있다. 이 탱크를 채우려면 자신이 속한 사회와 문화 그리고 인종을 뛰어넘는 넓은 시야를 가져야 한다. 이제는 자신과 다른 문화와 전통 속에서 살아온 이들에게 관심을 가져야 할 때이기 때문이다.

그래서 이제부터는 정치는 물론이고 국가와 세계 전부에까지 관심을 돌려야 한다. 그리고 무엇이든 세상을 위한 일에 참여해야 한다.

살면서 얻은 지혜와 힘을 세상을 위해 써야 할 때가 왔다

이 시기가 되면 여행을 하면서 세상 곳곳을 구경하고, 그 가운데 만나는 사람과 삶의 지혜를 나누는 것이 좋다. 그러므로 가능한 한 휴가를 자주 얻어 새로운 곳을 구경하고 새로운 경험도 많이 하도록 하

자. 이 시기에 새로운 경험을 하지 못하면 사람은 더 이상 성장하지 못한다. 이때가 되면 자신이 늙었다는 생각을 하기 쉬운데, 그 이유는 더 이상 새로운 경험을 찾지 않기 때문이다. 이럴 때 새로운 세상으로 나가 새로운 경험을 하면 늙었다는 생각을 떨쳐버리고 삶의 활력을 새롭게 되찾을 수 있다.

이 시기에 하는 여행으로는 순항여행이나 단체여행이 좋다. 이러한 여행을 하면 몸도 편할 뿐 아니라 다른 사랑 탱크를 채울 수 있는 기회도 많이 얻을 수 있다. 새로운 문화와 환경을 접하면 사는 모습은 서로 달라도 사람은 누구나 똑같다는 사실을 알게 된다. 또한 다른 세상을 구경하면 이제껏 몰랐던 자신의 새로운 모습도 알게 되고 마음도 한결 젊어진다.

> 세상을 구경하면 이제껏 몰랐던 자신의 새로운 모습도 알게 되고
> 마음도 한결 젊어진다

이 시기는 대부분의 사람들이 자신의 일에서 거의 정점에 올라 있을 때이다. 사랑으로 충만해져서 사회와 세상에 그 사랑을 되돌려줄 수 있게 되면 외적인 성공도 더욱 키진다. 대가를 바라지 않고 남을 위해 베풀수록 자신이 원하는 것을 얻을 힘이 늘어나기 때문이다.

한 조사에 따르면 남성은 40대 중반부터 50대 중반 사이에 가장 크게 성공한다고 한다. 이때가 되면 남자는 타인을 배려하는 마음의 여유가 생긴다. 그렇게 되면 사람들은 그를 믿고 의지하게 되며, 그는 올바른 선택을 통해 자신을 믿는 이들을 보살펴주게 된다. 나이를 먹는다는 것은 무언가를 잃는 것이 아니라 더 많은 것을 얻는 것이다.

열 번째 사랑 탱크—사랑 비타민 G2

열 번째 사랑 탱크는 신(God)을 섬기는 사랑으로 채워야 하는 탱크이다. 우리가 이 세상에 태어날 때는 신이 우리를 보살펴주었다. 이제는 우리가 신에게 그 사랑을 돌려주어야 한다. 열 번째 사랑 탱크를 채우면 우리는 자연스럽게 신의 뜻을 따르게 된다. 이것이야말로 우리가 이 세상에 베풀 수 있는 가장 큰 사랑이다. 50대 후반 정도가 되면 우리는 이 세상에 태어난 참된 목표를 실현할 시기를 맞게 된다.

이 시기는 우리가 가장 고귀한 존재가 되는 때이며, 자기 안에 있는 힘과 재능을 한껏 발휘할 수 있는 때다. 열 가지 사랑 탱크를 모두 가득 채웠다면 이때부터는 매일같이 자기 안에 잠재된 힘을 발휘할 수 있다. 물론 이 시기가 되기 전에도 잠재된 힘을 발휘하고 싶은 생각이 들 수는 있다. 사랑 탱크를 모두 가득 채우고 자기 자신을 사랑으로 가득 채우기 전까지는 자신에게 잠재된 힘을 발휘하기란 거의 불가능하다.

그런데 이 시기가 되면 대부분의 사람들이 늙고 때로는 병이 들기도 한다. 이것은 그 사람이 삶에 대한 도전을 더 이상 받아들이지 않기 때문이다. 새로운 도전을 받아들이기도 전에 다른 사랑 탱크들이 모두 비어버리면 그 사람은 남들보다 더 일찍 늙어버린다.

삶에 대한 도전을 받아들이지 않으면 사람은 늙고 병들기 시작한다

50대 후반쯤 되어 열 번째 사랑 탱크를 채우려면 신의 뜻을 따라야 한다. 더 젊었을 때도 신의 뜻을 따를 수는 있다. 하지만 이 나이가 되면 신을 뜻을 따르면서 다른 사랑 탱크도 가득 채울 수 있다.

이 시기에 우리의 삶은 가장 활짝 피어난다. 그러므로 마음껏 삶을 즐겨야 한다. 아직 삶을 즐길 준비가 되어 있지 않았다 해도 걱정할 필요는 없다. 그럴 준비를 할 수 있도록 과거로 돌아가 부족한 사랑 탱크를 채우면 되니까 말이다. 이 시기를 즐길 수 있게 되면 자신은 세상에서 필요한 것을 모두 가진 복받은 사람이라는 생각이 든다. 그리고 무엇보다 신을 섬기는 데서 최고의 행복을 얻게 된다. '나'와 '너' 그리고 '우리'는 모두 신의 품에서 하나가 된다. 지금까지 신의 빛과 사랑 속에서 살아왔으니 이제부터는 나 아닌 다른 모든 생명체에게 신의 사랑을 전해야 한다.

사랑으로 충만한 삶은 단순한 꿈이 아니라 우리가 반드시 이루어내야 할 사명이다. 신은 우리가 누릴 수 있는 만큼의 행복을 누리기를 바란다. 열 가지 사랑 탱크만 채우고 나면 우리는 이 세상을 더욱 나은 곳으로 바꿔야 하는 숭고한 사명을 얼마든지 실천할 수 있다.

규칙적인 명상으로
참된 자신을 찾는다

how to get what you want and want what you have

열 가지 사랑 탱크 중에서 가장 중요한 것이 첫 번째 탱크다. 사랑 비타민 G1이 필요한 첫 번째 사랑 탱크를 채우려면 먼저 신과 만나야 하는데, 그 수많은 방법 중에서 가장 좋은 것이 바로 '명상'이다. 특정한 종교와 관련이 있는 것이 아닌 이러한 명상을 하면 우리는 신을 만날 수 있다. 또 명상은 정신적 수양에도 많은 도움이 된다. 신을 믿지 않는 사람도 명상을 하면서 정신수양을 할 수 있다.

나는 첫 번째 사랑 탱크를 채우는 사랑이 신에게서 온다고 말하고 있지만 당신은 그러한 사랑이 '긍정적인 에너지'라든가 '사랑의 힘', '저 높은 곳의 힘' 아니면 '거대한 잠재력'이나 '거룩한 지혜', '영광스러운 미래'에서 온다고 받아들여도 된다. 나는 기독교 사회에서 자랐고 종교적인 체험도 많이 했기 때문에 신이라는 말이 자연스럽다. 하지만 이 말이 거북한 사람은 자신의 마음에 드는 다른 말로 대체해도 상관이 없다.

종교를 가지지 않은 사람도 자신보다 강력한 어떤 존재가 있다는 생각은 가지고 있을 것이다. 그 '강력한 존재'는 바로 자기 안에 숨겨진 잠재력일 수도 있다. 또한 '더 나은 미래'에 대한 꿈을 신앙처럼 간직하는 사람들도 있다. 무엇을 믿든 명상은 첫 번째 사랑 탱크를 채우는 데 많은 도움이 된다.

명상을 하면 몸과 마음이 편해진다. 그리고 점차 즐거움과 자신감이 생기고 사랑도 얻을 수 있다. 매일 조금씩 시간을 내어 신을 만나면 우리의 삶은 금세 풍요로워질 수 있다.

나는 지금까지 28년 동안 여러 종교와 각계각층의 사람들에게 명상을 가르쳐왔다. 그 결과 명상은 종교에 상관없이 소중한 힘을 발휘한다는 것을 알게 되었다. 언뜻 종교의식처럼 보이기도 하지만 명상은 어떤 종교와도 마찰을 일으키지 않는다. 종교가 있는 사람이라면 명상을 통해 기존에 가지고 있는 신앙심이 더욱 두터워질 수 있다. 종교가 없다고 해서 명상을 할 수 없는 것은 아니다. '강력한 존재'와 규칙적으로 만나다 보면 이 세상에 존재하는 모든 종교의 진리를 이해하고 존중할 수 있게 된다.

규칙적인 명상을 하면 신과 이어져 있는 참된 자신을 되찾을 수 있다. 우리의 참된 자신은 이미 오래 전부터 신과 만나고 있다. 그런데 그 만남을 직접 체험하려면 먼저 그 만남에 대해서 알아야 한다. 그럼 이제부터 그 '만남'에 대해서 알아보도록 하자.

자, 먼저 어머니를 떠올려보자. 어머니를 생각하고 있으면 우리에 대한 어머니의 사랑이 느껴진다. 어머니는 항상 그 자리에서 사랑으로 우리를 기다리신다. 우리가 해야 할 일은 어머니를 찾는 것뿐이다. 그러면 언제든지 어머니는 사랑을 베풀어주신다.

이제 자신의 신체 중에서 목으로 생각을 옮겨보자. 온 신경을 목에 집중시켜보자. 목의 느낌에 온 의식을 집중하자. 다음에는 몸의 체온으로 의식을 옮겨보자. 조금 전까지는 목 이외에는 다른 생각을 할 수 없었다. 하지만 의식이 다른 곳으로 옮겨가면 목에 대해서는 금방 잊어버리게 된다.

우리 무의식의 한 부분에서는 언제나 목에 대해 생각하고 있다. 하지만 우리가 느끼는 의식 세계는 목이나 다른 신체의 어떤 부분을 의식해야겠다고 생각할 때만 그 부분에 대해 생각하고 느낀다. 이와 마찬가지로 이미 신과 만나고 있는 우리 정신의 한 부분으로 관심을 돌리기만 하면 명상은 쉽게 이루어질 수 있다. 관심을 돌리는 방법만 배우고 나면 신과의 만남을 느낄 수 있는 것이다. 머리와 몸을 연결하는 목으로 정신을 집중하면 그 부위의 느낌을 알 수 있고, 어머니를 생각하면 어머니의 사랑을 느낄 수 있는 것처럼 말이다.

이미 신과 만나고 있는 우리 정신의 한 부분으로 관심을 돌리기만 하면
명상은 쉽게 할 수 있다

명상을 하면 마음이 편해진다. 또 손이 따뜻해지거나 손끝에 알듯 말듯하게 얼얼한 느낌이 들기도 한다. 이것은 '힘' 또는 '기'의 흐름 때문이다. 이렇게 힘을 느끼게 되면 별다른 이유가 없어도 자신감이 생기고 즐거워지면서 마음속에 사랑이 가득 차 온다. 종교나 문화, 나라에 상관없이 명상을 하면 누구나 이런 체험을 할 수 있다.

나는 이러한 체험을 신과의 만남이라고 생각한다. 손끝을 통해 신의 사랑과 자비 그리고 힘을 느낀다. 이런 체험을 하다 보면 내 자신이 플러그가 되어 신의 콘센트에 끼워졌다는 느낌이 들기도 한다. 종교가 없는 사람이라면 이런 체험을 다르게 해석할 수도 있다. 하지만 이 같은 체험을 통한 느낌만은 똑같을 것이다.

명상은 누구나 할 수 있다

명상은 선택된 소수만 할 수 있는 것이 아니다. 누구나 할 수 있고, 명상을 하는 즉시 그 효과를 경험할 수 있다. 지금은 28년 전 내가 처음으로 명상을 하던 때와는 모든 것이 달라졌다. 그래서 지금 명상을 배우는 사람들의 빠른 진도를 보면서 놀랄 때가 한두 번이 아니다. 이제는 더 이상 신을 만나기 위해 세상을 등지고 몇 년씩 혼자서 산에 틀어박혀 있을 필요가 없다.

나는 신을 만나기 위해 스위스의 어느 산속에서 9년 동안 수도사의 생활을 했다. 그것에 비하면 요즘 사람들이 명상을 익히는 속도는 빛의 속도만큼이나 빨라졌다. 요즘은 불과 몇 주만 지나면 손끝으로 '힘의 흐름'을 느낀다. 내 세미나에 참석하는 사람들의 90퍼센트 정도는 하루 이틀 만에 이런 느낌을 체험한다. 이렇게 빠른 진도에 나는 그저 놀라울 따름이다.

이런 일은 과거에는 상상도 할 수 없었다. 이렇게 빨리 신을 만났다는 얘기는 들어본 적도 없다. 옛날의 위대한 신비주의자들과 성자들은 신을 만나기 위해 수많은 세월을 보내야 했다. 그런데 지금은 누구나 마음만 먹으면 '신의 힘'을 느낄 수 있고 마음의 평화도 쉽게 경험할 수 있다. 하루의 일과를 끝내고 명상을 하면 그날 쌓였던 스트레스가 말끔히 사라진다. 그리고 힘의 흐름을 통해 몸의 기운이 재충전되면서 기분이 상쾌해진다.

또 하루를 시작하기 전에 명상을 하면 긍정적인 마음으로 하루를 맞이할 수 있다. 신이 함께 있으니 자신은 혼자가 아니며, 신으로부터 도움받을 수 있다는 생각에 마음이 든든해지기 때문이다. 자신이 혼자라고 생각할 때 삶은 고통스럽고 힘들어진다. 하지만 우리는 혼자가 아니다. 우리를 도와줄 구원의 손길은 늘 저기서 기다리고 있다. 그런데 도움을 받으려면 우리가 '먼저' 도움을 '청해야' 한다. 손끝으로 힘의 흐름이 느껴지는 것은 신과 만나고 있다는 신호다. 동시에 자신이 원하는 것을 얻을 수 있는 힘을 끌어들이고 있다는 신호이기도 하다.

신이 함께 있다는 사실을 잊어버리고 자신이 혼자라고 생각할 때
삶은 고통스럽고 힘들어진다

명상을 하면 저절로 첫 번째 사랑 탱크가 채워진다. 다른 아홉 가지 사랑 탱크도 모두 중요하기는 하지만 첫 번째 사랑 탱크가 비었을 때는 이것이 가장 중요한 탱크가 된다. 사랑 비타민 G1이 부족하면 엄청난 책임감에 짓눌려 삶이 힘겹게 느껴진다. 모든 것을 자신이 혼자 해야 한다고 생각하면서도 어떻게 해야 할지 그 방법을 몰라서 고민하게 된다.

신이 자기 곁에 있다는 사실을 잊어버리면 신이 해줄 수 있는 역할을 자기 자신과 남들에게서 찾게 된다. 강력한 어떤 존재가 옆에 있다는 사실을 잊어버리면 그 존재가 해줄 수 있는 것을 다른 사람에게 기대하게 된다. 그러나 그렇게 해서 남는 것은 실망뿐이다. 신이 베풀어주는 매일매일의 작은 기적과 행복을 누리는 대신 자신이 얻을 수 없는 것만 좇다가 좌절만 쌓여간다. 그러고는 자신이 원하고 필요로 하는 것이 찾아와도 그것을 제대로 알아보지도 못한다. 첫 번째 사랑 탱크가 비어버리면 그 무엇을 얻어도 만족하지 못한다.

하지만 신이 자기 곁에 있다는 사실을 알고 나면 자신이 가진 것에 감사하게 된다. 이런 긍정적인 생각이 강력한 욕구와 합쳐지면 원하는

것을 얻을 수 있는 힘은 한층 더 강력해진다. 그러면 온몸에서 긍정적인 에너지가 발산되어 많은 사람들이 당신을 따르게 된다. 그래서 함께 일하고 싶어하고, 함께 있고 싶어하며, 믿어주고 감사해하고 뭐든 해주려고 한다. 말 그대로 당신이 그들의 삶에 따뜻한 '햇빛'이 되는 것이다.

온몸에서 긍정적인 에너지가 발산되면 사람들이 당신을 따르게 된다

명상은 어려운 일이 아니다

명상을 배울 때 가장 놀라운 것은 명상이 '매우 쉽다'는 사실이다. 예전에는 명상이 상당히 어려운 일이었다. 하고 싶다고 해서 아무나 할 수 있는 것도 아니었다. 굉장히 지루하고 짜증나는 일이라 도중에 포기하는 사람도 많았다. 스승들은 명상을 지도하기 전까지 오랫동안 그저 기다리라는 말만 되풀이했다. 명상은 가장 착실하고 우수한 사람만이 할 수 있는 것이었다. 스승들은 제자가 명상을 할 준비가 되었다고 판단될 때까지 하염없이 기다렸다. 하지만 요즘은 무작정 기다리기만 하는 낡은 방식은 필요없다.

과거에는 자기 감정을 제대로 느끼지 못하면 내면의 욕망과 열정이 강해질 때까지 기다려야 했다. 그래서 스승들은 명상을 가르치기 전에 제자들에게 긴 여행이나 마음을 비울 수 있는 혹독한 수행을 시켰다. 이런 과정을 통해 제자들은 자신의 내면을 이해하고 명상을 배우려는 욕구를 키워갔다. 그러다가 제자를 향한 힘의 흐름이 느껴지면 스승은 그제야 명상을 가르쳐주었다. 스승의 힘을 받을 능력이 생기면 그 힘을 타인에게 보낼 능력도 생긴다.

이런 원리를 통해 '기' 치료가 이루어진다. 기 치료사는 손을 통해

환자에게 자신의 기를 전달한다. 명상을 가르치는 스승에게도 이와 비슷한 일이 일어난다. 제자가 힘을 받아들이는 것이 느껴지면 스승은 그 제자가 아주 조금이라도 명상을 시작할 준비가 되었다는 신호로 받아들인다.

그런데 요즘 내가 만나는 사람들은 명상의 중요성에 대해 잠깐만 이야기해주어도 그 힘을 받아들인다. 명상을 할 준비가 되었다는 뜻이다. 이것은 28년 전에는, 아니 5년 전만 해도 상상도 못했던 일이다. 세상은 매우 빨리 변하고 있다. 지금의 우리는 자신의 감정에 솔직하고 자신이 무엇을 원하는지, 또 무엇을 원하지 않는지 잘 알고 있다. 이렇게 마음을 열고 자신의 욕구를 제대로 이해하게 되면서, 신과의 만남을 원하기만 하면 바로 그 힘을 받아들일 수 있게 된 것이다. 이처럼 명상은 하겠다는 마음만 먹으면 언제든지 시작할 수 있다.

'힘'을 받아들이는 명상

명상을 하면 손끝으로 '힘'을 받아들이게 된다. 나는 물론이고 내 세미나에 참가한 수많은 사람들은, 첫 번째 사랑 탱크를 제외한 나머지 탱크들을 가득 채운 상태에서 명상을 하면 원하는 삶을 살 수 있다고 믿고 있다.

세미나에서 나는 나만의 방식으로 명상을 가르쳤다. 하지만 방법이 이것 하나만은 아니다. 첫 번째 사랑 탱크를 채우기 위해 필요한 명상법은 이것말고도 얼마든지 많이 있다.

지금까지는 명상 전문가들만이 손끝으로 힘을 끌어들이는 방법을 알고 있었다. 명상을 배우는 제자들은 그 방법을 배우지 못했다. 힘을 받아들일 준비가 되어 있지 않았을 뿐더러 그렇게 할 수 있는 사람도 없었다. 제자들은 아무도 힘의 흐름을 느끼지 못했다. 그런데 요즘 사람들은 모두 준비가 되어 있다. 내가 15년도 넘게 걸려 익힌 것을 요즘 사람들은 불과 몇 주일 만에 쉽게 익히고 있다.

 명상을 배우는 가장 좋은 방법은 전문가에게서 직접 배우는 것이다. 물론 다른 방법도 많이 있다. 오래 전 텔레비전을 통해 수백만의 시청자에게 명상법을 가르치고 난 뒤 나는 많은 사람들로부터 명상에 성공했다는 연락을 받았다. 세미나에 참석하지 않고도 명상을 배울 수 있었던 것이다. 이 놀라운 경험에 힘입어 나는 명상에 관한 책을 쓰기로 결심하게 되었다. 이제는 원한다면 집에서도 얼마든지 명상을 익힐 수 있다.

 그러나 지금도 전문가에게 직접 명상을 배우는 것이 가장 좋은 방법이라는 생각에는 변함이 없다. 그리고 명상을 처음 접하는 사람은 여럿이 한자리에 모여 명상하면 힘의 흐름을 느끼기가 한결 쉽다.

원한다면 집에서도 명상을 배울 수 있다
하지만 가장 좋은 방법은 전문가에게 직접 배우는 것이다

 명상을 하면 혼자서 모든 것을 해결하지 않아도 된다는 사실을 깨닫게 된다. 자기 힘으로는 도저히 못할 것 같던 일을 하고 나서 '내가 어떻게 그런 일을 했지?' 하는 생각이 들 때가 있다. 그리고 다시 한 번 그런 일을 할 수 있을지 의문스러워진다. 이럴 때 자신을 도와주는 힘이 어딘가에 존재한다는 사실을 알고 나면 그런 의문은 깨끗이 사라질 것이다.

 최선을 다하기만 하면 우리는 강력한 어떤 존재의 도움으로 원하

는 것을 이룰 수 있다. 특히 서구의 물질만능 사회에 사는 사람들은 자신이 혼자가 아니며 강력한 어떤 존재가 늘 곁에 있다는 사실을 잊지 말아야 한다.

내가 책을 쓴다고 하면 "아이디어를 입수하는 채널이 있을 거야"라고 하면서 마치 다른 사람이 내 책을 써주는 것처럼 말하는 사람들이 있다. 하지만 내가 받는 도움은 그런 것이 아니다. 많은 사람들과 함께 명상을 하면 나는 머릿속의 생각을 좀더 분명히 이해하게 된다. 더불어 자신감이 생기면서 꾸준히 집필에 몰두하고 문제를 해결해나갈 힘을 얻는다.

명상을 통해 내가 얻는 도움은 바로 이런 것이다. 나를 대신해주는 사람은 아무도 없다. 그리고 내가 책상에 앉아 최선을 다하지 않으면 도움은 찾아오지 않는다.

운명에 관하여

동양에는 세상이 신의 뜻대로 돌아간다고 믿는 사람들이 많다. 이렇게 생각하면 마음은 편해질지 모르지만 더 많이 갖고 싶다는 욕구를 잃어버리기 쉽다. 이렇게 생각하는 사람들에게 삶이란 과거의 행위에 대한 결과일 뿐이다. 하지만 자기 욕구에 충실한 사람들에게는 삶이란 무엇이든 자신이 원하는 것을 그려넣을 수 있는 하얀 도화지와도 같다. 원하는 것을 얻겠다는 생각 없이 그저 흘러가는 대로 살다 보면 과거의 '업보(Karma)'에 지배받게 된다.

물론 누구도 과거에서 벗어날 수는 없다. 지금 하는 행동이나 생각은 과거의 행동이나 생각을 바탕으로 하고 있다. 하지만 그렇다고 해서 과거에 얽매여 살 필요는 없다. 우리는 언제든지 자신의 미래를 선택할 수 있고, 그 선택을 바꾸고 싶으면 또 그렇게 할 수도 있다.

날아가는 로켓이 갑자기 방향을 바꿀 수는 없다
하지만 천천히 바꿀 수는 있다

마찬가지로 운명에 얽매여 살 필요도 없다. 우리는 언제든지 새로운 삶을 시작할 수 있다. 삶이라는 하얀 도화지에 새로운 그림을 그릴 수 있다. 그래도 사용하는 물감은 늘 같을 것일 수밖에 없다. 미래를 새로 만들더라도 당장은 현재 자신이 가지고 있는 힘밖에 사용할 수 없다. 그러나 가지고 있는 물감들을 이리저리 섞어가다 보면 예전에는 없던 새로운 색을 만들어낼 수 있다.

지금까지 원하는 삶을 만들어가지 않고 그저 흘러가는 대로 살아왔다면, 이제부터라도 명상을 통해 자신이 무엇을 원하고 있는지를 가슴 깊이 느껴보자. 명상을 할 때 그저 소극적으로 신의 뜻을 기다리지만 말고 신의 의지에 동조하여 자신의 의지를 느껴보도록 하자. 그래야 사랑과 자신감이 넘치고 평화로운 삶을 살 수 있다. 또한 건강하면서 물질적으로도 풍요롭게 살 수 있다.

우리 모두는 자신이 원하는 삶을 살 수 있는 힘을 가지고 있다. 그리고 과거에 얽매여 살 필요가 없다. 이 두 가지 사실만 잘 기억하면 운명은 스스로 개척할 수 있다. 자신의 미래를 스스로 만들어가지 않으면 그 미래는 과거의 틀에서 벗어날 수 없다. 명상은 자신이 원하는 삶을 위한 '무대'를 마련해줄 것이다. 무대가 마련되었다면 스스로 각본을 쓰고 연기자도 골라서 자신이 원하는 삶을 창조해보자.

명상하는 법

how to get what you want and want what you have

　명상을 하면 신 또는 강력한 어떤 존재를 자기 안으로 불러올 수 있다. 명상을 하려면 우선 아무에게도 방해받지 않는 장소를 골라야 한다. 자세는 편하게 앉거나 눕는 것이 좋다. 전화는 꺼두도록 하고 적어도 15분 정도는 명상 이외의 일에는 전혀 신경쓰지 않도록 하자. 마음이 편안해지는 음악을 틀어놓는 것도 좋은데, 개인의 취향에 따라 틀지 않아도 상관없다.

　이렇게 주변 환경이 정리되면 두 눈을 감고 양손은 어깨 높이 정도로 불편하지 않을 만큼 올린다. 그리고 "신이시여, 마음의 문을 열었으니 부디 제게 와주십시오."라는 기도문을 반복한다. 약 15분 정도 이 말을 반복하는 것이 명상의 전부다.

> 명상을 하기 위해서는 조용히 다음과 같은 말을 반복해야 한다
> "신이시여, 마음의 문을 열었으니 부디 제게 와주십시오"

　처음에는 큰 소리로 이 말을 10번 반복하는데, 한 번씩 할 때마다 손가락으로 헤아린다. 그러면 조금씩 마음이 열리면서 손가락 끝으로 힘을 받아들일 준비가 시작된다. 이렇게 명상의 기도문을 열 번 외우

고 난 다음에는 다시 이 말을 15분 가량 마음속으로 반복한다. 이때는 시간을 잴 수 있도록 시계를 옆에 두는 것이 좋다.

처음에는 명상의 기도문을 외는 동안에 이런저런 잡생각이 들게 마련이다. 이것은 지극히 정상적인 현상이다. 또 가끔은 이 기도문을 잊어버릴 때도 있다. 그럴 때는 눈을 뜨고 명상에 대한 설명을 한 번 읽어보면 된다. 누구든 명상법을 완전히 익히려면 많은 시간이 걸린다.

명상을 시작하는 사람은 누구든
명상을 하는 동안에 이런저런 잡생각이 들게 마련이다

명상을 처음 시작할 때는 명상의 기도문을 암송하겠다고 마음먹어야 이 말이 생각난다. 하지만 명상을 계속하다 보면 이 말이 머릿속에 자리잡게 되어 명상을 시작하면 저절로 떠오르게 된다.

한동안 명상의 기도문을 반복하다 보면 손끝으로 미세한 힘이 느껴지기 시작한다. 이때 신의 힘을 제대로 받아들이려면 손바닥을 위로 하고 각각의 손가락이 서로 닿지 않도록 벌리는 것이 좋다. 시간이 지나도 그 힘이 느껴지지 않으면 명상의 기도문을 큰 소리로 열 번 반복하는 것을 몇 차례에 걸쳐 다시 해보자.

명상의 기도문을 큰 소리로 암송할 때는 한 번에 손가락을 하나씩 살짝 움직인다
이렇게 하면 각각의 손가락에 정신을 집중할 수 있다

처음 명상을 시작할 때는 손가락을 위아래 또는 좌우로 조금씩 움직여주면 마음이 편안해져서 힘을 느끼기가 쉬워진다. 손을 앞뒤로 조금씩 움직여서 손 주위에 펼쳐진 에너지의 장을 느껴보는 것도 도움이 된다. 이렇게 해서 마음을 열고 손끝에 정신을 집중하면 신의 힘이 서서히 흘러 들어오는 것을 느낄 수 있다.

신은 항상 우리 곁에 있다. 우리가 마음만 열면 언제든지 신을 만날 수 있다. 우리가 손끝으로 이 세상 만물을 느낄 수 있는 것처럼 손끝으로 신을 느낄 수가 있다. 시스티나 성당에 그려진 미켈란젤로의 「천지창조」에는 인간이 손을 뻗어 신과 만나는 장면이 그려져 있다. 우리도 이 그림처럼 손끝으로 신을 만날 수 있다.

손끝으로 이 세상 만물을 느낄 수 있는 것처럼 손끝으로 신을 느낄 수도 있다

명상을 제법 익힌 상태에서도 명상을 하다 보면 이런저런 생각이 들 때가 있다. 명상 초기에는 명상을 하는 동안 짜증나는 일이나 스트레스를 받는 일들이 주로 생각난다. 그러다가 명상에 어느 정도 익숙해진 다음에는 행복한 일이나 감사한 일들이 떠오른다. 그래서 어떤 문제에 대한 해답이나 길을 바랄 때면 명상을 하는 동안 그 답이 떠오르곤 한다.

명상 중에 이런저런 생각이 들어도 당황해할 필요는 없다. 그저 다시 명상의 기도문을 외우면 된다. 또 명상을 하다 보면 사야 할 물건이 떠오르거나 할 일이나 누군가 했던 말이 떠오르기도 한다. 이것은 지극히 자연스러운 현상이다. 다른 생각이 떠올라도 명상의 기도문을 몇 번만 암송하면 다시 명상으로 빠져들 수 있다.

명상 중에 다른 생각이 들면 다시 명상의 기도문을 외우면 된다

명상 중에 다른 생각이 들면 다시 기도문을 외우면서 손끝으로 정신을 집중하자. 이것은 다른 생각을 하는 것만큼이나 쉬운 일이다. 모든 과정은 아주 간단하다. 명상의 기도문을 빨리 반복하든 천천히 반복하든 그것은 상관없다. 그저 그 말을 생각하기만 하는 것으로 충분하다.

명상의 기도문을 외우면서 손끝으로 정신을 집중하는 것은
다른 생각을 하는 것만큼이나 쉬운 일이다

손을 들고 있으면 손가락에 정신을 집중하기가 한결 쉬워진다. 명상을 처음 시작할 때 만약 손을 들고 있는 것이 힘들면 무릎에 내려놓아도 괜찮다. 하지만 이때도 손바닥을 위로 하고 각각의 손가락이 서로 닿지 않게 벌려야 한다. 그리고 손은 맨다리에 닿지 않도록 해야 한다. 반바지를 입고 있다면 다리는 수건 같은 것으로 덮어두는 것이 좋다. 손이 신체 다른 부위의 맨살에 닿으면 외부의 힘을 받아들이는 대신 자기 몸에서 발산되는 힘을 받아들이게 되기 때문이다. 명상은 외부에서 새로운 힘을 받아들이기 위해 하는 것이다. 이 사실을 명심하도록 하자.

명상에 대한 경험은 사람마다 다를 수 있다. 명상의 기도문이 쉽게 생각나다가도 갑자기 잘 기억나지 않을 때가 있는가 하면, 신의 힘이 크게 느껴질 때도 있고 거의 느껴지지 않을 때도 있다. 때로는 그 힘이 잔잔한 물결처럼 느껴지기도 하고 때로는 격렬한 파도처럼 느껴지기도 한다. 그리고 어떤 때는 신의 힘이 아주 가까이 느껴지기도 하고 때로는 아주 멀리 있는 것처럼 느껴지기도 한다.

명상을 하는 느낌 역시 매번 다르다. 몸이 무겁게 느껴지는 때가 있

는가 하면, 가볍게 느껴지는 때도 있다. 몸이 피곤해질 때가 있는가 하면 기운이 솟아날 때도 있다. 또한 명상을 하는 동안 시간이 쏜살같이 지나는 때가 있는가 하면 1분이 10분처럼 느껴지는 때도 있다. 매번 느낌이 달라지는 것 역시 지극히 자연스러운 현상이다. 이것은 조금씩 명상에 익숙해진다는 신호다.

명상을 하는 느낌은 매번 달라진다

처음 명상을 시작할 때는 하루에 두 번 정도는 해야 머리와 마음 그리고 몸이 자기 안에서 하나로 만나 신의 힘을 받아들이는 과정에 익숙해질 수 있다. 일단 정신과 육체가 자기 안에서 하나가 되는 데 익숙해지면 하루에 두 번씩 규칙적으로 명상을 할 필요는 없다. 하지만 가급적이면 규칙적으로 명상을 하는 것이 훨씬 더 낫다.

예전에는 규칙적으로 명상을 해야만 명상에 익숙해질 수 있다고 생각했다. 그런데 요즘은 손을 들어올리기만 해도 힘을 받아들이는 사람들이 늘고 있다. 이런 힘을 느껴본 사람은 누구나 규칙적인 횟수에 상관없이 자꾸만 더 명상이 하고 싶어진다. 손끝으로 힘을 받아들이는 것은 대개 6주 정도 규칙적으로 훈련하면 익숙해진다.

일단 정신과 육체가 하나가 되는 데 익숙해지면 그 다음에는 얼마나 명상을 할 것인가를 결정해야 한다. 대부분의 경우 15분씩 하루에 두 번 정도가 적당하다. 너무 바빠서 그 정도의 시간도 낼 수 없다면 가끔은 건너뛰어도 되지만, 그 다음 명상을 할 때 건너뛴 만큼의 보충을 하는 것이 좋다.

명상을 하면 외부의 새로운 힘을 받아들이게 되고, 우리의 몸은 그 힘을 사용할 수 있게 된다. 그래서 더욱 힘있고 능률적으로 활동할 수 있게 된다. 하루 중 명상을 하기에 가장 좋은 때는 아침에 잠자리에서 일어났을 때, 회사나 일이 끝난 저녁 무렵, 그리고 잠자리에 들기 직전이다.

명상은 15분씩 하루에 두 번 정도가 가장 적당하다

아무리 시간이 없어도 하루에 몇 분 정도는 명상을 하는 것이 좋다. 시간을 유용하게만 쓴다면 삶에 도움이 되는 명상을 할 시간은 얼마든지 만들 수 있다. 명상을 할 시간이 없는 것은 사랑 비타민 G1이 부족해서 무엇이든 자기 힘으로 해야 한다고 생각하기 때문인 경우가 많다. 차를 몰 때 우리는 운전석에 앉아 그저 운전만 하면 된다. 굳이 밖으로 나가 차를 밀 필요는 없다.

나도 가끔은 명상을 하면서 다른 생각을 할 때가 있다. 이럴 때는 여러 가지 창의적인 생각들이 꼬리에 꼬리를 물고 이어진다. 그래서 중요한 강연이 있는 날에는 평상시보다 더 오래 명상을 하기도 한다. 긍정적인 힘은 내게 많은 것을 가져다준다. 명상을 하면 할수록 힘의 흐름이 느껴지면서 그 힘과 함께 창의력과 사랑, 기쁨 그리고 평화와 지혜가 샘솟는다.

지금껏 내가 한 이야기들 때문에 명상만 하면 모든 일이 해결된다고 생각할 수도 있다. 하지만 책임을 피하려고 명상하는 것은 별 도움이 되지 않는다. 자동차가 있으면 어디든 마음대로 갈 수 있다. 그러기 위해서는 일단 차에 타고 운전을 해야 한다. 아무리 좋은 차라도 시동을 걸고 운전을 하기 전에는 꼼짝도 하지 않는다.

우리가 직접 할 수 있는 일은 신이 도와주지 않는다

자신이 필요로 하고 또 원하는 것을 얻을 수 있는 힘은 쓰면 쓸수록 더 많이 생긴다. 명상을 통해 얻은 힘은 사용하지 않으면 새로 얻을 수 없다. 더 많은 힘을 얻고 싶다면 힘을 얻을 때마다 그 힘을 모두 다 써버려야 한다. 충전용 건전지는 일단 전기를 완전히 써버려야 다시 가득 충전할 수 있다. 그와 마찬가지로 명상을 통해 온몸에 힘을 가득 얻고 싶으면 우선 몸 안의 힘을 모두 써버려야 한다. 그래야만 다시 명상을 할 때 온몸 가득 힘을 얻을 수 있다. 특히 명상을 통해 얻는 힘은 쓰면 쓸수록 더 많이 얻을 수 있다. 그래서 힘을 쓸수록 능력은 그만큼 더 커지게 된다.

명상을 통해 얻는 힘의 흐름은 문화나 종교에 따라 여러 가지 이름으로 불린다. 동양에서는 이 힘을 '기(氣)'라고 부르고, 인도에서는 '프라나(prana)'라고 부른다. 고대 하와이에서는 이 힘을 '마나(mana)'라고 불렀고, 기독교 문화에서는 '성령(Holy Spirit)'이라고 부른다.

다양한 문화에서 이 힘에 대해 언급하기는 했지만 한결같이 아무나 경험할 수 없는 아주 특별한 것이라고만 여겨왔다. 그래서 대부분의 사람들은 좀처럼 이 힘을 느낄 수 없었다. 하지만 이제는 이 힘을 느끼는 것은 더 이상 신의 기적을 경험하는 것이 아니다. 많은 사람들에게 이 체험은 일상적인 일이 되고 있다.

무신론자여서 신이라는 말이 거북하다면 "찬란히 빛나는 미래여, 마음을 열었으니 부디 제게 와주십시오"라고 해도 된다. 이렇게 말을 바꾸어도 얼마든지 명상을 할 수 있다.

명상의 기도문에서 제일 앞에 나오는 말은 무엇으로든 바꿀 수 있다. 이 문구는 자신이 믿는 신에 따라 다음과 같이 여러 가지로 달라질 수 있다.

- ◆ 예수님, 마음을 열었으니 부디 제게 와주십시오.
- ◆ 거룩한 자연이여, 마음을 열었으니 부디 제게 와주십시오.
- ◆ 성령이시여, 마음을 열었으니 부디 제게 와주십시오.
- ◆ 알라신이여, 마음을 열었으니 부디 제게 와주십시오.
- ◆ 신령이시여, 마음을 열었으니 부디 제게 와주십시오.
- ◆ 크리슈나여(힌두교의 제8화신), 마음을 열었으니 부디 저에게로 와주십시오.
- ◆ 부처님, 마음을 열었으니 부디 제게 와주십시오.

이미 외부의 힘을 받아들인 경험이 있는 사람이라면 그 힘을 준 존재를 명상의 기도문에 집어넣어 외우면 명상이 한결 더 쉬워진다.

각자에게 맞는 명상의 기도문을 약 15분간 외우고 나면 참된 자신이 신에게 다가가면서 그 모습을 드러내게 된다. 바로 이때가 삶의 목표를 정하고 하루의 일과를 계획하면서 신의 도움을 청하기에 가장 좋은 때다. 일단 신과 만났으면 나머지는 쉽게 할 수 있다. 지금부터는 자신이 무엇을 원하는지 생각하고 그것을 얻기만 하면 된다.

목표 세우기

마음과 머리가 열리면서 힘을 받아들이기 시작했다면 이제는 자신이 무엇을 원하는지 스스로에게 물어야 할 때다. 그러면 자신이 원하는 대로 하루를 살아갈 수 있는 힘이 느껴지기 시작한다. 식당에 들어가더라도 음식을 주문하지 않으면 아무것도 먹을 수 없다. 마찬가지로 명상을 통해 얻은 힘을 사용하려면 먼저 어떤 일에 그 힘을 쓸 것인가부터 생각해보아야 한다.

명상이 거의 끝나가면 목표를 세우기 위해 다시 "찬란히 빛나는 미래여, 마음을 열었으니 부디 제게 와주십시오"라는 기도문으로 돌아가야 한다.

명상을 시작할 때와 마찬가지로 열 손가락 모두에 한 번씩 정신을 집중하면서 명상의 기도문을 마음속으로 열 번 반복한다. 그러면서 좋은 일이 일어날 것이라 생각하고 오늘 하루는 어떻게 보낼 것인가를 생각해본다. 이때쯤이면 양손이 무릎에 놓여 있는 이들도 많을 것이다. 이때는 다시 손을 들어올리고 손가락도 서로 닿지 않도록 해야 한다. 손은 어깨 높이까지 들어올려야 하지만, 어깨 높이와 무릎 사이 중 어디든 상관은 없다.

두 눈을 감고 손을 들어올린 상태로 오늘 하루는 어떻게 보내면 좋을지를 상상해보자. 가급적이면 최고의 시나리오를 쓰도록 하자. 자신 있고 행복하고 남을 미워하지 않으면서 평화롭게 하루를 보내는 자신을 상상해보자. 그리고 이 목표들에 대해 조금씩 더 깊이 생각해보지. 긍정적인 기분을 많이 느낄수록 하루는 더욱 힘차고 행복해진다.

앞으로 펼쳐질 하루에 대해 상상하는 동안 스스로에게 다음과 같이 질문하고 대답해보자. 단, 대답을 할 때는 그 일이 반드시 일어날 수 있다는 자신감을 가지고 해야 한다.

◆ 오늘 하루는 어떻게 보내고 싶은가?
◆ 어떤 일이 있기를 바라는가?

- ◆ 그밖에는 어떤 일이 있기를 바라는가?

    (되도록 자세히 상상해보자.)

- ◆ 지금은 무엇 때문에 기분이 좋은가?

    "지금 기분이 좋은 이유는……."

- ◆ 지금은 무엇 때문에 행복한가?

    "지금 행복한 이유는……."

- ◆ 자신만만해 보이는데 그 이유는 무엇인가?

    "내가 이렇게 자신 있는 이유는……."

- ◆ 무언가에 감사하는 것처럼 보이는데 그 이유는 무엇인가?

    "내가 감사하는 이유는……."

이런 질문을 하고 실제로 벌어지는 일처럼 그 기분을 만끽하면서 현실로 돌아와 천천히 셋까지 센 후 눈을 뜨자. 그러면 마음이 편안하고 정신이 맑아진 것을 느낄 수 있을 것이다. 여기까지의 과정을 모두 마쳤다면 끝으로 이렇게 한마디만 하자.

"신이여, 감사드립니다."

연습하면 명상도 쉬워진다

처음 명상을 시작할 때는 스스로에게 질문을 하면서 목표를 세우는 것이 어색하게 느껴질 수도 있다. 그럴 때는 눈을 뜨고 다음 차례의 질문을 읽으면서 정신을 집중하도록 하자. 목표를 세우는 과정도 조금만 연습하면 쉽게 익숙해져 저절로 할 수 있게 된다. 공 주고받기도 연습을 해야 잘할 수 있는 것처럼 긍정적인 감정을 느끼는 것도 연습을 해야 익숙해질 수 있다. 긍정적인 감정들을 품고 있으면 자신이 원하는 것을 얻을 힘이 생긴다. 그리고 참된 자기 자신을 지켜나가는 데도 큰 도움을 얻을 수 있다.

명상을 할 때 가장 중요한 것은 목표를 세우는 일이다. 이것은 명상의 기도문을 외우는 것만큼이나 중요하다. 계란을 삶으려면 먼저 물을 끓인 다음 계란을 끓는 물 속에 넣어야 한다. 일단 물이 끓고 나면 계란을 삶는 데는 그렇게 오랜 시간이 걸리지 않는다. 명상은 물을 끓이는 것과 같고, 목표를 세우는 것은 끓는 물에 계란을 넣어 삶는 것과 같다. 일단 명상에 익숙해지면 목표 세우기는 금세 이루어진다.

우리는 하루하루를 대충 살아가는 데 익숙해져 있다. 그래서 하루를 어떻게 살고 싶은지, 또 어떤 일이 일어났으면 좋을지에 대해 좀처럼 생각하지 않는다. 그저 흘러가는 대로 바라보면서 소극적으로 살아가고 있다. 하지만 목표를 세우면 자기가 원하는 대로 하루를 살아갈 수 있다. 마음먹기에 따라서 삶은 얼마든지 달라질 수 있다. 목표만 세우면 삶은 얼마든지 달라질 수 있는 것이다.

작은 기적들

이제부터는 목표를 정하면 삶이 얼마나 달라지는가를 알아보도록 하자. 이것은 내가 오늘 겪은 일이다 어제 저녁 나는 일리노이에서 강연을 마치고 오늘 오전 샌프란시스코의 집으로 돌아오기 위해 비행기에 올랐다. 하룻밤 집을 떠나 있다 보니 지난 몇 주간 집필에 몰두하느라고 아내와 외식 한 번 못했다는 생각이 들었다. 그래서 아내를 위해 뭔가 특별한 일을 해야겠다고 마음먹었다. '아내를 위해 특별한 일을 한다'라는 목표를 세운 나는 이것저것 궁리를 하면서 어떤 일을 하면 좋을지에 대해 스스로에게 질문하기 시작했다.

그런데 돌아오는 비행기에서 나는 아내가 몇 달 전부터 보고 싶어 하던 어떤 공연의 부기획자와 나란히 앉게 되었다. 그 공연은 뉴욕에서 열리고 있었는데, 부기획자는 샌프란시스코에서도 공연할 계획이라고 말했다. 이 말을 듣는 순간, 나는 이것이 내 질문에 대한 대답임을 깨달았다. 게다가 이 부기획자는 우리 부부를 위해 좋은 자리를 잡아주겠다고까지 말했다.

열심히 하루하루의 목표를 세워나가면 언제든 이런 작은 기적들을 경험할 수 있다. 우리의 삶은 작은 기적들로 가득 차 있다. 앞에서 예로 들었던 경험에서, 나는 우선 아내와의 멋진 데이트를 상상했다. 그러자 뒤이어 그 방법이 나를 찾아왔다. 아내와 멋진 데이트를 할 수 있는 기회를 잡은 것이다.

명상이 끝나갈 때 목표를 세우면 원하는 것을 이룰 수 있는 힘이 생기는 것을 경험할 수 있다. 이런 경험을 통해 자신감이 생기면 기적은 점점 더 많이 일어난다.

명상을 처음 시작할 때는 "(자신의 목표를 상상하면서)~을 하는 제 자신이 정말 행복합니다"라고 말하는 것으로도 충분하다. 그러다가 그 목표를 실제로 이루어서 행복해졌다면 아마 자연스럽게 이런 말을 하게 될 것이다.

"명상을 한 덕분에 이런 일이 가능해졌습니다. 감사합니다."

어제 일리노이로 가기 전, 나는 우선 모든 일이 순조롭게 진행될 것이라고 상상했다. 그러자 마음이 평온해지면서 자신감이 생겼다. 일리노이까지의 여행은 실제로 순조롭게 이어졌다. 비행기에서 만나야 할 안내인도 제대로 만났고 공항에서 대기 중이던 근사한 리무진으로 호텔까지 이동했다.

강연회 기획자는 호텔 예약이 마무리되었다고 연락해주었다. 그런데 막상 투숙하려고 보니 내 이름으로 예약된 방을 찾을 수가 없었다. 예약번호를 조회해보아도 내 이름이 나오지 않았다. 왠지 코미디의 한 장면 같다는 생각이 들었다. 호텔 측에서 20분이 넘게 소동을 피운 끝에 예약자 명단에서 내 이름을 찾아냈다. 그런데 그 사이 나는 전혀 화가 나지 않았다. 이상하리만큼 마음이 편안하기만 했다.

화를 내거나 짜증도 내지 않은 채 나는 그저 조용히 기다렸다. 그러면서 어쩔 줄 몰라 하는 안내인을 달래주었다. 나는 그에게 "걱정 말아요. 그나마 일정이 촉박하지 않아 다행입니다. 강연회까지는 아직도 시간이 많이 남았어요"라고 말했다. 호텔 예약건 때문에 시간이 다소 지연되기는 했지만 강연일정은 순조롭게 진행되었다. 나중에 이 일을 되돌아보면서 나는 이렇게 생각했다.

'하느님, 제게 인내심을 주셔서 감사합니다.'

차근차근 목표를 세우면 모든 일은 뜻대로 이루어지게 되어 있다. 그러면 신에게 감사하게 되고, 이런 경험이 계속되다 보면 무엇이든 신과 함께해야겠다는 마음이 생긴다. 그러면 사랑 비타민 G1이 첫 번째 사랑 탱크에 가득 차게 된다. 신의 사랑을 깨닫고 나면 원하는 것은 무엇이든지 얻을 수 있다는 자신감이 생긴다.

스트레스를 날려버리자

how to get what you want and want what you have

명상을 하면 손끝으로 외부의 힘이 느껴진다. 손끝을 통해 몸 안으로 힘이 들어오기 시작한다. 여기까지 할 수 있게 되었다면 이제부터는 자기 안의 스트레스를 밖으로 내보내는 방법을 배우도록 하자.

지금까지는 긍정적인 힘을 내 안으로 끌어들이는 법을 배웠다. 이와 같은 방법으로 부정적인 힘, 즉 스트레스도 얼마든지 밖으로 쏟아버릴 수 있다. 마음만 먹으면 하루 종일 쌓인 스트레스도 얼마든지 밖으로 내보낼 수 있다. 스트레스를 해소하는 것은 명상을 하고 목표를 세우는 것만큼이나 중요하다. 스트레스를 해소하면 우선 기분이 좋아지고 자신이 바라던 하루를 만들어갈 힘도 생긴다.

부정적인 힘이란 무엇인가

이 책에서 말하는 '부정적인 힘'을 과학적으로 설명하기란 쉽지 않다. 하지만 누구나 한 번쯤은 이 힘을 경험해보았을 것이다. 대개의 경우 정신적인 행복을 방해하는 '감정의 장벽(비난, 좌절, 걱정, 무관심, 편견, 우유부단, 망설임, 분노, 자기 연민, 혼란, 죄의식)'에 갇히면 부정적인 힘이 생긴다. 그렇다고 해서 이런 장벽들 자체가 부정적이라거나 나쁘다는 뜻은 아니다. 단지 그 장벽 때문에 내면의 '긍정적인 힘'을 만나지 못한다는 의미일 뿐이다.

우리의 내면에 긍정적인 힘이 없으면 감정의 장벽들은 부정적인 힘을 불러일으킨다. 그런데 이런 장벽이 찾아온다는 것은 그것을 풀어줄 수 있는 긍정적인 힘이 자기 안에 있다는 뜻이기도 하다. 감정의 장벽은 긍정적인 힘이 있는 곳으로 모여들기 때문이다.

함께 있기만 해도 기분이 나빠지는 사람이 있다. 또 가기만 해도 기분 나빠지는 장소가 있다. 그런 사람과 함께 있거나 그런 장소에 있으면 금세 뒷목이 뻣뻣해지거나 온몸이 쑤시며 피곤해진다. 왜 그런 기분이 드는지 꼬집어 말할 수는 없지만 아무튼 불편하고 피곤한 것만은 확실히 느낄 수 있다.

마찬가지로 함께 있기만 해도 기분이 좋아지는 사람이 있다. 그런 사람과 같이 있으면 피곤도 씻은 듯이 사라진다. 그저 함께 있다는 것만으로 기분이 좋아진다. 이것은 그 사람이 갖고 있는 긍정적인 힘이 주위 사람들을 즐겁고 평온하게 만들기 때문이다.

이런 기분은 우연히 생기는 것이 아니라 힘의 정확한 교류에 의해 생긴다. 만약 힘이 부족한 사람 곁에 힘이 넘치는 사람이 있다면, 그는 힘이 부족한 사람에게 큰 활력소가 될 수 있다. 두 사람 사이의 힘의 균형을 이루기 위해 한쪽의 힘이 다른 한쪽으로 이동하기 때문이다.

예를 들어 설명해보겠다. 여기 두 개의 유리 탱크가 있다. 이 탱크들은 밑바닥 부분에 있는 유리관으로 서로 연결되어 있고 그 관은 밸브로 잠글 수 있게 되어 있다. 밸브를 열면 두 탱크 사이의 물이 서로 이동할 수 있다. 먼저 밸브를 잠그고 한쪽 탱크에 푸른색 물을 붓는다. 한쪽 탱크는 가득 차고 다른 탱크는 비어 있는 상태에서 밸브를 열면 어떠한 일이 벌어질까? 꽉찬 탱크에서 빈 탱크로 물이 이동하기 때문에 꽉찼던 탱크와 텅 비어 있던 탱크 모두 푸른색 물이 반쯤 차게 된다. 이렇게 두 탱크 사이에 물이 이동하는 것처럼, 힘이 넘치는 사람의 힘은 힘이 부족한 사람에게로 이동한다.

이러한 실험을 통해 힘의 흐름은 쉽게 설명이 되었다. 그런데 이것만으로는 힘의 교환이 설명되지 않는다. 그리고 힘의 양적인 흐름은 설명할 수 있지만 질적인 흐름은 설명할 수 없다. 긍정적인 힘이 흘러나가면 그 자리는 텅 빈 채로 남아 있는 것이 아니다. 그 자리에는 다시 부정적인 힘이 흘러 들어오게 된다.

이러한 힘의 교류를 이해하기 위해 다시 한 번 유리 탱크 실험을 해보기로 하자. 이번에는 밸브를 잠그고 한쪽 탱크에는 푸른색의 차가운 물을, 다른 한쪽 탱크에는 붉은색의 뜨거운 물을 붓는다. 그런 다음에 밸브를 열면 어떤 일이 벌어질까? 온도차가 나는 두 가지 물은 서로 균형을 이루기 위해 뒤섞이게 된다. 그래서 붉은색의 뜨거운 물이 푸른색의 차가운 물탱크로 흘러가게 되어 마침내는 양쪽 탱크에 같은 온도의 자주색 물이 차게 된다.

지금 당신은 아주 기분이 좋다. 그런 상태로 몹시 기분이 나쁜 사람과 같이 있게 되었다. 그러면 잠시 후에는 기분 나쁘던 사람은 기분이 좋아지게 되고 당신은 오히려 기분이 나빠지게 된다. 당장은 기분이 나빠졌다는 것을 느끼지 못할 수도 있다. 하지만 몇 시간이 지나거나 며칠이 지난 후에 생각해보면 좋던 기분이 날아가버렸음을 알게 될 것이다. 이처럼 긍정적인 힘과 부정적인 힘은 두 개의 유리 탱크 속에 담긴 물처럼 항상 균형을 이루기 위해 이리저리 움직이고 있다.

부정적인 힘을 가진 사람은 긍정적인 힘을 가진 사람과 함께 있기만 해도 기분이 좋아진다. 반면에 긍정적인 힘을 가지고 있던 사람은 즐겁던 기분이 조금 약해지는 것을 느끼게 된다. 그 사람에게 넘쳐나던 긍정적인 힘이 부정적인 힘을 가진 사람에게로 흘러갔기 때문이다. 그리고 긍정적인 힘이 빠져나간 자리로 부정적인 힘이 흘러들어온 것이다.

예민한 사람은 힘의 흐름에 민감하다

예민한 사람은 힘의 흐름에 민감하고, 그 흐름으로부터 영향도 많이 받는다. 하지만 둔한 사람은 힘의 흐름에 그다지 영향을 받지 않는다. 정도의 차이는 있지만 힘의 흐름을 조절하는 밸브가 잠겨 있기 때문이다. 그래서 좀처럼 감정의 변화를 겪지 않지만 새로운 힘을 받아들일 기회를 놓치기도 쉽다.

힘의 흐름으로부터 거의 영향을 받지 않는 둔한 사람들은 음식이나 운동, 자연 그리고 성생활 같은 것을 통해서 힘을 얻는다. 그래서 감정의 기복도 심하지 않고 무슨 일이든 순탄하게 처리하기 때문에 성공하기도 쉽다. 이들은 남들이 하는 대로 따라하고, 살아오면서 겪은 경험과 타고난 기질이나 재능에 맞게 살아간다.

예민하지 않고 둔한 사람들도 나름대로 성공하고 행복도 얻는다. 하지만 자기 안에 감춰진 잠재력은 잘 찾아내지 못한다. 배운 대로 따라할 수는 있지만 새로운 것을 만들어내지는 못한다. 그래서 받은 만큼의 사랑을 베풀 줄은 알지만 자신에게 상처 입힌 사람을 용서하고 그에게 사랑을 베푸는 일은 잘 할 줄 모른다. 그리고 좋건 나쁘건 모든 것을 운명에 맡기고 살아간다.

이런 사람들이 운명을 바꾸고 자기 내부의 잠재력을 되찾아 새로운 삶을 살 수 있으려면 민감해져야 한다. 자기 자신의 감정에 솔직해지고 꾸준히 명상을 하면 지금보다 훨씬 더 예민해질 수 있다.

어째서 우리는 치유받지 못할까

다른 사람에게 받은 부정적인 힘을 다시 밖으로 내보내지 못해 고통받는 사람들이 많이 있다. 이런 사람들은 여기저기에서 부정적인 힘을 잔뜩 끌고 와서 혼자 짊어지고 다닌다. 부정적인 힘을 남에게 흘려보내거나 스스로 사랑이 넘치고 좋은 사람이 되겠다고 애쓰지 않고 부정적인 힘을 계속 짊어지고 있으면 그 힘이 쌓이고 쌓여 병이 된다. 부정적인 힘은 몸을 약하게 만들 뿐 아니라 외부로부터 흘러오는 '치유의 힘'을 막아버리기도 한다.

암 센터에서 병이 호전된 환자들과 그렇지 못한 환자들의 심리상태를 조사한 적이 있었다. 이 조사에 따르면 음식이나 병실환경, 의사나 간호사들의 서비스에 대해 불평이 심한 환자일수록 병세가 호전된 경우가 많다고 한다.

병이 나은 환자들은 예의를 차리지 않거나 주위 사람들에게 친절을 베풀지 않는 이들이 대부분이었다. 그렇다고 해서 예의를 차리고 친절을 베풀면 건강이 나빠진다는 뜻은 아니다. 긍정적이던 사람이 병들거나 불행해지는 것은 다른 사람에게서 받은 부정적인 힘을 밖으로 다시 내보내지 못하기 때문이다. 예민한 사람은 부정적인 힘을 해소하는 법만 배우면 그 즉시 기분이 나아지는 경험을 하게 된다.

부정적인 힘을 해소하는 방법만 배우면 그 동안 가로막혀 있었던 긍정적인 감정을 느낄 수 있다. 그리고 숨어 있는 잠재력을 찾아내어 원하는 일들을 이룰 수도 있다. 오랜 명상으로 사랑을 얻을 힘이 생긴 사람일 지라도 부정적인 힘을 해소할 줄 모르면 다른 사람에게서 받은 부정적인 힘 때문에 고통받게 된다.

부정적인 힘을 흡수하면 어떻게 되나

부정적인 힘을 흡수하고도 해소하지 못하면 자기 감정에 둔해진다. 아무리 성격이 좋고 사랑이 넘치는 사람이라도 이것만은 피할 도리가 없다. 그러면 이제부터 부정적인 힘을 흡수하고도 해소하지 못하는 사람들이 겪는 네 가지 증상에 대해 살펴보기로 하자.

사랑하지 못한다

부정적인 힘을 흡수하면 사랑하고 싶어도 괜히 화가 나고 남을 욕하고 싶어진다. 사랑의 출구가 꽉 막혔기 때문이다. 그래서 사랑하고 싶어도 할 수가 없다.

이런 상태는 원래 사랑이 부족하고 둔한 사람들의 경우와는 다르다. 그들은 처음부터 사랑하고 싶다는 욕구를 느끼지 못한다. 즉 그들은 마음속에 사랑이 없기 때문에 사랑하지 못하는 것뿐이다.

자신감이 사라진다

부정적인 힘을 흡수하면 믿음을 가지고 자신 있게 새로운 일에 도전하고 싶어도 걱정만 앞서고 혼란에 빠진다. 자신감이 막혀버렸기 때문이다. 그래서 마음속으로는 더 많이 하고 싶은데도 자꾸 뒤로 물러나게 된다.

이런 상태는 원래 도전하겠다는 생각이 없는 둔한 사람들의 경우와는 다르다. 그들은 지금까지 살아온 삶에 만족하고 안주하고 싶어하기 때문에 새로운 일에 도전하지 않는 것뿐이다.

기쁨을 느끼지 못한다

부정적인 힘을 흡수하면 행복하게 살고 싶어도 우울해지고 자기 연민에 빠지게 된다. 무엇을 해도 만족스럽지 않고 그저 시큰둥하기만 하다. 행복하고 싶은데도 뭔가 부족하다는 생각만 든다.

이런 상태는 자신에게 무엇이 부족한지 모르는 둔한 사람들의 경우와는 다르다. 그들도 행복을 느끼기는 한다. 하지만 그들이 느끼는 행복이란 아무것도 모르는 아이들이 느끼는 감정에 지나지 않는다. 그들은 진정한 행복이 무엇인지 모르기 때문에 자신이 행복하다고 착각하고 있는 것뿐이다.

죄의식과 책임감에 빠진다

부정적인 힘을 흡수하면 자신에 대해 좋게 생각하고 싶어도 괜히 죄책감이 느껴지고 자신이 아무 가치도 없는 사람처럼 느껴진다. 자기 내부에 타고난 좋은 천성과 순수함, 평온한 심성이 숨어 있다는 것을 깨닫지 못하기 때문이다. 이런 상태에서는 예전에 잘못한 일로 내내 죄책감에 사로잡히게 되고 그런 짓을 저지른 자신을 용서하지 못한다. 또 다른 사람에 대해 지나친 책임감을 갖게 된다. 어린아이처럼 한번 야단을 맞으면 그 일 때문에 계속해서 자신을 나쁜 사람 취급하게 된다.

이런 상태는 자기가 잘못을 저질렀다는 것조차 모르는 둔한 사람들의 경우와는 다르다. 그들은 다른 사람들이 무엇을 원하는지, 무슨 생각을 하는지에 대해 신경쓰지 않으며, 자신이 무슨 잘못을 저지르는지를 깨닫지 못한다. 진짜로 성격이 좋은 사람도 이런 상태라면 도자기 가게에 뛰어든 성난 황소가 되고 만다.

예민한 사람은 다른 사람의 부정적인 힘을 흡수한다. 마음이 열려 있기 때문이다. 그래서 원래 자기 안에 있던 부정적인 힘과 다른 사람의 것까지 합쳐진 만큼의 부정적인 힘을 느끼게 된다. 이들은 솜이 물을 빨아들이듯 가는 곳마다 다른 사람들의 부정적인 힘을 빨아들이게 된다.

내가 감정을 억누를 때 타인은 감정을 발산한다

감정을 억누르면 예민하지 못하고 둔해진다. 화가 나도 그것을 겉으로 표현하지 않는 사람들이 있다. 이런 사람들은 화가 가라앉을 때까지 가만히 참고만 있다. 이 방법은 둔한 사람들에게는 잘 통한다. 하지만 예민한 사람들에게는 통하지 않는다. 예민한 사람은 자신의 감정을 감추어서는 안 된다.

예민한 사람은 가족들 중에서 말썽꾸러기가 되기 쉽다. 예민한 사람은 참된 자신과 밀접하게 연결되어 있다. 가족들 중에서 특히 예민한 사람은 식구들의 부정적인 힘을 모두 흡수하게 된다. 부모가 기분 나쁜 것을 억지로 참고 있을 때 아이들이 유난히 더 말썽을 피우는 것도 바로 이런 이유 때문이다.

어머니들은 스트레스가 쌓여도 그저 꾹 참고 있기가 일쑤다. 걱정이나 불안함, 좌절감이 밀려와도 그저 꾹 참으면서 어떻게든 기분을 바꿔보려고 노력한다. 그런데 이상하게 그런 날일수록 아이들은 찡찡거리고 보채면서 말썽을 피운다. 그러면 부모는 어째서 제일 힘든 날만 골라 아이들이 말썽을 피우는지 모르겠다며 한숨을 쉰다. 그 이유는 간단하다. 부모가 부정적인 감정을 억누르면 예민한 아이들이 그것을 흡수해버리기 때문에 말썽을 피우게 되는 것이다. 부모가 억누르는 부정적인 감정은 곧바로 아이에게 옮겨간다.

앞에서 예로 들었던 유리 탱크를 다시 한 번 떠올려보자. 두 개의 유리 탱크 중 한쪽은 부모이고 다른 쪽은 아이라고 하자. 부모의 탱크에는 부정적인 힘을 뜻하는 푸른색 물을 붓고 아이의 탱크에는 긍정적인 힘을 뜻하는 붉은색 물을 붓는다. 그런 다음 밸브를 열어보자. 그러면 두 탱크의 물은 천천히 서로 뒤섞이게 된다.

그럼 이번에는 부모의 탱크에 뚜껑을 덮고 꾹 눌러보자. 뚜껑을 밑으로 누르면 어떤 일이 벌어질까? 부모의 탱크 속에 있던 물이 빠르게 아이 쪽 탱크로 이동하게 된다. 이 실험은 부모가 감정을 억누르면 어떤 일이 벌어지는가를 단적으로 보여주는 예이다. 부모가 감정을 억누르면 아이가 그것을 느끼고 표현하게 된다. 아이가 말썽꾸러기가 되는 것은 나머지 가족들이 감추고 억누르는 감정을 혼자서 모두 흡수해버리기 때문이다.

부정적인 감정을 억누르는 사람들은 자신도 모르게 그것을 남에게 흘려보내기만 할 뿐, 외부로부터 부정적인 힘을 받아들이지는 않는다. 마치 외부와 연결된 감정의 통로가 일방통행로이기라도 한 것처럼 말이다. 그래서 부정적인 힘을 내보내기만 할 뿐, 받아들이지는 않는다.

따라서 사랑이 넘치고 긍정적인 사고를 가진 사람들이라 해도 부정적인 힘을 흡수하고 다시 밖으로 내보내지 못하면 병에 걸리게 된다. 예민한 사람들 역시 자신이 흡수한 부정적인 힘을 다시 해소하는 법을 배워야 쓸데없는 고통에서 벗어날 수 있다.

느낀다 / 느끼지 않는다

심리치료법 중에는 감정을 느끼지 못하도록 하여 병을 치료하는 방법이 있다. 이 치료법은 그 사람의 감정을 무디게 만든다. 감정을 외면하면 금세 마음이 편해지는 것을 느낄 수 있다. 그러면 부정적인 감정을 흡수하는 일도 없어지고 나쁜 증세도 모두 사라지게 된다.

감정을 억누르는 법을 배우면 육체나 마음의 병이 사라지기 시작한다. 하지만 동시에 마음도 천천히 문을 닫게 된다. 예민하지 못하고 점점 둔해져서 부정적인 감정을 흡수하는 일은 줄어들지만 더불어 자기 내면세계와의 교류도 줄어들게 된다. 그리고 정신은 맑아지지만 동정심과 참된 자신과 만나면서 얻게 되는 모든 이익을 잃어버리게 된다. 또한 부정적인 감정을 억누를수록 무의식 속에서는 억누른 것들을 표출하려는 극단적인 상황을 꿈꾸게 된다.

감정을 느끼지 못하도록 하는 치료법들 중에는 괴로웠던 과거를 되풀이해서 떠올림으로써 그때 느꼈던 감정에 대해 무뎌지도록 하는 방법이 있다. 이 치료법은 마음의 상처를 입은 사람에게 아무것도 느끼지 못할 때까지 당시의 상황을 되풀이해서 이야기하도록 시킨다. 괴로웠던 과거를 다시 떠올리고 사랑으로 그 아픔을 치유하는 대신, 부정적인 감정을 아예 느끼지 못하도록 하는 것이 이 치료법의 목적이다. 이러한 치료를 받으면 슬픔은 느끼지 않게 되겠지만 그 대신 심각한 후유증을 앓게 된다.

이런 치료법말고도 감정을 분석해서 그것이 잘못된 것임을 밝혀내는 치료법도 있다. 이 치료법은 정신은 강하게 만들지만 대신 감정을 희생시키기 쉽다. 환자들은 부정적인 감정을 나쁜 것으로 인식하고 받아들이면서 그런 감정을 느꼈다는 사실에 화를 내며 자신의 경험을 털어놓는다. 이렇게 자신에 대해 털어놓는 것은 세상을 올바로 이해하는 데 많은 도움이 된다. 하지만 정신을 이용하여 감정을 억누르는 것은 결코 유익한 일이 못 된다.

자신의 감정에 둔해지지 않으면서도 부정적인 힘을 방출할 수 있는 방법은 얼마든지 있다. 기분이 좋아지기 위해 감정에 둔해질 필요는 없다. 감정을 처리하고 해소하는 방법만 배우면 둔해지거나 부정적인 감정을 억누르지 않고도 얼마든지 부정적인 감정을 긍정적인 것으로 바꿀 수 있다. 예민해지기만 하면 모든 꿈을 현실로 바꿀 수 있다. 부정적인 힘을 흡수하는 것은 그것을 다시 해소하는 방법을 모를 때에만 문제가 된다. 부정적인 힘을 해소하면 자신의 감정에 무뎌지지 않으면서도 금세 기분이 좋아질 수 있다. 두통약을 먹지 않고도 두통이 싹 가시는 것처럼 말이다.

예민한 사람은 감정을 해소하는 법만 배우면 평생 쌓아왔던 부정적인 감정을 밖으로 내보낼 수 있다. 그러면서 명상을 하고 목표를 세워 나가면 꿈을 이룰 수 있는 긍정적인 힘을 무한정 흡수할 수 있다.

둔해지는 것이 문제가 되는 것은, 둔해지면 사랑과 기쁨과 자신감이 넘치는 참된 자신에게서 멀어지기 때문이다. 부정적인 감정을 억누르면 긍정적인 감정을 표현할 수 있는 힘마저 억누르게 되며, 자신의 욕구에 대해서도 무뎌지게 된다. 슬픔을 느낄 줄 모르면 이별을 두려워하지 않게 된다. 이별을 두려워하지 않으면 사람과의 관계가 깨어질까 봐 걱정하지 않게 되고 누군가와 함께 있고 싶다는 마음도 느끼지 못한다. 화낼 줄 모르면 싫어하는 일이 있어도 무덤덤하게 받아들이게 되어, 자신이 무엇을 싫어하는지도 잊어버린다.

두려움을 느끼지 못하면 사랑이나 지원을 받지 못해도 아무렇지도 않게 생각한다. 그래서 자신에게 사랑이나 지원이 필요하다는 사실을 잊어버리게 된다. 실망하거나 안타까워할 줄 모르면 무언가를 잃어버려도 무덤덤하기만 하다. 그리고 잃어버린 것을 다시 찾을 생각도 안 하기 때문에 삶의 목표와 의미까지도 잃어버린다. 이처럼 부정적인 감정들을 제대로 느끼지 못하면 우리는 '참된 자신'에게서 멀어지고 만다.

부정적인 감정을 억누르면 자신의 욕구에 대해서도 무뎌지게 된다

감정을 억눌러도 행복이나 자신감을 느낄 수는 있다. 하지만 더 이상 성장은 하지 못한다. 긍정적인 감정들이 제대로 표출되지 못하기 때문에 자연색이 아닌 흑백의 세상에 살게 되고, 자신이 무엇을 잃어버리고 사는지조차 모르게 된다. 즉, 감정을 억누르면 잠깐 동안은 기분이 나아질지 몰라도 장기적으로 볼 때는 성장이 멈추는 것이다.

두려움을 느끼지 못하면 잠깐 동안은 자신감이 넘치게 된다. 특히 두려움 때문에 아무것도 못하고 주저하던 사람이라면 더욱 그럴 것이다. 그래서 하고 싶어도 하지 못했던 일들에 뛰어들게 된다. 한껏 뒤로 물러섰던 화살이 활시위를 떠나 힘차게 허공으로 날아가는 것처럼 말이다. 하지만 날아가던 화살이 떨어지는 것처럼 금세 삶의 활력을 잃어버린다.

사람은 새로운 욕구를 느끼지 못하면 삶의 활력을 잃어버리게 된다. 두려움을 억눌렀을 때 느꼈던 활기는 주저하면서 미루어두었던 과거의 욕구로부터 나온 것이다. 그러므로 새로운 활기를 얻으려면 감정을 억누를 것이 아니라 그것에 좀더 솔직해져야 한다.

화를 내지 않으면 잠깐 동안은 사랑이 넘치고 온순한 사람이 된다. 특히 다른 사람들에 대해 미운 감정이 쌓여 있던 사람이라면 더욱 그럴 것이다. 그래서 다시 그들을 사랑하게 되지만 조금만 지나면 왠지 그들로부터 멀어졌다는 느낌을 받게 된다. 다른 사람들과 싸울 일은 없어졌지만 대신 자신의 삶과 인간관계에서 얻을 수 있는 정열을 잃어버렸기 때문이다.

이처럼 감정을 억누르면 당장은 모든 문제가 해결되는 것처럼 보인다. 하지만 결국에는 진정한 행복을 안겨주는 참된 자신을 외면하는 결과를 가져온다. 그리고 외적인 성공만을 추구하게 되면서 삶에 대한 열정을 잃어버리므로 더 이상 성장하지도 못하게 된다.

감정은 흐르게 마련이다

예민한 사람일수록 부정적인 힘을 많이 흡수한다. 평균보다 체중이 많이 나가는 사람들 대개가 매우 예민하다. 이런 사람들은 살이 부정적인 힘을 막아주는 역할을 하기 때문에 좀처럼 살을 빼지 못한다. 이들은 어떤 방법으로든 감정에 무뎌지지 않으면 부정적인 힘에 마구 휘둘리기 때문에 병이 나거나 자신에 대해 나쁘게 생각하게 된다. 자신이나 감정에 무뎌질 수 있는 방법 중의 하나가 과식이다. 그런 이유로 많이 먹다 보니 살이 찌는 것이다.

중독현상은 감정을 억누르기 위해 나타나는 행동이다

참된 행복을 가로막는 열두 가지 장벽에 갇히게 되면 자기 자신이 누구인지 잊어버리고 긍정적인 힘도 잃어버리고 만다. 그러면서 부정적인 힘을 발산하게 된다. 그러면 옆에 있던 예민한 사람이 이 부정적인 힘을 흡수한다. 심리치료를 받아도 좀처럼 낫지 않는 사람이 있는 이유가 바로 여기에 있다. 치료를 통해 상태가 많이 좋아져도 다른 사람들과 어울리다 보면 금세 그들의 부정적인 힘을 흡수해버리는 것이다. 그러고는 그 속에 갇혀버린다.

어떤 사람들은 자신의 생활방식이나 함께하는 친구 또는 사고방식 때문에 끊임없이 부정적인 힘을 발산하기도 한다. 예민하고 마음이 열린 사람이 이렇게 부정적인 힘을 발산하는 사람들과 함께 있다 보면 병에 걸리고 만다.

부정적인 힘에 빠져 있는 사람과 함께 있으면 병에 걸리기 쉽다

하지만 참된 자기 자신과 자주 접촉하는 사람들은 긍정적인 힘을 발산한다. 이런 사람들은 하루 종일 긍정적인 힘을 발산하기도 하고, 자신이 정말 좋아하는 일이나 잘하는 일을 할 때 그 힘을 발산하기도 한다. 이런 사람들과 함께 있으면 저절로 기분이 좋아진다. 행복한 사람들에게 쉽게 끌리는 이유가 바로 여기에 있다.

유명한 가수나 배우, 무용가, 음악가 또는 강사들처럼 다른 사람들에게 인기가 많은 사람들은 대개 긍정적인 힘을 발산하는 사람들이다. 이들은 무대에 서면 찬란히 빛난다. 하지만 무대에서 내려오면 그 빛을 잃어버린다. 그렇다고 해서 무대 위에서의 모습이 이들의 참모습이 아니라는 뜻은 아니다. 사실은 무대 위에서의 모습이 이들의 참모습이다. 무대 밖에서의 모습이 참모습이 아닌 것이다. 이런 사람들은 무대 위에 섰을 때 마음을 활짝 열고 자신의 긍정적인 힘을 한껏 발산한다. 이렇게 긍정적인 힘을 발산하면 그 빈자리로 청중들의 부정적인 힘이 흘러 들어가게 된다. 그 때문에 강연을 듣거나 예술공연을 보면 기분이 좋아지는 것이다.

긍정적인 힘이 넘치는 사람은 자석과도 같이 타인의 부정적인 힘을 끌어당긴다

관객이 이런 예술가들에게 열광하는 것은 막혀 있던 사랑의 출구가 이들에 의해 잠시나마 활짝 열리기 때문이다. 무대 위에 선 사람들이 긍정적인 힘을 발산하면 그것에 힘입어 관객들은 편안한 마음으로 자신의 감정을 받아들이게 된다. 무대 위의 예술가들에게 진심을 담아 열렬히 기립박수를 보내는 이유도 바로 여기에 있다. 그러면 예술가들은 관객의 열렬한 사랑에 기쁨을 만끽하면서도 한편으로는 예민한 사람이 그런 것처럼 관객의 부정적인 힘까지 함께 흡수하게 된다.

긍정적인 힘이 넘치는 사람은
자신이 부정적인 힘을 흡수한다는 사실을 깨닫지 못한다

자신이 흡수한 부정적인 힘을 치유한다고 해서 예민함을 잃고 감정에 무뎌져서는 안 된다. 그렇게 하면 긍정적인 힘을 충전할 수 있는 능력만 잃어버리게 될 뿐이다. 부정적인 힘을 해소하는 법만 배우면 온 세상 사람들과 함께 긍정적인 힘을 나누어가질 수 있다. 명상을 하면서 긍정적인 힘을 충전하고 다른 사람들로부터 흡수한 부정적인 힘을 해소하기만 하면 되는 것이다.

부정적인 힘 해소하기

부정적인 힘을 해소하기 위한 첫 번째 단계는 명상이다. 명상을 통해 손끝으로 힘을 끌어들이는 방법을 배운 것처럼 이제는 손끝으로 부정적인 힘을 내보내는 법을 배울 차례다. 명상만 할 줄 알면 부정

적인 힘은 쉽게 해소할 수 있다.

부정적인 힘을 해소하기 위한 두 번째 단계는 아무에게도 해를 끼치지 않는 곳을 선택하는 것이다. 자연은 부정적인 힘을 흡수해서 긍정적인 것으로 바꿔놓는다. 스트레스가 쌓였을 때 숲이나 정원을 거닐면 기분이 좋아지는 것은 바로 이런 이유에서다. 또 사람들이 바닷가를 찾고 햇볕을 쬐는 것도 바로 이런 이유 때문이다. 자기 안의 부정적인 힘을 자연에 쏟아버리면 저절로 긍정적인 힘으로 변한다.

대표적인 예가 식물의 광합성이다. 녹색식물은 햇빛을 받아 이산화탄소와 물을 산소와 영양분으로 변화시킨다. 지구상에 존재하는 산소는 모두 녹색식물의 광합성으로 만들어진 것이다. 녹색식물이 광합성을 통해 산소를 만들어내면 인간과 동물은 그 산소를 들이마시고 이산화탄소를 토해낸다. 그러면 식물은 다시 이산화탄소를 흡수해서 산소를 만들어낸다. 이런 순환 과정을 통해 지구는 산소와 이산화탄소의 균형을 유지한다. 그리고 이런 식으로 자연은 우리가 발산한 부정적인 힘을 긍정적인 것으로 바꾸어준다.

손을 들고 10분 내지 15분 정도 명상을 한 다음 눈을 뜬다. 그리고 들었던 손으로 식물이나 불 아니면 물을 가리킨다. 그 상태로 명상의 글귀를 계속 외우면서 부정적인 힘을 자신이 가리키는 대상에게로 발산하겠다는 목표를 세운다. 이 방법을 계속 연습하다 보면 일부러 명상을 하지 않아도 바로 이 방법을 실행할 수 있는 경지에 도달하게 된다. 그러면 눈을 감거나 뜨거나 상관없이 곧바로 부정적인 감정을 해소할 수 있게 된다.

부정적인 힘을 방출할 때는 다음과 같은 글귀를 외워보도록 하자.

- ◆ 신이여, 마음을 열었으니 부디 제게 와주십시오. 그리고 이 스트레스를 가져가 주십시오. 이 스트레스를 가져가 주십시오.
- ◆ 신이여, 마음을 열었으니 부디 제게 와주십시오. 그리고 이 부정적인 마음을 가져가 주십시오. 이 부정적인 마음을 가져가 주십시오.
- ◆ 신이여, 마음을 열었으니 부디 제게 와주십시오. 그리고 이 고통을 가져가 주십시오. 이 고통을 가져가 주십시오.

부정적인 힘을 해소하면 손끝으로 힘이 빠져나가는 놀라운 경험을 하게 된다. 힘이 빠져나가는 느낌은 샤워를 할 때 물줄기가 손을 타고 흘려내려 손끝에서 떨어지는 것과 비슷하다. 부정적인 힘이 몸에서 빠져나가 자연으로 돌아가는 동안 손끝이 미세하게 떨리거나 간지럽다는 느낌이 들 수도 있다.

일단 부정적인 힘이 몸에서 빠져나가면 더 이상 나쁜 기분은 느껴지지 않는다. 그저 힘의 움직임이 느껴지면서 기분이 좋아진다. 마치 훌륭한 공연을 관람한 느낌과 같다. 이때는 무대 위의 공연자가 부정적인 감정을 걷어가버렸기 때문에 우리는 자신이 그런 부정적인 힘을 발산했다는 것을 느끼지 못한다. 그저 기분이 좋아지기만 할 뿐이다. 자연을 향해 부정적인 힘을 발산할 때도 이와 똑같은 기분이 든다. 자연은 우리의 부정적인 힘을 모두 흡수해버린다. 그러면 우리는 다시 기분이 좋아진다. 긍정적인 힘을 충전하고 부정적인 힘을 발산하고 나면 원하는 것을 가질 수 있는 힘이 늘어난다. 긍정적인 힘을 들이마시고 부정적인 힘을 내쉴 때 우리의 영혼은 성장하고 강해지기 때문이다.

부정적인 힘을 자연으로 발산하는 것이 자연에 대해 나쁜 짓을 저지르는 것이라고 하는 이들도 있다. 하지만 자연은 그런 일로 상처받지 않는다. 자연은 우리가 발산한 부정적인 힘을 흡수해서 긍정적인 것으로 순환시킨다. 우리가 방출한 부정적인 힘을 받아 자연은 힘차게 돌아간다.

부정적인 힘을 어디에 발산해야 하나

꽃이나 풀, 나무는 부정적인 힘을 발산하기에 아주 좋은 상대다. 그 중에서도 꽃이 가장 적당하다. 무대에서 공연하는 이들의 대기실에 늘 꽃이 가득한 이유가 바로 여기에 있다. 사람들이 그들에게 열렬히 박수를 보내면서 꽃을 던지는 이유도 그렇고, 남자가 여자에게 꽃을 보내는 것도 같은 이유다.

무대에서 공연하는 이들은 이유는 잘 모르면서도 꽃선물을 좋아한다. 여자도 이유는 모르지만 꽃선물을 좋아한다. 남자가 꽃을 선물하면 여자는 자연스럽게 그 꽃에 부정적인 힘을 발산한다. 여자는 남자보다 더 예민하기 때문에 살아가면서 부정적인 힘을 더 많이 흡수한다. 그래서 여자가 남자들보다 꽃을 더 좋아하는 것이다.

남자가 꽃을 선물하면 여자는 그 꽃에 부정적인 힘을 발산하게 된다

장례식을 한번 생각해보자. 상을 당한 사람에게는 꽃을 보내는 경우가 많다. 슬픔을 위로하려고 선물을 보내는 것은 좋은 일이다. 그런데 왜 하필이면 다른 것도 아니고 꽃을 보내는 것일까? 그 이유는 꽃이 사람의 부정적인 감정을 흡수하기 때문이다. 부정적인 힘이 손끝을 통해 밖으로 빠져나가도록 유도하기만 하면 그 힘은 저절로 꽃으로 옮겨간다.

하늘의 축복을 얻기 위해서는 먼저 우리가 서 있는 땅에 부정적인 힘을 발산해야 한다. 힘의 교류로 손끝에서 힘이 움직이는 간지러움을 느끼게 되면 힘을 발산할 수 있는 능력은 더욱 커진다.

하늘로부터 긍정적인 힘을 충전하고 땅으로는 부정적인 힘을 발산한다

부정적인 힘을 발산할 수 있는 또 다른 대상으로는 물이 가득 찬 싱크대나 욕조 또는 수영장이나 연못, 강, 호수, 바다를 들 수 있다. 크기가 클수록 받아들일 수 있는 부정적인 힘의 양도 커진다. 물은 부정적인 힘을 흡수한다. 물을 많이 마셔야 하는 이유가 바로 여기에 있다. 규칙적인 명상을 통해 힘을 얻고 그 힘의 흐름을 유지하기 위해서는 하루에 여덟 잔에서 열 잔 정도의 물을 마시는 것이 좋다. 당연히 체격이 큰 사람이라면 더 많이 마시는 것이 좋다.

물은 부정적인 힘을 흡수한다

불 역시 부정적인 감정을 발산하기에 적합한 대상이다. 친구들과 모닥불 주위에 둘러앉아 무서운 이야기를 하던 때를 떠올려보자. 무서운 이야기 때문에 벌벌 떨고 있으면 모닥불이 두려움이라는 부정적인 힘을 걷어간다. 모닥불 주위에 둘러앉아 보냈던 시간이 오래오래 기억에 남는 것은 부정적인 힘을 발산한 경험 때문이다.

또 맨발로 흙이나 풀밭, 바닷가를 걷는 것도 부정적인 힘을 발산하는 데 도움이 된다. 걸으면서 손끝을 아래로 하고 명상의 글귀를 외워보자. 숲 속을 산책하는 것도 좋은 방법이다. 이때는 영화에서 광선총

을 쏘는 것처럼 손끝으로 나무를 가리키면서 부정적인 힘을 발산한다. 그리고 자연으로부터 긍정적인 힘을 흡수하도록 한다. 정원을 가꾸는 것도 부정적인 힘을 발산하는 데 도움이 된다. 땅을 파고 흙을 만지다 보면 부정적인 힘이 저절로 몸에서 빠져나가게 된다.

크리스마스 트리를 장식하는 것을 한번 생각해보자. 추운 겨울이면 온 가족이 옹기종기 모여 나무를 예쁘게 장식한다. 왜 나무를 집 안으로까지 끌고 들어오는 것일까? 바로 부정적인 감정을 발산하기 위해서다. 평소에는 집 밖에 나가기만 하면 얼마든지 자연을 접하면서 부정적인 감정을 발산할 수 있다. 하지만 겨울이 되면 날씨가 추워지므로 그렇게 하기가 쉽지 않다. 그래서 어떻게든 자연과 가까이 있으려고 푸른 상록수를 집 안으로 가지고 들어오게 된 것이다. 이러한 사실을 염두에 두면 고대사회나 다양한 문화 속의 전통들이 새롭게 보일 수도 있다.

사회마다 부정적인 힘을 발산할 수 있는 독특한 전통을 가지고 있다

손끝을 통해 힘의 교류를 경험했다면 손에 나뭇잎이나 꽃을 쥔 다음 눈을 감고 부정적인 감정을 발산하는 연습을 해보자. 손에 신선한 나뭇잎이나 꽃을 쥐고 있다는 것만 다를 뿐 나머지 방법은 명상과 거의 똑같다.

손바닥을 위로 향하고 명상을 할 때 손끝으로 힘이 들어오는 것이 느껴졌던 것처럼, 이번에는 손끝으로 힘이 빠져나가는 것을 느낄 수 있다. 이 방법을 익힐 때는 눈을 뜨고 손바닥은 아래를 향하게 하는 것이 좋다. 이 방법으로 힘의 흐름을 느낀 사람들이 많았기 때문이다.

힘의 흐름이 느껴졌다면 나뭇잎이나 꽃을 쥐고 계속 그 힘을 느껴 보도록 하자. 부정적인 힘을 발산하는 가장 좋은 방법은 눈을 감고 손에 나뭇잎이나 꽃을 쥐고 하는 것이다. 다른 방법들도 효과가 있기는 하지만 나뭇잎이나 꽃을 쥐고 하면 짧은 시간에 가장 큰 효과를 볼 수 있다.

부정적인 힘은 언제 발산하는 것이 좋은가

부정적인 힘을 발산하는 것은 그런 힘이 느껴지면 아무 때나 해도 된다. 부정적인 힘을 발산하면 기분이 좋아진다. 이 힘의 발산을 처음 익힐 때는 적어도 일주일에 서너 번씩, 한 번에 5분에서 10분 정도 하는 것이 좋다.

처음에는 무조건 오래 하고 싶다는 생각이 들기도 한다. 예민한 사람일수록 살아오면서 쌓인 부정적인 힘을 모두 발산하고 싶어한다. 부정적인 힘을 발산할 때 가장 중요한 원칙은 자신이 하고 싶은 만큼 해야 한다는 것이다. 너무 많이 한다고 해도 해가 될 것은 하나도 없다.

> 부정적인 힘을 발산할 때 가장 중요한 원칙은
> 하고 싶은 만큼 해야 한다는 것이다

스트레스나 부정적인 힘이 가득 찬 곳에서 일하는 사람이라면 매일 부정적인 힘을 발산하는 것이 좋다. 시간이 오래 걸리는 일도 아니고 샤워를 하는 동안에도 쉽게 할 수 있다. 아울러 직장이나 가정에서 스트레스를 줄이고 싶을 때는 싱싱한 화초나 물을 가까이에 두는 것이 좋다.

부정적인 힘을 발산하면 그 즉시 믿을 수 없을 만큼 기분이 좋아진다. 물론 그전에 먼저 명상을 해야 한다. 규칙적인 명상을 통해 긍정적인 감정을 받아들일 준비를 했을 때 가장 효과적으로 부정적인 감정을 발산할 수 있기 때문이다. 부정적인 힘을 발산할 수 있게 되면 열두 가지 감정의 장벽에서 벗어날 수 있다. 장벽들이 저절로 사라지기 때문이다. 여자는 천성적으로 부정적인 힘을 쉽게 받아들인다. 그 대신 그 힘을 발산할 때 훨씬 큰 기쁨을 얻는다.

부정적인 힘을 발산하고 나면 더 이상 그 힘을 흡수하지 않게 되지만 그래도 마음속의 장벽을 모두 없애기 위해서는 자신의 내면을 살펴보아야 한다. 힘을 발산하는 법을 배우면 다른 사람의 부정적인 힘 때문에 주저하는 대신 원하는 미래의 모습을 용기 있게 만들어갈 수 있다. 그리고 감정의 장벽에 다시 갇히더라도 그것은 자신이 만든 것일 뿐, 결코 세상이 자신을 가로막는 것은 아니라는 사실을 알게 된다.

긍정적인 힘은 충전하고 부정적인 힘은 발산하라

지금까지 설명한 부정적인 힘과 긍정적인 힘에 대해 오해하는 사람들이 많다. 그런 사람들은 자신이 부정적인 사람들 틈에 섞여 있다고 걱정하거나 문제가 생겼을 때 무조건 남의 탓을 한다. 긍정적인 힘을 가진 사람은 어쩔 수 없이 부정적인 힘을 흡수하게 되어 있다. 그것은 피할 수 없는 일이다. 그러므로 부정적인 힘을 피하기보다는 그 힘을 발산하는 법을 배우는 것이 더 현명한 일이다.

부정적인 힘과 긍정적인 힘이 서로 교류하는 것은 기후의 변화와 비슷하다. 공기는 고기압에서 저기압으로 움직인다. 뜨거운 공기는 위로 올라가고 차가운 공기는 밑으로 가라앉는다. 집이 아무리 따뜻

해도 이중유리창을 달지 않으면 추운 겨울바람이 집 안으로 새어 들어오게 마련이다. 집 안의 따뜻한 공기가 바깥의 차가운 공기를 불러들이기 때문이다. 이때 창문에 손을 갖다대면 차가운 공기가 스며 들어오는 것을 느낄 수 있을 것이다.

자연은 언제나 균형을 이루려고 한다. 그와 마찬가지로 몸 안에 긍정적인 힘이 넘치면 균형을 이루기 위해 부정적인 힘을 흡수하게 된다. 정신적인 행복을 이루기 위해서는 긍정적인 힘을 충전한 다음 부정적인 힘을 발산할 수 있어야 한다.

몸이 피곤하고 아플 때는 부정적인 힘을 흡수하지 않도록 조심해야 한다. 하지만 매일 명상을 통해 긍정적인 힘을 충전한 사람이라면 자기 안에 가득한 사랑과 빛을 이 세상과 함께 나누어야 한다. 그러면 마음이 충만해지는 것을 느낄 수 있다. 긍정적인 힘은 충전하고 부정적인 힘은 발산하는 방법을 익히고 나면 부정적인 힘을 만날수록 우리는 더욱 강해질 수 있다.

부정적인 감정에서 벗어나라

how to get what you want and want what you have

사랑 탱크를 채우는 데는 크게 두 가지 방법이 있다. 첫 번째 방법은 신과 사랑을 주고받는 것이고, 두 번째 방법은 부모·가족·친구·동년배들·자기 자신·연인이나 배우자·자녀·사회 그리고 세상과 사랑을 주고받는 것이다. 명상을 하고, 목표를 세우고, 부정적인 힘과 스트레스를 발산하면 사랑 탱크를 채우기 위한 기반을 튼튼히 다질 수 있다. 꿈을 실현하고 싶다면 먼저 사랑 탱크들을 가득 채워 참된 자기 자신을 찾아야 한다.

그런데 자기 안의 부정적인 감정을 제대로 느끼지 못하면 사랑 탱크를 채울 수 없다. 부정적인 감정을 느끼지 못하면 제대로 해소할 수도 없다. 단기간에 부정적인 감정을 해소하는 방법을 지도해오면서 나는 부정적인 감정에 열두 가지의 기본적인 것이 있다는 사실을 알게 되었다.

인간의 감정은 지금껏 크게 왜곡되어왔다. 부정적인 감정을 해소하겠다는 미명하에 사람들은 그 감정을 억누르기만 했다. 부정적인 감정을 품는 데 대해 죄의식을 가지고 어떻게든 그 감정이 겉으로 드러나지 않도록 꽁꽁 묶어두려고만 애썼다.

하지만 부정적인 감정을 감추고 애써 외면하고 억누른다고 해서 해소되는 것은 아니다. 부정적인 감정을 해소하려면 먼저 그러한 감정을 제대로 느낄 줄 알아야 한다. 참된 자신을 되찾는 데는 부정적인 감정도 필요하기 때문이다. 자기 내부의 부정적인 감정들을 느끼고, 제대로 해소하지 않으면 사랑 탱크를 채울 수 없다.

요즘 들어 명상을 배우는 것이 훨씬 빨라진 이유 중의 하나가 바로 사람들이 자신의 감정을 제대로 느끼고 파악한다는 데 있다. 자기 안의 부정적인 감정을 제대로 느껴야 그것을 발산하기가 한결 쉬워진다. 물질적인 성공을 거두고 창의력과 힘을 얻기 위해서는 자신이 무엇을 원하는지, 지금 자신의 감정이 어떤지를 제대로 알아야 한다. 감정이란 항상 욕망과 연결되어 있다. 그러므로 긍정적인 것이든 부정적인 것이든 자신의 감정을 제대로 느낀다면 세상과 신에 가까이 다가갈 수 있는 순수한 힘을 얻을 수 있다. 그것은 사랑 탱크를 채우는 데 꼭 필요한 연료와도 같다.

따라서 자신의 감정을 제대로 느끼지 못하면 필요한 에너지와 사랑을 놓쳐버리거나, 자신이 원하는 것을 이룰 수 있는 힘을 획득하지 못하게 된다. 그러나 자기 내부의 감정을 느낀다고 해서 모든 것이 해결되는 것은 아니다. 감정을 느꼈다면 조심스럽게 하지만 솜씨 있게 그 감정을 다스려서 밖으로 발산할 줄 알아야 한다. 부정적인 감정을 발산할 줄 알아야 비로소 자신이 무엇을 원하는지 알게 되고 또 그것을 얻기 위해 최선을 다하게 된다.

감정을 억누르고 외면하느라 자기 내부에 숨겨진 힘을 발휘하지 못하는 사람이 있는가 하면, 감정을 느끼기는 하지만 제대로 발산하지 못해서 힘을 발휘하지 못하는 사람도 있다. 감정을 발산할 줄 모르는 사람은 부정적인 감정에 사로잡혀 그 감정을 증폭시키는 상황만 불러오게 된다. 우리가 부정적인 감정을 두려워하는 이유가 바로 여기에 있다. 부정적인 감정에 사로잡히면 어떤 상황에 처하든 나쁜 기분만 느끼게 된다.

그런데 우리들 중에는 감정을 선택적으로 골라서 느끼는 사람도 있다. 화는 잘 내면서 슬픔이나 두려움을 좀처럼 느끼지 못하는 사람이 있는가 하면, 수치심이나 후회는 잘 느끼면서 좀처럼 화를 내지 않는 사람도 있다. 열두 가지의 기본 감정만으로도 선택적으로 느낄 수 있는 감정의 조합은 수없이 많이 만들어낼 수 있다. 어떤 부정적인 감정에 사로잡혀 있느냐에 따라 자신이 앞으로 살아갈 인생도 그 감정에 사로잡히게 된다. 그리고 감정을 억누르면 억누를수록 자신이 원하는 것을 이룰 수 있는 힘에서 점점 멀어지게 된다.

부정적인 감정을 다스려라

'감정을 다스린다'는 것은 자기 내부의 부정적인 감정을 제대로 느끼고, 감추어진 욕망과 긍정적인 감정을 통해 부정적인 감정을 발산하는 것을 뜻한다. 부정적인 감정을 다스릴 줄 알면 그 감정을 이용하여 참된 자기 자신으로 돌아갈 수 있다.

부정적인 감정두 우리에게 소중한 것이라는 사실은 자전거 타기를 생각해보면 쉽게 이해할 수 있다. 자전거를 탈 때 균형을 잡으려면 계속해서 왼쪽, 오른쪽으로 방향을 바꾸어야 한다. 가고자 하는 방향으로 가려면 우선 자전거 손잡이를 그 방향으로 움직여야 한다. 자신이 무엇을 바라는가를 찾아내는 것은 바로 자전거 손잡이를 움직이는 것과 같다. 부정적인 감정을 느끼고 해소하는 것은 자전거에서 넘어지지 않기 위해 이리저리 방향을 바꾸는 것과 같다. 그리고 꾸준히 명상을 하면서 신에게 도움을 청하는 것은 자전거를 타고 앞으로 계속 나아가는 것과 같다. 자전거 페달을 부지런히 밟는 것이 바로 명상인 셈이다.

부정적인 감정을 다스리지 못하면 우리는 넘어질 수밖에 없다. 자전거를 탈 때는 손잡이를 좌우로 계속 움직여주어야 균형을 잡을 수 있다. 자전거 손잡이를 움직이는 것은 쉬운 일이 아니어서 처음 배울 때는 몇 번이고 넘어지게 마련이다. 하지만 익숙해지고 나면 조금만 움직여도 쉽게 균형을 잡을 수 있다.

자전거를 탈 때 균형이 흐트러지는 것은 부정적인 감정을 만나는 것에 비유할 수 있다. 부정적인 감정을 만나면 참된 자신에게서 점점 멀어지게 된다. 부정적인 감정은 원래 참된 자기 자신과 이어져 있지만, 그것을 느낀다는 것은 그 참된 자신에게서 멀어지기 시작했다는 신호다. 따라서 중심에서 멀어지고 있으니 균형을 잡기 위해 중심으로 돌아가야 한다는 경고이기도 하다.

자전거에서 균형을 잡을 수 있는 단 한 가지 방법은 제때에 왼쪽 또는 오른쪽으로 방향을 바꾸는 것이다. 왼쪽으로 가고 있으면 오른쪽으로 방향을 바꾸어서 중심을 잡고 다시 왼쪽으로 바꾸었다가 다시 오른쪽으로 방향을 바꾸어야 한다. 이렇게 좌우로 방향을 바꾸어야 균형을 잡을 수 있다.

우리의 인생도 자전거 타기와 같다. 세상을 살아가기 위해서는 균형을 이룰 수 있어야 한다. 중심에서 벗어나 왼쪽으로 갔더니 부정적인 감정이 나타났다. 그래서 다시 서둘러 방향을 틀어 오른쪽으로 한없이 갔더니 또다시 부정적인 감정이 나타났다. 또 다른 부정적인 감정을 만나고 나서야 오른쪽으로 너무 많이 갔다는 것을 알게 되어 다시 중심으로 돌아왔다. 바로 이런 식이다.

자전거 손잡이를 오른쪽으로만 틀면 자전거가 어떻게 될까? 그렇게 했다가는 균형을 잡을 수 없어 넘어지고 만다. 마찬가지로 어떤 감정을 억누르고 나머지 감정만 표출하다 보면 감정의 균형이 깨어진다. 자전거 손잡이를 좌우로 움직이듯 모든 감정을 다 느껴야 균형을 이룰 수 있는 것이다.

중심으로 돌아가고 나면 한동안 그곳에 머무를 수 있다. 그러나 곧 다시 처음부터 같은 과정을 반복하게 된다. 자전거를 타면서 항상 완벽하게 균형을 유지할 수는 없다. 그저 똑바로 앉아서 넘어지지 않고 제대로 가기만 하면 그것으로 충분하다. 자전거를 타는 법을 배우면 항상 똑바로 중심잡을 수는 없지만 언제든 다시 중심잡을 수 있다. 이것은 감정을 다스리는 데도 그대로 적용된다. 항상 긍정적인 감정만 가지고 살 수는 없다. 하지만 부정적인 감정을 발산할 줄만 알면 언제든 다시 참된 자신으로 돌아올 수 있다.

자전거 타기에 익숙해지면 그 위에서의 균형은 저절로 잡게 되듯, 부정적인 감정을 다스리는 법을 익히고 나면 생활의 일부분처럼 아주 자연스럽게 된다. 정신적으로 깊이 있고 풍요로운 삶을 살고자 한다면 자신이 가지고 있는 모든 감정을 제대로 느낄 줄 알아야 한다. 그래야 사소한 일에도 큰 기쁨을 느낄 수 있다.

얼굴을 스치는 부드러운 바람과 따스한 햇살에서도 기쁨을 느끼게 되고, 신선한 봄의 기운과 차가운 가을바람도 소중하게 느껴진다. 친구들과의 우정이나 연인과의 사랑도 더없이 소중하게 느껴진다. 새로운 것을 배우면서도 기쁨이 생기고, 무언가 이루어냈을 때도 기쁨이 나타난다. 그리고 신이 주신 사랑을 이 세상에 베풀었을 때도 가슴 가득히 기쁨이 밀려온다.

감정을 다스리는 네 가지 방법

부정적인 감정을 다스리는 데 있어 그 같은 감정을 느끼기가 힘들다고 하는 사람이 있는가 하면, 그것을 해소하는 것이 힘들다고 하는 사람도 있다. 그럴 때 감정을 다스리는 네 가지 방법을 활용하면 훨씬 쉽게 감정을 다스릴 수 있다. 이 네 가지 방법 중에는 더 나은 것도, 더 부족한 것도 없다. 네 가지 방법을 시험해보면서 자신에게 맞는 방법을 찾아보도록 하자. 그 네 가지 방법이란 다음과 같다.

- 감정을 바꾼다.
- 감정의 대상을 바꾼다.
- 시간을 과거 또는 미래로 바꾼다.
- 자신의 고통이 아니라 타인의 고통으로 관심을 바꾼다.

감정을 다스리는 네 가지 방법 중 첫 번째 방법은 현재 가지고 있는 부정적인 감정이 무엇인지 잘 파악한 후 그것을 다른 감정으로 바꾸는 것이다. 지금 화가 났다면 잠시 동안 자신의 감정을 글로 옮겨 적은 후 다른 부정적인 감정으로 생각을 바꿔보자.

이것은 자전거를 타다가 한쪽으로 넘어지려고 하면 반대쪽으로 방향을 틀어 중심을 잡는 것과 같은 방법이다. 서로 다른 부정적인 감정들 사이를 왔다갔다하다 보면 감정의 장벽에서 벗어나게 될 뿐만 아니라 감정의 균형을 잡기도 훨씬 쉬워진다.

부정적인 감정을 최소화해서 거기에서 벗어나려는 사람들도 있지만, 그보다 더욱 좋은 방법은 자신이 가지고 있는 부정적인 감정을 일시적으로 부풀리는 것이다. 한 가지 감정에 사로잡혀 있다는 것은 감정의 장벽에 갇혀 다른 감정을 느끼지 못한다는 뜻이다. 단 하나의 감정 때문에 문제가 일어나는 경우는 거의 없다. 당장은 느껴지지 않는 다른 부정적인 감정이 힘의 흐름을 방해해서 감정의 해소를 방해할 수도 있다. 한 가지 감정이 가로막혀 표현되지 못하면 다른 감정에 사로잡히기 때문이다.

감정을 다스리는 두 번째 방법은 대상을 바꾸는 것이다. 지금 당신은 화가 나 있다. 그런데 현재 자신이 처한 상황 때문에 화가 난 것이 아니라는 생각이 들면 화를 내는 대상을 바꾸도록 한다. 상사에게 화가 났는데 그 화를 풀 길이 없다면 화가 날 만한 다른 대상을 찾아서 목록을 만들어보자. 화를 참지 말고 폭발시키면서 화가 나는 대상들을 생각해보자. 한 가지 대상 때문에 화가 났는데 그 화가 쉽게 가시지 않는다면 그것은 그 대상말고 또 다른 일들 때문에 화가 났다는 뜻이다.

감정을 다스리는 세 번째 방법은 시간을 바꾸는 것이다. 화가 났는데 첫 번째 방법이나 두 번째 방법으로는 전혀 해결이 안 된다면 세 번째 방법을 써보도록 하자. 먼저 지금처럼 화가 났던 과거의 한순간을 떠올려보자. 현재 자신이 느끼는 감정은 과거에 겪었던 감정의 상처 때문에 그 강도가 증폭될 수 있다.

가령 어렸을 때 버림받은 적이 있다면 다 자란 후에도 그때의 고통이 마음속에서 사라지지 않는다. 그래서 누군가가 자신을 외면하거나 무시하면 과거의 고통이 더해지면서 감정이 더욱 격렬해진다. 이럴 때 감정을 다스리는 가장 좋은 방법은 현재의 감정을 과거의 감정과 연결지어 생각하는 것이다. 과거로 돌아가서 그때의 감정을 되살려 해소해야 현재의 감정을 다스릴 수 있다.

과거의 감정을 다스리는 것이 현재의 감정을 다스리는 것보다 훨씬 더 쉽다. 앞으로 어떤 일이 벌어질지 모를 때 우리는 두려워진다. 하지만 과거에 두려웠던 때를 회상해보면 이미 우리는 그 두려움 후에 어떤 일이 일어났는지를 잘 알고 있다. 비록 과거에는 감정을 해소할 수 있도록 주위에서 도움을 받지 못했지만 지금은 그런 도움을 받았다고 상상만 하면 된다. 이렇게 하면 과거에 입었던 감정의 상처는 쉽게 치유할 수 있다.

감정을 다스리는 네 번째 방법은 나의 고통 대신 남의 고통으로 관심을 돌리는 것이다. 자신의 고통에 너무 깊이 빠져 있으면 그 고통에 대해 제대로 파악하지 못해서 거기서 벗어나지 못할 때가 있다. 그저 고통스럽다는 생각만 하게 된다. 이럴 때 비슷한 고통을 겪는 사람들을 만나면 자신의 고통을 제대로 파악할 수 있다. 이것은 감정을 다스리는 네 가지 방법 중 가장 쉬운 것으로, 심리치료에서는 오래 전부터 이 방법을 활용해왔다. 비슷한 고통을 겪는 사람은 주위에서뿐만 아니라 문학작품이나 영화, 연극, 아니면 노래나 텔레비전 드라마에서도 쉽게 찾을 수 있다.

친구나 비슷한 고통을 겪는 사람들과 함께 모여 이야기를 나누면 고통에서 벗어나기가 한결 쉬워진다. 그렇다고 해서 자신의 고통을 완전히 잊어버리라는 얘기는 아니다. 다른 사람의 아픈 사정을 듣고 그들과 함께 웃고 울면서 고통을 나누다 보면 자신의 감정이 선명하게 느껴지면서 비로소 해소할 수 있게 된다.

다스려야 할 감정을 찾지 못하는 이들에게는 이 네 번째 방법이 자신의 감정을 제대로 파악하는 데 가장 직접적인 방법일 수 있다. 강연회를 할 때 강단에서, 한 사람을 대상으로 부정적인 감정을 파악하고 해소하는 방법을 실행하다 보면, 모여 있던 청중들도 어느새 저절로 감정을 다스리는 과정을 따라하게 된다. 다른 사람이 감정을 다스리는 것을 지켜보면서 자신도 오랫동안 잊고 있던 감정이 되살아나 그것을 해소하게 되는 것이다. 감정을 다스리는 사람을 도와주고 곁에서 지켜보기만 해도 그 과정에 동참하게 된다.

첫 번째 방법—감정을 바꾼다

사람들은 화가 나면 즉시 그 부정적인 감정을 긍정적인 것으로 바꾸려고 한다. 화가 났을 때 쉽게 화를 풀지 못하는 이유가 바로 여기에 있다. 화를 너무 빨리 풀어버리려고 하기 때문이다.

감정의 균형을 찾을 줄 모르는 상태에서 부정적인 감정에 사로잡혔다면 다른 감정을 느끼기가 쉽지 않다. 하지만 열두 가지의 기본적인 감정에 대해 제대로 알고 있다면 어떤 감정에 사로잡혀 있건 거기서 빠져나오기란 그리 어렵지 않다. 열두 가지의 기본적인 감정을 이해하는 것은 자전거 타는 법을 배우는 것과 같다.

감정의 균형을 잡기 위해 알아야 할 열두 가지 부정적인 감정은 다음과 같다.

- 화난다.
- 슬프다.
- 두렵다.
- 후회스럽다.
- 절망에 빠졌다.
- 실망했다.
- 걱정된다.

- 당황스럽다.
- 질투가 난다.
- 가슴이 아프다.
- 무섭다.
- 창피하다.

화가 좀처럼 가라앉지 않으면 무엇 때문에 화가 났는지 천천히 생각해보자. 그런 다음 슬프지 않은지 스스로에게 물어보자.

분노는 어떤 일이 일어났기 때문에 생기는 감정이다. 하지만 슬픔은 어떤 일이 일어나지 않았기 때문에 생기는 감정이다. 슬픔에 대해 생각하면 그 즉시 분노는 가라앉기 시작한다. 그러면 부정적인 감정들이 서로 균형을 이루게 되고 기분이 한결 나아진다.

마찬가지로 슬픔에 빠졌을 때는 두려운 일은 없는지 생각해보자. 일어나지 않은 일에 신경쓰는 것은 '일어날 수도 있는 일' 때문에 마음 깊은 곳에서 두려워하고 있기 때문이다. 두려움은 일어날 수도 있는 어떤 일이 일어나지 않기를 바랄 때 생기는 감정이다. 이때도 두려운 일은 없는지 생각하다 보면 마음 깊이 숨어 있던 감정이 겉으로 드러나면서 슬픔을 해소할 수 있다. 이렇게 진행해나가다가 끝으로 창피하다는 생각(열두 번째 감정)에 사로잡혀 있을 때는, 열두 가지 감정의 첫 단계로 돌아가 화가 나지는 않았는지(첫 번째 감정) 생각해보면 된다.

그런데 가끔씩은 감정을 완전히 해소하려면 열두 가지 감정의 단계에서 둘 또는 세 개의 단계까지 넘어가야 하는 때도 있다. 감정이 쉽사리 해소되지 않을 때는 나도 이 같은 방법을 쓴다. 그래서 화가 나면 우선 화난 이유에 대해 목록을 만들고 슬픔에 대해 생각한다. 그 다음에는 두려운 일에 대해 생각하고 다시 후회스러운 일로 옮겨간다. 이렇게 단계를 바꿀 때는 자신이 바라는 것이나 좋아하는 것, 희망 아니면 필요한 것들을 적어보는 것이 감정해소에 많은 도움이 된다.

여기까지의 과정이 모두 끝났다면 그 다음에는 부정적인 감정을 해소한 후 저절로 떠오르는 긍정적인 감정들을 적어야 한다. 사랑과 이해심, 믿음, 고마움 같은 감정에 대해 적어보도록 하자. 이렇게 떠오른 감정들을 적는 것을 '감정의 편지'라고 한다.

열두 가지의 기본적인 감정들 중에서 무엇부터 시작해야 할지 모를 때는 어떻게 해야 할까? 그럴 때는 감정을 세분하려고 하지 말고 하나의 덩어리로 생각해도 괜찮다. 이렇게 말이다.

- ◆ 제 1 단계 : 나는 화난 것 같기도 하고 좌절한 것 같기도 하고 질투가 난 것 같기도 하다.
- ◆ 제 2 단계 : 나는 슬픈 것 같기도 하고 실망한 것 같기도 하고 마음에 상처를 입은 것 같기도 하다.
- ◆ 제 3 단계 : 나는 두려운 것 같기도 하고 걱정되는 것 같기도 하고 무서운 것 같기도 하다.
- ◆ 제 4 단계 : 나는 후회스러운 것 같기도 하고 당황한 것 같기도 하고 창피한 것 같기도 하다.

이렇게 단계를 작게 줄여놓은 다음에는 자신이 어떤 단계에 속하는지 찾아보자. 여러 가지 감정을 느끼고 있다면 어디에서 시작해도 상관없다. 그런데 단계를 줄였는데도 어디에서 시작해야 할지 모르겠다면 '틀린 단계를 고를지 몰라 두렵다'는 상황이므로 제'3'단계부터 시작하면 된다.

감정의 단계를 선택한 후에는 그러한 감정에 대해 적어본 뒤 다음 단계로 넘어가도록 하자. 네 번째 단계에서 시작했다면 후회나 당황스러움 또는 창피함에 대해 깊이 생각해본 다음 첫 번째 단계로 넘어가면 된다.

이런 식으로 부정적인 감정의 단계들을 넘나들다 보면 가슴에 담고 있던 부정적인 감정이 해소되어 마음이 편해지고 선해진다. 일단 마음이 긍정적으로 변하면 그때 느껴지는 긍정적인 감정들과 자신이 원하는 것을 글로 적어야 한다. 특히 어떤 사람이 되고 싶은지, 일이 어떻게 돌아갔으면 좋겠는지, 그리고 무엇을 하고 싶고 무엇을 갖고 싶은지는 꼭 적어야 한다.

자신의 감정을 글로 표현하는 과정을 완전히 마무리지으려면 '응답의 편지'를 쓸 줄 알아야 한다. 그러기 위해서는 자신의 감정을 글로 적은 후 그 글을 읽은 누군가가 어떤 말과 행동을 해야 자기 마음이 편해질 수 있을지를 생각해보아야 한다. 즉 누군가 때문에 화가 났다면 그 대상이 미안하다고 사과하면서 당신에 대해 칭찬하고 당신이 원하는 것을 해주겠다는 편지를 써보냈다고 상상하면서 자신이 직접 응답의 편지를 쓴다.

응답의 편지를 쓰면 자신의 감정에 대해 다시금 생각해보면서 마음의 중심을 잡을 수 있게 된다. 자신을 화나게 한 문제의 그 사람이 실제로는 사과하지 않더라도 단지 사과했다는 상상만으로도 우리는 부정적인 감정을 해소하고 참된 자신으로 돌아갈 수 있다. 이것이 얼마나 효과적인 방법인지는 활용해보기 전에는 알 수 없다. 이 놀라운 방법에 대해서는 제`17`장에서 좀더 자세히 살펴보도록 하자.

두 번째 방법—감정의 대상을 바꾼다

한 가지 감정에 빠져 꼼짝달싹 못할 때, 우리는 대개 다른 부정적인 감정들은 잊어버리고 전혀 엉뚱한 곳에서 해결책을 찾게 된다. 누군가 때문에 화가 났다고 생각되지만 사실은 자기 자신에게 화가 났거나 어떤 일을 두려워하고 있을 수도 있다. 한 가지 감정에 빠져 거기에서 헤어나지 못하는 것은 자신을 괴롭히는 또 다른 대상으로 감정을 전환하지 못했기 때문이다.

예를 들어 지금 당신은 동업자 때문에 화가 났는데 좀처럼 그 화가 풀리지 않는다. 이럴 때는 먼저 그 동업자 이외의 다른 사람 때문에 화가 난 것은 아닌지 또는 다른 일 때문에 화난 것은 아닌지 생각해보아야 한다. 그러다 보면 그 동업자와는 전혀 관계없이 프로젝트가 늦어졌다는 등의 다른 일 때문에 화가 났다는 생각이 들 수도 있다.

일단 화가 난 대상을 바꾸고 나면 감정은 올바른 방향을 잡게 된다. 물론 그런다고 해서 화가 풀리는 것은 아니다. 이 상태에서 화를 풀려면 첫 번째 방법으로 돌아가 슬프거나 실망한 일은 없는지 스스로에게 물어보면서 감정을 바꾸어야 한다.

슬픔이나 실망감을 되찾으면 분노는 저절로 사라지고 마음이 너그러워진다. 그러면 이해의 폭도 넓어진다. 이렇게 해서 마음이 다시 편해지면 그 안에 있던 부정적인 감정들은 대부분 사라진다. 드디어 한 가지 감정에 빠져 있던 상태에서 벗어나게 된 것이다. 이렇게 하다 보면 자연히 감정을 다스리는 데 적절한 방법과 그렇지 못한 방법들을 구분할 수 있게 되고 필요한 때에 적절한 방법을 선택할 수 있게 된다.

이렇게 감정을 해소하는 법을 반복해서 실행하다 보면 화가 났을 때 화를 내는 그 대상은 단지 빙산의 일각일 뿐임을 알게 된다. 화를 다스리려면 먼저 자신이 진정으로 무슨 생각을 하는지, 자신을 괴롭히는 다른 일은 없는지에 대해 제대로 알아야 한다. 그러면 자신의 힘으로는 도저히 어떻게 할 수 없는 일 때문에 괴로워하는 일은 없을 것이다. 생각이나 태도를 조금만 바꾸면 화를 냈던 대상은 쉽게 바꿀 수 있다.

세 번째 방법—시간을 과거 또는 미래로 바꾼다

두 가지 방법이 다 소용없을 때는 시계바늘을 앞뒤로 움직여보자. 먼저 시계바늘을 뒤로 돌려서 과거로 돌아가보자. 현재 벌어지는 상황을 과거의 상황과 연결지어 생각해보면 의외로 쉽게 문제를 해결할 수도 있다.

화가 나 있는 상태에서는, 현상황을 제대로 이끌어가기 위해 계속 화를 내야 한다고 생각하기 때문에 쉽게 감정을 해소하지 못한다. 그리고 상실감에 빠져 슬픈 상태라면, 미래에 이 상실감을 해소시켜줄 일이 벌어진다는 확신이 없으므로 쉽게 슬픔에서 벗어나지 못한다. 두려운 상태라면 앞으로 어떤 일이 벌어질지 모르기 때문에 계속 두렵다. 하지만 과거에 두려웠던 한때를 떠올려보면 그 뒤에 벌어진 일들이 두려워했던 것만큼 끔찍하지도 않았고, 오히려 상황이 더 나아진 적도 있었음을 잘 알기 때문에 두려움을 쉽게 해소할 수 있다. 이렇게 현재의 감정을 과거의 감정과 연결지어 생각하면 거기에서 벗어나기가 훨씬 쉬워진다.

굉장히 화가 났는데 한참 뒤에 생각해보면 그렇게 화낼 일이 아니었다는 생각이 들었던 때가 있다. 최악의 상황이 벌어질 거라고 두려움에 떨고 있었는데 그 일이 일어나지 않았던 때도 있다. 설령 최악의 상황이 벌어졌더라도 언젠가는 문제가 해결되고 그 상황에서 벗어나게 된다. 현재의 감정을 해소하기 위해 과거를 떠올리는 이유가 바로 여기에 있다.

어쨌든 현재와 같은 감정을 가졌던 과거의 한때를 떠올렸다면, 그다음으로 할 일은, 머리는 현재 성인인 상태 그대로지만 마음은 그 당시로 돌아가 감정을 처리하는 것이다. 우리는 앞에서 자신의 감정에 대해 글을 쓰고 그에 대해 응답의 편지를 쓰는 법을 살펴보았다. 여기에서 필요한 것이 바로 응답의 편지다. 우리는 각자 필요한 만큼의 사랑으로 스스로를 감싸안아야 한다. 자기 자신에게 사랑을 받으면 무력감이나 버림받았다는 느낌에서 벗어나 마음이 평온해지고 자신이 누구인지를 제대로 알게 된다. 이렇게 응답의 편지를 활용하면 부정적인 감정에서 벗어나는 데 많은 도움이 된다.

그런데 과거에 해결되지 못한 채 묻어두었던 감정들은 그 모습을 분명하게 드러내지 않는다. "안녕하세요. 나는 당신이 어렸을 때 친척집에 맡겨지면서부터 생긴 두려움이라는 감정이랍니다"라면서 나타나는 감정이란 없다. 그래서 과거를 떠올렸을 때 그 당시의 감정을 제대로 파악하지 못하는 경우가 많다.

두렵기는 한데 무엇이 두려운지 모를 때가 있다. 별일 없는데도 괜히 슬프거나 걱정스러울 때가 있다. 갖고 싶은 것을 모두 가지고 있으면서도 괜히 남이 부럽고 질투 날 때도 있다. 이런 식으로 종종 지나치게 감정을 부풀려서 느낄 때가 있다. 이런 감정들은 매우 부정적이어서 남에게 털어놓기가 쉽지 않다. 그래서 속으로 억누르게 된다. 하지만 속으로 억누르지 말고 그와 비슷한 감정들을 느꼈던 과거의 한때를 떠올려보자. 그리고 지금의 그 감정을 과거의 그 시기에 표현했다고 생각해보자.

머리가 다스리는 이성은 사업상 문제를 겪을 때 행복하거나 기뻐하지 못하게 하고, 오랫동안 슬퍼하거나 절망에 빠지도록 허락하지도 않는다. 남녀문제와 인간관계에 대한 워크숍과 세미나를 처음 시작할 때만 해도 나는 이 일에서 과연 성공을 거둘 수 있을지 자신이 없었다. 자연히 일이 제대로 진행되지 않을 때마다 몹시 화가 났다.

하지만 이제는 화가 나면 그 감정을 일이 잘 진행되지 않아 화가 났던 과거의 한때와 연결짓는다. 그러면 내 머리는 마음이 화를 낼 수 있도록 허락해준다. 이렇게 머리의 허락을 받았는데도 화나는 감정을 충분히 느낄 수 없으면 나는 이 감정을 좀더 깊이 느끼기 위해 더 먼 과거로 돌아간다.

더 먼 과거로 돌아갈수록 우리는 부정적인 감정을 더 깊이 느껴도 좋다는 허락을 받게 된다. 나이가 어릴수록 이성적으로 생각할 책임이 줄어들기 때문이다. 따라서 감정은 더욱 격렬해진다.

더 먼 과거로 돌아갈수록 부정적인 감정을 더 깊이 느낄 수 있다

아기는 부모를 떠나 남의 손에 맡겨지면 숨이 넘어갈 듯이 울어댄다. 아기는 아직 부모가 다시 돌아온다는 것을 이해할 만큼 머리가 성장하지 못한 상태이다. 그래서 부모가 돌아오지 않을지도 모른다는 두려움 때문에 그토록 심하게 울어대는 것이다. 아기가 미처 깨닫지 못한 이 사실은 우리가 자라면서 꼭 배워야 할 중요한 점이다.

사랑을 베푸는 대상이 잠시 우리 곁을 떠나도 그 사람은 반드시 다시 돌아온다. 그러므로 우리는 안심하고 그를 기다릴 수 있다. 이런 사실을 배우면서, 그리고 어린 시절에 배워야 할 다른 많은 사실들을

배우면서 우리는 수많은 감정의 변화를 겪게 된다.

현재의 감정을 과거와 연결지을 때는 그 감정을 느낄 수 있는 상황도 함께 준비해야 한다. 어떤 감정을 느끼기에 합당한 이유를 찾지 못하면 그 감정을 제대로 느낄 수 없기 때문이다. 현재의 감정을 과거와 연결 짓는 법을 배우고 나면 과거에 제대로 치유하지 못했던 감정도 모두 발산할 수 있게 된다.

현재의 감정을 비교적 가까운 과거와 연결지었을 때 부정적인 감정이 충분히 되살아나지 않으면 나는 좀더 먼 과거, 여섯 살 무렵 가족의 품을 떠나 친척집에서 일주일간 머물렀던 때로 돌아간다.

당시 우리 가족은 캘리포니아로 여름휴가를 떠났다. 부모님은 우리 형제들 중에 누가 친척집에 가고 싶은지를 물어보셨다. 나는 그 친척집이 디즈니랜드 근처에 있다는 말을 들었으므로, 내가 가겠다고 대답했다. 어린 마음에 나는 또래의 사촌들도 놀러올 것이고 그들과 함께 디즈니랜드에 가서 하루 종일 재미있게 놀고 나면 그날 저녁에는 집으로 다시 돌아올 수 있을 것이라고만 생각했다. 그런데 친척집에 가보니 내 또래의 아이들은 아무도 오지 않았다. 게다가 디즈니랜드에는 가지도 않았고, 나는 그 집에서 일주일이나 머물러 있어야 했다. 그 동안 나는 다시는 집에 가지 못할지도 모른다는 생각에 내내 두려움과 슬픔에 빠져 있었다.

나는 지금도 슬프거나 두려운 생각이 들면 당시의 기억을 더듬어 본다. 현재의 감정을 과거와 연결지어야 할 때면 부정적인 감정을 깊이 느낄 수 있는 상황을 설정해야 한다.

화는 나는데 도대체 무엇 때문에 화가 나는지 모를 때가 있다. 그럴 때는 화가 난 이유가 현재 상황과 관련이 없는 경우가 많다. 이런 경우에 자신의 감정을 똑바로 느끼고 그것을 해소하기 위해서는 그 감정을 제대로 느낄 수 있는 상황을 마련해야 한다. 이때 가장 좋은 방법이 바로 시계바늘을 거꾸로 또는 앞으로 돌리는 것이다.

현재의 감정을 제대로 느끼고 발산할 수 있는 상황을 만들지 못하면 우리는 그 감정들을 당연시하게 된다. 원하는 삶을 살지 못하는 것은 과거를 그대로 반복하기 때문이다. 즉 순간순간 닥쳐오는 감정들을 회피하거나 그 감정들을 제대로 처리하지 못하기 때문인 것이다. 과거를 직시하고 그 당시에 필요했던 사랑 탱크를 계속 채워가지 않으면 그 과거는 현재가 되어 또다시 반복된다. 그리고 발산해야 할 감정들을 제대로 처리하지 않으면 또다시 그 감정들을 당연한 것으로 받아들이게 된다.

나는 이런 현상을 몇 년 전에 처음으로 알게 되었다. 당시 나는 누군가를 기다리면서 서성거리고 있었다. 마음 한편에서는 이미 슬슬 화가 나고 있었지만 그만한 일로 화를 내서는 안 된다는 마음이 더 컸다. 바로 그때 놀라운 일이 벌어졌다. 나는 갑자기 부엌 싱크대로 달려가 손을 씻기 시작했다. 그러면서 수도 손잡이를 뜨거운 물이 나오는 왼쪽으로 돌렸다. 점점 더 뜨거운 물이 쏟아져나왔다. 물에서는 김이 펄펄 났지만 그런 건 조금도 신경쓰지 않았다. 그러는 동안 내 마음은 한없이 편안해졌다. 그리고 내가 무슨 짓을 하는지 미처 생각할 겨를도 없이 그 물에 손을 담갔다. 그러고는 이내 소리를 지르며 물에서 손을 뺐다.

그 일로 인해 손을 조금 데기는 했지만 기분은 많이 좋아졌다. 감추어두었던 고통스러운 감정을 발산할 기회를 무의식적으로 만든 것이었다. 펄펄 끓을 정도로 뜨거운 물 덕분에 나는 고통을 느낄 수 있었다. 그 결과 손은 데었지만 고통을 느껴야 했던 마음은 많이 편해졌다.

그 일을 통해 나는 우리가 겪는 모든 일은 스스로 자신에게 끌어들이거나 스스로 그 속으로 뛰어든다는 것을 알게 되었다. 전혀 원치 않는 상황에 처하게 되더라도 그것은 우리 영혼이 부정적인 감정을 느끼고 해소하기 위해 유도한 상황이라는 것도 알게 되었다. 깊이 감추어두었던 고통을 밖으로 끄집어내어 제대로 느끼기 전까지는 참된 자신을 되찾을 수 없다.

감정 증폭시키기

현재의 감정을 해소하기 위해서는 과거를 돌아보기만 할 것이 아니라 미래를 내다보아야 할 때도 있다. 몹시 화가 났는데 화를 풀 길이 없을 때 생각을 조금만 바꾸면 상황은 크게 달라질 수 있다. 잠시 동안 모든 상황이 더 악화된다고 상상해보자. 현재 화가 나는 상황들이 계속 이어지고, 벌어지지 않기를 바랐던 최악의 상황들이 벌어진다고 상상해보자. 앞으로 그런 일들이 벌어진다고 상상하면서 지금의 감정으로 다시 돌아와보자.

이런 식으로 상상을 통해 시계바늘을 미래로 돌리기만 해도 숨겨진 감정이 겉으로 나타나는 상황을 만들 수 있다. 이렇게 해서 감정들이 겉으로 드러나면 그것들을 과거와 연결지어보자. 그런 다음 첫 번째 방법으로 돌아가 부정적인 감정들을 해소하면 된다. 이런 방법을 '감정 증폭시키기'라고 부른다.

잭은 업무 발표회 때문에 신경이 곤두서 있었다. 발표회를 며칠 앞두고는 불안해서 잠도 제대로 잘 수 없었다. 그러다가 참된 행복을 위한 워크숍에 참석하면서부터 미래를 통해 두려움을 해소하는 법을 알게 되었다.

먼저 잭은 발표회에서 벌어질 수 있는 모든 최악의 상황을 목록으로 만들었다. 그리고 잘못될 수 있는 상황을 모두 상상해보았다. 벌어질 수 있는 최악의 상황에 대한 목록을 써내려가다 보니 마음이 한결 편해졌다. 하지만 두렵기는 매한가지였다. 그는 우선 전혀 말도 안 되는 내용을 발표하는 광경을 상상해보았다. 농담을 했는데 아무도 웃지 않는 상황도 상상해보았다. 자신의 제안들이 기대치 이하이어서 아무도 호응하지 않고, 또 다른 기회를 얻지 못해 그대로 해고당하는 상황까지도 상상해보았다.

이런 식으로 자신이 느끼는 두려움을 정면에서 바라보니 슬프기도 하고 가슴이 아프기도 하면서 실망스러움이 밀려왔다. 여기까지 감정을 유도한 잭은 이 감정들을 오래 전 아무 준비 없이 사람들 앞에서 이야기를 했다가 크게 망신당했던 과거에 연결지었다. 첫 번째 방법을 동원하여 현재의 감정들을 과거와 연결시킨 것이다.

이렇게 하자 잭은 불안한 마음에서 벗어나게 되었다. 이런 불안과 두려움은 지금도 종종 되살아난다. 하지만 이제는 거기서 벗어나는 방법을 알고 있으니 잭은 더 이상 걱정할 필요가 없다.

네 번째 방법—자신의 고통이 아니라 타인의 고통에 관심을 돌려라

억눌렀던 감정을 밖으로 끄집어내서 부정적인 감정을 해소하기 위한 네 번째 방법은 남에게로 관심을 돌리는 것이다. 자신의 고통 대신 다른 사람의 고통에 관심을 갖는 것이다. '나'에게서 '남'으로 관심을 돌리면 자신의 고통에서 벗어날 수 있기 때문에 결과적으로 그 고통을 해소할 수 있게 된다.

영화를 보면서 괜히 감정이 복받쳐 눈물이 날 때가 있다. 그러면 내 일도 아닌데 왜 눈물이 날까 의아해지는데, 그것은 영화의 장면에서 흐르는 것과 비슷한 감정을 과거에 느낀 적이 있었기 때문이다. 영화 속의 장면이 자신이 과거에 제대로 해소하지 못하고 묻어두었던 감정을 겉으로 끄집어낸 것이다. 다시 말하면 감정이 자극을 받은 것이다.

이런 경험을 하기 위해서는 그냥 집에서 비디오를 보는 것도 괜찮다. 하지만 극장에서 비슷한 감정을 느끼는 다른 많은 사람들과 함께 영화를 보면 더 큰 효과를 얻을 수 있다. 책을 읽으면서도 이와 비슷한 경험을 할 수 있다. 다른 사람의 고통과 기쁨을 함께 나누다 보면 자신의 고통과 기쁨을 더 절실히 느낄 수 있다. 텔레비전 드라마가 인기 있는 이유가 바로 여기에 있다. 그 안에서는 많은 사람들이 우리가 실제 생활에서 겪는 것과 같은 문제들로 괴로워하고 또 행복해 한다. 물론 텔레비전 속의 상황이 현실보다 더 극적이기는 하지만 그들의 모습을 보면서 우리는 자신의 감정에 좀더 깊이 다가가게 된다.

실제 생활에서는 부정적인 감정을 느끼면 가급적 억누르게 되지만, 영화나 소설 또는 연극에서는 그런 감정을 극대화시켜서 표현한다. 그리고 우리는 그 안에 흐르는 감정을 함께 느낀다. 다른 사람이 느끼는 고통과 기쁨을 함께 나누고 그 해결책을 찾아가면서 자기 안의 감정을 해소하게 되는 것이다.

음악이나 노래를 통해서도 같은 경험을 할 수 있다. 고전음악 작곡가들은 기쁨이나 구원, 희망, 절망, 분노, 배신감과 같은 극단적인 감정들을 음악에 담아 극적인 분위기로 표현한다. 그래서 고전음악은 상당히 감정적이다. 이런 식으로 감정을 표현하는 것은 시인이나 작사가들도 마찬가지다.

나는 워크숍을 할 때 참가자들이 감정을 제대로 발산할 수 있도록 여러 가지 음악을 활용한다. 한 편의 멋진 영화를 완성하기 위해 필요한 많은 요소 중에서 빼놓을 수 없는 것이 바로 음악이다. 음악만으로도 우리는 앞으로 비극적인 일이나 위험한 일이 벌어지리라는 것을 미리 알 수 있다. 또 음악만 듣고도 앞으로 모든 일이 잘될 것임을 알고 마음을 놓기도 한다.

나에게서 남에게 관심을 돌릴 수 있는 또 다른 방법으로는 '같은 경험을 가진 사람들의 모임'을 들 수 있다. 이런 모임에 참여하여 경험을 공유하고 다른 사람의 고통을 이해하며 치유해주다 보면 어느새 자기 안의 고통이 밖으로 드러나면서 사라지게 된다. 과거의 감정을 되살리는 것이 쉽지 않은 사람들은 이런 모임이나 워크숍에 참가하면 많은 도움을 받을 수 있다. 자신의 감정을 밖으로 끄집어내어 제대로 느낄 수 있는 능력은, 그렇게 할 줄 아는 사람들 틈에 있을 때 더욱 큰 힘을 발휘하게 된다.

앞에서 살펴본 네 가지 방법만 익히고 나면 더 이상 마음속에 감추어진 감정 때문에 고민하지 않아도 된다. 이제부터는 그 어떤 부정적인 감정이라도 발산할 수 있다. 이 방법들만 익히면 우리는 새로운 '자전거'를 타고 어디든 원하는 곳으로 달려갈 수 있다.

욕망이 문을 두드리면
열정으로 응답하자

how to get what you want and want what you have

　참된 행복을 얻는 비법은 자신에게 솔직해지면서 계속해서 더 많은 것을 갖고 싶어하는 데 있다. 그저 행복하기만 한 것으로는 참된 행복을 얻을 수 없다. 더 많이 갖고 싶다는 욕망이 함께 있어야 참된 행복을 이룰 수 있다. 욕망은 곧 힘이다. 더 많이 갖고 싶다고 원해야 그것을 얻을 수 있다. 많은 것을 바라지 않는 사람들 중에는 자신이 그런 것을 바라서는 안 된다고 생각하는 이들이 있다. 때로는 많은 것을 바라면서도 실제로 그것을 얻으려고 노력하지 않는 사람들도 있다.

　외적인 성공이나 물질적인 성공을 추구할 때는 모든 노력을 기울여야 한다. 성공하지 못했을 때 크게 낙심하는 한이 있더라도 일단은 최선을 다해야 한다. 그리고 실패한 다음에도 낙심한 마음을 훌훌 털어버릴 줄 알아야 참된 행복을 누릴 수 있다. 물질적인 성공을 추구하다 보면 어쩔 수 없이 좌절이나 실망, 걱정 같은 부정적인 감정들을 경험하게 된다. 하지만 그럴 때라도 우리는 끊임없이 기쁨과 사랑, 자신감 그리고 평화를 추구해야 한다.

　참된 행복을 이룬 사람들 중에는 처음에는 보잘것없는 위치에서 시작한 사람들이 많은 이유가 바로 여기에 있다. 이들 중에는 어린 시절을 아주 가난하게 보낸 사람도 있고 고아로 자란 사람도 많다. 이들은 힘든 과거를 통해 적게 가지고도 행복해질 수 있는 법을 배웠고 그러면서도 항상 더 많이 가지려고 노력했다. 그 덕분에 참된 행복을 얻게 된 것이다.

더 많이 갖고 싶어하면서 동시에 현재 자신이 가진 것에
감사할 줄 알아야 성공적인 삶을 살 수 있다

그런데 성공을 거두거나 원하는 것을 손에 넣자마자 갑자기 활기를 잃고 몰락의 길로 빠져드는 사람들도 있다. 이런 사람들은 우리가 흔히 말하는 '성공한 인생'을 거머쥔 순간부터 더 이상 성공이나 행복을 누리지 못한다. 왜냐하면 더 많이 갖고 싶다는 욕망을 잃어버렸기 때문이다. 그래서 그나마 이루어놓은 성공도 지키지 못하고 천천히 또는 급작스럽게 몰락하게 되는 것이다.

이렇게 모든 것을 잃어 바닥까지 추락하고 난 후에 다시 성공을 향해 재도약하는 사람들도 많다. 더 많은 것을 바라는 욕망과 성공을 향한 욕심이 되살아난 것이다. 실패로 인한 아픔을 털어버리고, 조금만 가지고도 행복해질 수 있다는 것만 다시 깨닫고 나면 성공의 씨앗을 싹틔울 기름진 밭은 얼마든지 다시 일굴 수 있다.

모든 것을 잃어버리는 아픔을 겪고 나면 물질적인 성공에 대한 욕망은 한층 더 강해진다. 그리고 자신이 가진 것을 다시 소중히 아끼게 된다. 이러한 마음에 성공을 향한 욕망이 더해지면 성공의 물결은 다시금 밀려오게 되어 있다. 하지만 참된 행복의 비법을 아는 사람은 이렇게 바닥까지 추락하는 아픔을 맛보지 않아도 된다. 자기 안의 부정적인 감정을 제대로 느끼고 그것을 해소할 줄만 알면 모든 것을 잃

지 않고도 더 많이 갖고 싶다는 열정을 되찾을 수 있다.

물질적인 성공의 비법은 욕망

물질적인 성공의 비법은 '욕망'이다. 자신이 무엇을 원하는지 똑바로 알고, 열렬히 원하면서 그것을 얻을 수 있다는 믿음만 가지면 된다. 성공의 힘은 열정과 믿음, 욕망에서 나온다. 자기가 원하는 것을 항상 생각하면서 그것을 얻기 위해 노력하면 세상은 당신의 뜻에 따라 움직이게 되어 있다.

목표를 분명히 세우고 그것을 이루겠다는 각오로 노력하면 성공을 향한 욕망은 더욱 강해진다. 어떤 어려움이 있어도 이루고 말겠다는 마음가짐과 이루어낼 수 있다는 믿음 그리고 성공에 대한 뜨거운 열망이 있어야 한다. 성공하고 싶은 욕망이 강하면 그것을 이루기 위해 어떻게 해야 할지는 저절로 머리에 떠오른다. 또한 반드시 성공할 수 있다는 믿음도 생긴다. 원하는 것을 얻기 위해 노력하다 보면 성공할 수 있다는 믿음은 저절로 강해진다. 스스로 자신을 믿지 않는 한 세상은 당신을 믿어주지 않는다.

물질적인 성공의 비법은 열정과 믿음 그리고 욕망에 있다

성공한 사람들의 대부분은 실패와 좌절을 딛고 일어선 이들이다. 그들은 성공하기까지 수없이 실패했고 배신당했고 또 뒤로 물러서야 했다. 더 큰 것을 생각하거나 더 많은 것을 바라는 사람은 그만큼 더 큰 역경을 불러오게 되어 있다. 하지만 더 큰 역경이 닥쳐도 인내와 끈기를 갖고 꿈을 이루겠다는 의지만 버리지 않는다면 성공은 반드시 찾아온다. 로마는 하루아침에 세워진 것이 아니라는 말이 있듯이 원하는 것을 얻으려면 많은 시간이 걸린다. 그런데 시간보다 더 중요한 것이 바로 '열정'이다.

원하는 것을 이루기 위한 또 하나의 비법이 바로 열정이다. 중요한 것은 어떻게 행동하느냐가 아니다. 그보다는 무엇을 원하는가, 그것을 얼마나 열렬히 원하는가, 그것을 얻을 수 있다는 믿음이 얼마나 강렬한가이다.

성공하기 위해서 꼭 필요한 행동들이 있다. 이런 행동들이 반드시 고통스러울 필요는 없다. 기진맥진할 정도로 힘든 것일 필요도 없다. 성공하기 위해 필요한 행동은 성공을 이룰 수 있다는 믿음에 힘을 실어주는 역할만 할 뿐이기 때문이다.

스스로 자신을 믿을 때라야 세상은 당신을 믿어주고 당신의 소망에 응답해준다

위험이 따르는 것을 알면서도 목표를 정하고 추구할 때, 그래서 미지의 세계로 용감하게 뛰어들 때 자신에 대한 믿음과 원하는 것을 얻을 수 있는 가능성은 커지게 마련이다. 그런데 할 수 있다는 믿음과 자신감을 발휘하는 법만 알고 있다면 굳이 자신을 극단으로 몰고 갈 필요는 없다. 자기 안에 감춰진 믿음과 자신감을 찾아낼 줄만 안다면, 성공하기 위해 굳이 힘든 길을 택하거나 위험을 감수하지 않아도 된다.

할 수 있다는 자신감이나 믿음이 없을 때 사람들은 능력 이상의 일을 하려고 자신을 지나치게 몰아붙인다. 원하는 것을 얻지 못해 그것을 얻으려고 지나치게 노력하다가 결국은 지쳐 쓰러지는 이들도 있다. 지나칠 정도로 목표에 매달리고 자기 자신을 학대한다고 해서 성

공할 수 있는 것은 아니다. 오히려 성공에서 멀어질 뿐이다. 마음에는 신경을 쓰지 않고 성공을 위해 오로지 '몸'만 움직이다 보면 원하는 것을 얻을 수 있다는 믿음은 점점 멀어진다.

성공을 위해 '몸'만 움직이다 보면
원하는 것을 얻을 수 있다는 믿음은 점점 멀어진다

때로는 완전히 지쳐 쓰러진 후에야 비로소 성공을 거두는 사람들도 있다. 이런 사람들은 성공을 위해 할 수 있는 일은 뭐든지 한다. 자신이 가지고 있는 모든 것을 쏟아붓는다. 더 이상 아무것도 남은 것이 없을 때까지 성공을 향해 자신을 내몬다. 그러고는 결국 지쳐 쓰러져 모든 것을 포기해버린다. 이 지경에 이르면 사람은 신에게 매달리게 된다. 이제야 마음을 비워 자신이 가진 것에 감사하게 된다. 그러면 또다시 강한 열망이 밀려와 성공을 빚어내는 연금술을 얻게 된다.

에디슨은 자신의 천재적인 발명품들에 대해 99퍼센트의 땀과 1퍼센트의 영감으로 이루어진 것이라고 말했다. 에디슨 역시 발명을 하기 위해 할 수 있는 일은 무엇이든 다 해보았을 것이다. 실패를 거듭하고 모든 것을 포기하면서 마음을 비웠으리라. 그리고 바로 그 순간 천재적인 영감이 찾아왔을 것이다. 해결책을 찾기 위해 온갖 방법을 다 동원하고, 알고 있는 모든 것을 다 실험해보고 나서도 일이 뜻대로 되지 않아 포기했을 때, 그제야 해결책이 떠오른 것이다. 할 수 있는 모든 시도를 다하는 것으로 에디슨은 성공에 대한 자신의 믿음을 드러냈다. 그리고 포기하지 않고 끝까지 매달림으로써 자신의 열정에 불을 붙여 마침내 놀라운 발명을 이루어냈다.

열정은 한번 불이 붙으면 커다란 성공을 불러온다

참된 행복을 위한 비법을 활용할 때 미리 알아두어야 할 것들이 있다. 먼저 자신을 극단으로 몰고 가지 않고도 열정을 느낄 수 있는 방법을 배워야 한다. 몇 번이고 똑같은 시행착오를 반복하지 않고도 성공에 대한 믿음을 갖고 있다는 것을 증명할 방법도 배워야 한다. 바닥까지 추락해서 깊은 좌절을 맛본 후에 다시 성공을 향해 도약하는 극단적인 경험을 하지 않고도 성공을 계속 유지할 수 있는 방법도 배워야 하고, 원하는 것을 얻을 수 있는 자기 안의 숨은 능력을 찾아내는 방법도 배워야 한다.

마음이 원하면 도움을 얻을 수 있다

자신을 한계상황으로 몰고 가면 부정적인 감정이 밀려오면서 한계에 다다랐음을 느끼게 된다. 한계상황이란 긍정적인 감정을 갖지 못하는 상태를 의미한다. 한계상황까지 가서 더 이상 앞으로 나아갈 수 없게 되면 우리는 모든 것을 포기하고 마음을 비운 채 신이나 강력한 어떤 존재에 의지하게 된다. 이 강력한 어떤 존재를 무엇이라고 부르든 그것은 당신의 자유다. 종교가 있는 사람이라면 그 존재를 자신이 믿는 종교의 신으로 받아들여도 된다. 무신론자이거나 불가지론자라면 그 존재를 자기 안에 잠재된 능력으로 생각해도 괜찮다.

그 존재를 무엇으로 생각하든, 일단 자신이 할 수 있는 건 모두 다 해본 후에 포기하고 마음을 비우면 그때부터 자신이 원하는 것을 얻게 된다. 원하는 것이 이루어져도 그만, 안 이루어져도 그만이라는 안일한 마음상태로 쉽게 포기해도 원하는 것을 얻을 수 있다는 뜻은 아니다. 원하는 것이 있으면 온 마음을 다해 열정적으로 그것을 원하고, 또 그것을 얻을 수 있다는 자신감을 가져야 한다.

자신은 원하는 것을 얻을 수 있을 만큼 운이 좋다거나 신이 자신을 도와준다고 믿으면 성공은 그만큼 더 쉬워진다. 신에게 도움을 청하고 그 도움을 얻어내는 법을 배우고 난 후, 나는 스트레스를 덜 받고도 훨씬 더 많은 것을 이룰 수 있게 되었다. 원하기만 하면 언제든 도움을 받을 수 있다는 것을 안 뒤부터 내 삶이 변한 것이다.

모든 것을 자기 혼자 하지 않아도 된다는 것만 알면 한결 마음이 편안하고 느긋해진다. 규칙적인 명상이 필요한 이유가 바로 여기에 있다. 15분 정도 시간을 들여 모든 것을 자기 혼자서 할 필요가 없다고 생각하며 명상을 하면 그날 하루를 제대로 계획할 수 있다. 자기 혼자 모든 일을 책임지고 떠맡을 필요는 없다. 우리는 원하면 언제든지 도움을 받을 수 있다.

> 15분 정도 명상을 하면서 필요하면 언제든 도움을 받을 수 있다고 생각하면 하루를 제대로 계획할 수 있다

매일 조금씩 시간을 내어 명상을 하지 않으면 나는 금세 모든 일을 혼자 해야 한다는 생각에 빠지곤 한다. 하지만 다시 규칙적으로 명상을 하면 이 모든 책임감에서 벗어나게 된다.

정말로 명상을 통해 무거운 책임감에서 벗어날 수 있는지 궁금하다면 지금 당장 하던 일을 멈추고 작은 실험을 해보도록 하자. 먼저 약 30초 동안 손가락 하나를 앞뒤로 빠르게 움직여보자. 그 다음에는 처음과 똑같이 손가락을 움직이기는 하되 그 손가락에 대해서는 신경

을 끊도록 하자. 자동차를 운전할 때처럼 말이다. 당신은 맨 처음에만 손가락을 움직이겠다고 생각했을 뿐, 그 다음부터 손가락을 움직이는 것은 그저 몸이 알아서 하는 일이다. 어떻게 해야 손가락이 움직이는가라는 건 생각할 필요도 없다.

당신이 할 일은 '명령을 내리는 일'이다. 당신은 지시만 하면 된다. 자동차를 운전할 때 우리 손으로 직접 엔진을 돌릴 필요는 없다. 차가 움직이도록 뒤에서 밀 필요도 없다. 엔진을 돌리고 앞으로 움직이는 것은 자동차가 알아서 할 일이다. 당신은 그저 자동차 시동을 걸고 핸들만 움직이면 된다.

자동차를 운전할 때는 시동을 걸고 핸들만 움직이면 된다

신이나 강력한 어떤 존재를 만나고 나면 자신은 결코 홀로 버려진 존재가 아니며 언제든 도움받을 수 있다는 것을 알게 된다. 그리고 소망이 이루어지게 해달라고 빌면서 모든 일은 바로 나 자신을 위해 벌어진다는 것도 알게 된다.

우리는 지금껏 그런 사실을 잊고 지내왔다. 하루를 시작하면서 그날의 계획을 세우고, 이 세상이 나의 소망에 응답해준다는 사실을 깨닫고 나면 우리는 더 큰 성공에 대한 자신감을 얻게 된다. 그리고 성공을 위해 자신을 지나치게 몰아붙일 필요가 없다는 것도 알게 된다. 예전 같으면 3년이 걸려야 겨우 이룰 수 있을 것 같던 소망도 단 3개월 만에 이루어낼 수도 있다. 아니, 어쩌면 단 3주일 만에 이루어낼 수 있을지도 모른다.

할 수 있다는 자신감은 자신의 목표가 이루어진다고 믿는 마음이

다. 피아니스트는 손가락 하나하나의 움직임에 신경쓰지 않아도 저절로 피아노를 연주한다. 컴퓨터 자판을 한번 익히고 나면 그 다음부터는 특별히 손가락의 움직임에 신경쓰지 않아도 된다. 손가락이 저절로 알아서 우리가 원하는 글자를 쳐주기 때문이다.

어떤 행동을 할 때 우리가 정말로 하는 일은 머리나 몸 또는 마음에 할 일을 지시해주는 것뿐이다. 그렇다고 해서 이것이 늘 성공적으로 이루어지는 것은 아니다. 참된 자기 자신과 함께하고 있고 자신이 무엇을 원하는지 분명히 알고 있을 때 우리는 머리와 몸이 할 일을 좀더 정확하게 지시할 수 있으며, 또 머리와 몸도 그 지시를 제대로 따를 수 있다. 이 일은 연습을 하면 할수록 자신감이 생기기 때문에 더욱 쉬워진다. 자신감과 해내고야 말겠다는 목표의식은 성공을 향한 열쇠와도 같다.

거룩한 힘을 끌어들여 고통에서 벗어나자

신이나 강력한 어떤 존재에 의지할 수 있다는 사실을 모를 때 우리는 혼자서 모든 책임을 떠맡아야 하는 힘들고 고통스러운 길을 택하게 된다. 위대한 작가나 시인, 발명가 그리고 지도자들은 보통 사람들에 비해 힘들게 살면서 겸손을 배우고 마음을 비워 신이나 다른 어떤 힘에 의지했다. 하지만 참된 행복을 위한 비법만 배우고 나면 그런 위인들처럼 힘들게 살지 않고도 얼마든지 원하는 것을 얻을 수 있다.

참된 자기 자신으로 돌아가 성공하려면 사랑 탱크를 채워야 한다는 것은 이미 앞에서 언급했다. 이런 사실을 알고 있으니 이제부터는 자신이 무엇을 원하는지 정확히 알고, 최선을 다하기만 하면 된다. 그러면 이 세상은 마법에라도 걸린 듯 우리의 소망을 이루어주기 위해 돌아가기 시작할 것이다. 그래서 물질적인 성공을 거두고 나면 우리는 더 이상 아무것도 할 수 없는 상태로 자신을 몰아갈 테고 그런 다음에는 다시 신에게 의지하게 된다.

하지만 신에게 의지하는 것을 좀더 자주, 예를 들어 매일 계속하면서 끊임없이 목표달성을 위해 노력하면 자신을 한계상황으로 몰고 가는 일은 벌어지지 않는다. 신에게 의지한다는 것은 모든 일을 자기 혼자 하지 않아도 된다는 것을 안다는 뜻이다. 즉 자동차를 운전하기 위해 차 밖으로 나가 차를 밀 필요가 없다는 것을 안다는 뜻이다. 자동차를 운전할 때는 운전하는 법만 알면 된다. 물론 신에게 의지한 후에도 우리는 최선을 다해야 한다. 하지만 일단 신에게 의지하고 나면 어떤 존재가 나를 도와준다는 생각에 마음이 한결 느긋해진다.

신에게 의지하면 인생은 훨씬 더 편안해진다

그런데 가끔은 신에게 의지하고도 외적인 성공을 거두지 못하는 사람들이 있다. 이것은 모든 일을 아예 신에게 의지하기 때문이다. 모든 일을 자기 혼자 떠맡는 것도 곤란하지만 모든 일을 무작정 신에게만 의지하는 것도 곤란하다. 성공하기 위해서는 신에게 의지하고 도움을 청하면서 동시에 스스로 노력해야 한다. 무조건 신에게 의지하기만 하면 자기 안의 욕망이나 소망을 잊어버리게 된다. 그래서 뜻하는 대로 일이 이루어지지 않아도 무조건 신만 바라볼 뿐 실망하거나 슬퍼하지 않고 앞일을 걱정하지도 않는다.

원하는 것을 얻으려면 그것을 얻지 못했을 때 생기는 부정적인 감정을 제대로 느끼고 해소할 줄 알아야 한다. 자신이 무엇을 원하는지 제대로 알기 위해서는 부정적인 감정을 느끼고 해소하는 과정이 반드시 필요하다. 열 가지 사랑 탱크가 모두 가득 찼을 때는 우리가 원하는 것이 곧 신이 원하는 것이다. 신이 우리에게 내린 소명을 알기 위해서는 마음을 열고 자신이 무엇을 원하는지 스스로에게 물어보아야 한다. 그때 마음속에 떠오르는 소망을 이루기 위해 노력하면 큰 어려움을 겪지 않고도 원하는 것을 가질 수 있는 힘이 생긴다.

열 가지 사랑 탱크가 모두 가득 찼을 때는
우리가 원하는 것이 곧 신이 원하는 것이다

하늘은 스스로를 돕고 동시에 도움을 청하는 자를 돕는다. 힘을 기울여 노력하고 도움을 청할 때 신은 천사를 보내주거나 거룩한 힘을 내려 우리를 도와준다. 그 도움을 받기 위해서는 명상을 해야 한다. 규칙적으로 명상을 하다 보면 손가락 끝으로 신의 힘이 전해지는 짜릿함을 느끼게 된다. 그러면 이 힘이 온몸으로 퍼지는 것도 느끼게 된다.

하늘은 스스로를 도우며 동시에 도움을 청하는 자를 돕는다

도움이 필요할 때는 언제든 손을 내밀어 거룩한 힘을 받아들이면 된다. 이 거룩한 힘은 우리 안의 능력을 찾아내어 발휘하도록 도와준다. 그런데 모든 것을 신에게 맡겨버리면 원래 자신에게 있던 힘을 잊어버려 손끝으로 힘을 끌어들일 수가 없다. 거룩한 힘은 늘 우리 곁에 있다. 문제는 우리가 이 힘을 자기 안으로 끌어들일 수 있느냐 없느냐에 달려 있다.

긍정적인 생각이 모든 문제를 해결하지는 않는다

긍정적이라고 해서 항상 문제가 해결되는 것은 아니다. 자신의 솔직한 느낌이나 자신이 진정으로 원하는 것은 외면한 채 긍정적인 생각만 하는 것으로는 문제가 전혀 해결되지 않는다. 긍정적으로 생각하거나 행동하는 사람들은 대개 부정적인 감정들을 감추려고 한다. 다른 사람의 기분을 상하게 하고 싶지도 않고 자기 기분이 나빠지는 것도 원치 않기 때문이다. 그래서 자신이 진정으로 원하는 것을 얻지 못했다는 데 대한 고통이나 실망감을 깊이 감춘 채 그저 긍정적이고 좋은 일만 생각하려고 애쓴다.

이런 사람들은 긍정적인 생각이나 긍정적인 감정, 믿음, 선의, 사랑과 친절, 인자함 등을 믿는다. 그리고 깨달음이나 천사, 업보, 운명, 신의 뜻이나 은총 등을 믿는다. 긍정적인 생각과 행동은 사람을 행복하게 만든다. 하지만 원하는 것을 얻고 싶다는 욕망에서 멀어지게 만들기도 한다.

긍정적으로 살고 싶어하는 사람들은 자신도 모르는 사이에 적극적으로 삶을 이끌어갈 수 있는 잠재력을 약화시키게 된다. 뭔가를 얻고자 하는 열망이 식어버려 그저 살아가면서 우연히 얻어지는 것들에 만족해버리는 것이다. 오면 오는 대로, 가면 가는 대로 내버려둔 채 아무런 열의 없이 모든 것을 그저 신의 뜻에 맡겨버린다. 이들에게는 욕망도 없고 자기 주장이라는 것도 없다. 두려움이나 걱정은 환상일 뿐이며 그저 기적이 일어나기만을 바란다. 그리고 이러한 생각을 끊임없이 반복한다. 이들은 모든 것을 받아들이고 사랑하며 자신이 가진 것에 만족할 뿐, 더 많은 것을 바라지 않는다.

현재의 자신에게 지나치게 만족하면 물질적인 성공을 얻을 수 없다

이러한 사람들은 부정적인 감정이 드는 것을 부끄러워하고 죄스럽게 여긴다. 이들이 가진 영적인 신념도 부인할 수 없을 만큼 중요한 것이기는 하다. 하지만 참된 욕망을 깨닫기 위해서는 부정적인 감정을 받아들이는 것 역시 매우 중요하다.

참된 행복을 이루기 위해서는 정신적인 만족감과 아울러 물질적인 성공이 필요하다. 긍정적인 생각이 부정적인 감정을 가로막아서 많이 갖고 싶다는 욕망을 억제하게 내버려두어서는 안 된다. 정말 긍정적으로 생각하고 행동할 수 있으려면 부정적인 감정과 욕망에 대해서도 긍정적으로 생각할 수 있어야 한다.

마법의 별을 찾아서

how to get what you want and want what you have

내 딸 로렌이 '청하면 원하는 것을 얻을 수 있다'라는 의미를 처음 알게 되던 때가 생각난다. 로렌이 다섯 살 되던 해, 우리 가족은 하와이로 여행을 갔다. 그곳에 있는 작은 서점에서 로렌은 '마법의 별'이라 부르는, 별이 가득 들어 있는 상자를 보았다. 딸아이는 그 상자에서 별을 하나 집어들더니 그것이 무엇이냐고 내게 물었다. 나는 그 별을 받아들고 거기에 적힌 설명을 읽어주었다.

'마법의 별을 가슴에 대고 눈을 감은 다음 소원을 빌어라. 그러면 소원이 이루어질 것이다.'

그 말을 듣자 로렌은 신이 난 듯 활짝 웃었다. 마치 일생일대의 대발견이라도 한 듯한 얼굴이었다. 로렌은 마법의 별을 하나만 사달라고 하면서 이렇게 물었다.

"나도 이 별에 소원을 빌어도 돼요?"

나는 그렇게 하라고 대답했다. 함께 해변가를 산책할 때도 딸아이의 얼굴에서는 환한 미소가 사라지지 않았다. 딸아이는 너무도 행복해 보였다. 마법의 별을 가슴에 꼭 안고 딸아이는 소원을 빌었다. 마법의 별에 대고 소원을 비는 것, 로렌에게 그만큼 멋진 일은 아마 처음이었을 것이다.

소원을 빌고 몇 시간이 지나자 아이가 다시 물었다.

"아빠, 소원을 빌었는데 왜 이루어지지 않는 거죠?"

이럴 때는 대체 뭐라고 대답해주어야 할까? 하지만 나는 더 이상 고민할 필요가 없었다. 옆에 있던 아내가 대답을 해주었기 때문이었다.

"마음을 열고 소원을 계속 빌면 그 소원은 반드시 이루어진단다. 그런데 소원을 빌었다고 해서 그 자리에서 당장 이루어지는 건 아니야. 시간이 많이 걸리는 소원도 있거든. 그러니까 인내심을 갖고 꾸준히 기다려보렴."

엄마의 대답이 만족스러웠는지 딸아이는 다시 기대에 찬 밝은 얼굴로 돌아갔다. 아내의 대답에는 성공에 대한 비법이 고스란히 담겨 있었다. 그 비법을 알고 있기에 아내는 그토록 많은 것을 얻을 수 있었나 보다.

'마음을 열고 계속해서 소원을 빌어라.'

이 비법을 듣고 나면 어째서 그토록 많은 사람들이 소원하는 것을 얻는 힘을 잃는지 알 수 있다. 원하는 것을 얻지 못하면, 사람들은 이내 포기하고 자신이 그것을 얻을 수 있다는 믿음마저 잃어버린다. 원하는 것을 얻을 수 있는 비법은 강렬한 의지를 잃지 않고 계속 마음속에 간직하는 데 있다.

'나는 그것을 정말로 간절히 원하고 있다. 나는 그것을 얻을 수 있다. 내 소망은 반드시 이루어진다.'

이렇게 생각하면 원하는 것을 향한 욕망과 그것을 가질 수 있다는 믿음은 강렬한 의지로 변하게 된다.

무엇을 원하는지 제대로 알려면

자신이 무엇을 원하는지 제대로 알고 그것을 얻기 위해 노력하다 보면 자신만의 마법의 별을 찾을 수 있다. 자신이 원하는 것을 꾸준히 추구하면 자기 생활도 그 소망에 맞춰가게 된다. 먼저 마음과 머리가 소망을 따르게 되고 다음으로는 행동이 소망을 따르게 된다. 그러다 보면 자신이 원하는 것에 점점 더 가까워지게 된다.

자신이 무엇을 원하는지를 제대로 안다는 것은 말처럼 쉬운 일이 아니다. 우리는 여러 가지 이유로 인해 자신의 참된 욕망을 잊고 지내게 된다. 그래서 진정으로 원하는 것을 외면하면 오히려 마음이 편할 때도 있고, 자신은 그런 것을 원한 적이 없다고 믿어버리기도 한다. 자신이 무엇을 원하는지 제대로 알려고 하지 않는 것은 두려움 때문이다. 중요하지 않은 것을 이루지 못했을 때는 마음이 별로 아프지 않다. 하지만 무엇과도 바꿀 수 없을 만큼 중요한 것을 이루지 못하면 그 아픔은 말로 표현할 수 없을 만큼 심하다.

28년 전 처음으로 강연을 시작할 때, 나는 극도의 불안과 걱정에 휩싸여 있었다. 말 잘하는 것은 타고났다고 생각하고 있었기에 불안이 한층 더 심했다. 왜냐하면 가장 잘한다고 생각하는 일에서 실패하면 나에게 남는 것은 아무 것도 없기 때문이었다. 만약 컴퓨터에 관계되는 일을 하다가 실패한다면 그토록 큰 좌절을 느끼지는 않을 것이다. 컴퓨터는 내가 타고난 능력이 아니었으니까. 그것은 내 삶의 목표가 아니었으므로.

참된 자기 자신의 모습이라 생각하는 상황에서 위기에 처했을 때 실패나 좌절에 대한 두려움은 한층 더 커지게 마련이다. 자신의 참된 모습이라는 생각 때문에, 비웃음당하고 실패를 겪는 것은 단지 겉모습 때문에 비웃음을 사는 것과는 비교도 할 수 없을 만큼 괴롭다. 참된 자신을 찾아내면 우리는 어쩔 수 없이 그것을 세상에 드러내놓아야 한다. 그래서 비웃음을 사고 비난을 받으면 참된 자신은 상처 입고 고통받게 된다.

또한 참된 자신은 과거에 해결하지 못했던 기억이나 해소하지 못했던 감정들을 끄집어내어 우리에게 던져준다. 첫 강연을 앞두고 내가 불안에 떨었던 것은 과거에 해소하지 못했던 감정들이 되살아났기 때문이다. 그래서 과거에 버림받았다고 느꼈을 때의 심정이나 실패하고 무기력해졌을 때의 감정을 해소하는 법을 알고 난 뒤에 나는 생전 처음으로 아무 걱정 없이 몇 달을 살 수 있었다. 그런 경험을 통해 나는 참된 자신에게 가까워지면 두려움이 더 커진다는 것을 알게 되었다.

참된 자신에게서 멀어진 탓에 자신이 진정으로 무엇을 원하고 있는지 모를 때가 많다. 이럴 때 우리는 자신이 원하는 것은 이미 다 가졌다고 생각해버리기 때문에 실제로 참된 자신이 원하는 것을 외면하게 된다. 자신이 원하는 것을 이루어낼 힘을 되찾고 자신감을 되찾기 위해서는 자신이 진정으로 원하는 것을 외면하고 있지는 않은지 늘 주의해야 한다.

믿음, 관심 그리고 욕망

무언가를 원하고 있다. 그런데 그것이 뜻대로 이루어지지 않는다. 그러면 어떤 식으로든 그 꿈을 포기하게 된다. 예전만큼 그 꿈에 관심을 갖지 않게 되고, 갖고 싶다는 욕구나 가질 수 있다는 믿음도 잃어버리게 된다. 남자는 원하는 것을 가질 수 없다고 판단되면 그것에 대한 관심을 잃어버린다. 여자는 원하는 것을 가질 수 없다고 생각되면 그것을 얻을 수 있다는 믿음을 잃어버린다. 남자든 여자든 결국에는 희망을 잃어버린다. 희망이란 자신이 무엇을 원하는지 알기 위해 반드시 필요한 원동력이다.

　믿음과 관심, 강한 욕망은 원하는 것을 얻을 수 있는 힘을 이끌어내는 데 없어서는 안 되는 요소들이다. 이 세 가지 중 요소 중 무엇 하나도 빼놓을 수 없다. 이 세 가지 요소를 모두 갖추기 위해서는 자신의 감정이 어떠한지, 자신이 무엇을 원하는지를 잘 알아야 한다. 원하는 것을 얻지 못할 때는 실망하고 슬퍼할 줄 알아야 한다.

　돈 많고 유명한 사람들이 마약에 취하고 가족간에 불화가 심한 이유가 무엇일까? 그들은 무언가를 원하는 마음이나 감정이 강렬하기 때문에 보통 사람들보다 열정적으로 살아간다. 아카데미 시상식을 보면 웃음과 행복만 가득한 것 같지만 그 속을 들여다보면 두려움과 불안, 질투가 가득하다. 시상식이 끝나면 상을 받은 사람들은 기쁨에 넘치지만 그렇지 못한 사람들은 실망과 좌절, 두려움과 질투에 휩싸인다. 최고의 자리에 오르려면 엄청난 노력이 필요하다. 하지만 그 자리를 지키기 위해서는 그보다 더 많은 땀과 노력이 필요하다.

　하지만 열정적인 감정들 때문에 우리의 삶이 항상 극단으로 치닫는 것은 아니다. 자신의 감정을 다스리면서 부정적인 감정을 해소하는 법을 알고 나면, 열정은 오히려 삶에 큰 힘이 될 수 있다.

　자신이 원하는 것을 다른 사람이 갖게 되면 실망하고 질투하며 슬퍼진다. 다른 사람들 때문에 원하는 것을 얻지 못하면 좌절하고 화가 나기도 한다. 원하는 것을 얻지 못할 것 같은 생각이 들면 걱정스럽고 두려워진다. 그리고 기대했던 것만큼 이루지 못하면 부끄러운 마음이 든다. 무언가를 진정으로 원할 때 이런 감정을 느끼는 것은 지극히 자연스러운 현상이다.

감정을 제대로 느끼고 해소하는 법

감정을 제대로 느끼게 되면 자신이 원하는 것에 더 많은 관심을 갖게 된다. 그 감정들을 해소하고 나면 믿음이 생겨난다. 감정을 해소하고 앞으로 나아간다는 것은 원하는 것을 얻을 수 있다는 가능성을 향해 나아간다는 의미다. 일반적으로 여자는 감정이 풍부하다. 하지만 그러한 감정을 해소하는 데는 익숙하지 않다. 반면에 남자는 감정을 해소하고 자신이 무엇을 원하는지 아는 데는 익숙하지만 감정을 제대로 느끼는 것에 약하다.

남자는 자신이 원하는 것에 온 정신을 집중시켜 자신의 감정을 제대로 느낄 수 있는 터전을 마련한다. 그런 다음 목표를 정하고 그것을 향해 나아가는데, 이때 일이 뜻대로 되지 않으면 패배감에 깊이 빠져든다. 하지만 그로 인해 원하는 것을 향한 욕망과 그것을 이룰 수 있다는 믿음은 한층 더 강렬해진다. 남자는 적당한 위험을 안고 자신을 적당히 다그칠 때 자신의 감정에 한결 더 쉽게 다가간다. 다른 사람과 함께 감정을 나누는 것은 남자에게는 그다지 필요없는 일이다.

남자는 적당한 위험과 긴장이 수반될 때 자신의 감정에 좀더 쉽게 다가간다

반면에 여자는 자신의 고통스러운 감정 뒤에 감추어진 소망과 욕구를 깨달으면서 부정적인 감정을 해소하고 자신을 믿게 된다. 자신이 무엇을 원하는가에 관심을 가지면 여자는 그것을 얻는 방법과 지혜를 터득하게 된다. 그리고 원하는 것을 얻을 수 있다는 믿음도 얻게 된다. 적당한 위험이나 긴장은 여자에게는 중요하지 않다. 그보다는 다른 사람과 함께 자신의 감정을 나눌 때 자신이 무엇을 원하는지 좀더 분명히 알게 된다.

> 여자는 다른 사람과 함께 감정을 나눌 때 자신이 무엇을 원하는지 분명히 알게 된다

여자가 자신에 대한 믿음을 갖기 위해서는 먼저 자신의 가치를 깨달아야 한다. 자기 자신의 감정에 솔직해지고 자신이 무엇을 원하는지 알게 되면 여자는 이런 생각을 하게 된다.
'나는 더 많은 것을 가질 자격이 있다. 나는 성공할 자격이 있다. 나는 지금보다 더 풍요로운 삶을 살 자격이 있다.'
이런 생각으로 마음을 열고 자신의 감정을 소중히 하면 여자는 자신에 대한 믿음을 얻고 부정적인 감정들을 해소할 수 있다.
반면에 남자는 자신의 감정에 솔직해지고 자신이 무엇을 원하는지 알게 되면 원하는 것에 대한 관심이 늘어난다. 그래서 갖고 싶다는 욕망이 생기면 그것을 얻는 방법을 저절로 터득하게 된다. 그러면 자신감이 생기고 당장이라도 원하는 것을 얻을 수 있을 것 같다는 생각이 든다. 시간을 들여 목표를 검토하고 자신의 감정에 솔직해지면 남자는 계속 자신의 욕망에 민감한 상태로 그에 대한 열정을 갖게 된다. 그래서 더 많이 갖고 싶어지고, 그것을 얻기 위해 최선을 다하게 된다.

> 관심과 믿음을 가지면 원하는 것을 이룰 수 있는 힘은 더욱 커진다

욕망이 강렬해지면 원하는 것을 얻을 수 있는 방법을 찾게 된다. 열렬히 원하는 사람에게는 그것을 얻는 길이 보인다. 자신에 대한 믿음과 원하는 것에 대한 관심이 커지면 열정이 생기고 원하는 것을 얻을

수 있는 힘도 커진다. 그러면 모든 생각은 원하는 것을 얻을 수 있는 방향으로 흘러가고 이 세상도 그것과 같은 방향으로 흘러가게 된다.

원하는 것을 얻을 수 있는 힘을 키우는 비법은 그것을 이루지 못했을 때 생기는 부정적인 감정을 느끼고 해소하는 데 있다. 부정적인 감정을 해소하는 법을 배웠다면 이제는 참된 욕망을 느낄 수 있어야 한다. 그러면 원하는 것을 얻게 될 뿐만 아니라 이미 가지고 있는 것을 소중히 여기게 된다.

부정의 과정을 경험하라

부정적인 감정을 해소하는 법을 모를 때 그 감정에서 벗어나기 위해 흔히 하기 쉬운 일이 바로, 더 이상 아무것도 원하지 않는 것이다. 뭔가를 원하는 마음을 부정하기란 매우 쉽다. 원하는 것을 얻지 못해 괴롭다면 그것을 더 이상 원하지 않거나 처음보다 '덜 원하게' 된다. 얻을 수 있는 것에만 만족하기로 마음먹으면 더 이상 괴롭거나 속상해하지 않아도 된다. 이런 태도로 부정적인 감정에서 벗어나는 사람들이 많이 있다. 하지만 계속 욕구를 외면하다 보면 마음이 텅 빈 것 같은 기분이 들면서 어째서 자신은 원하는 것을 얻지 못할까라는 의문이 생기게 된다.

『이솝 우화』 중의 '여우와 신포도 이야기'를 보면 욕망을 부정하는 이야기가 자세히 나와 있다. 여우는 덩굴에 달린 포도가 먹고 싶었다. 하지만 덩굴이 너무 높아 포도를 따먹을 수 없었다. 그러자 여우는 자신의 욕망을 부정했다. 포도를 딸 수 없게 되자 여우는 스스로에게 이렇게 말했다.

"저건 분명히 신포도일 거야. 나는 신포도는 먹고 싶지 않아."

『이솝 우화』에 나오는 여우처럼, 우리도 꿈을 실현시킬 수 없다는 생각이 들면 그 꿈을 부정하게 된다. 하지만 우리는 누구나 원하는 것을 이룰 수 있는 '마법의 별'을 가지고 있다. 꿈이나 희망을 포기해서는 안 된다. 자신감만 있다면 꿈은 얼마든지 이룰 수 있다.

마법의 지팡이를 휘둘러 꿈을 부정하려는 마음을 멀리 날려버리면 우리는 더 행복하게 살 수 있다. 원하는 것도 더 많이 얻을 수 있다. 미래를 믿으면 더 많은 것이 기다리는 희망의 문을 열 수 있다. 그러려면 먼저 자신을 믿으면서 신이나 강력한 어떤 존재에게 도움을 구해야 한다. 구하지 않으면 도움은 얻을 수 없다. 원하는 것을 얻었던 경험을 바탕으로 계속 그렇게 할 수 있다는 믿음을 가져야 한다. 그리고 자신이 무엇을 원하는지 잘 알고 자신의 감정에 솔직해진다면, 성공을 위해 가장 필요한 세 가지 요소를 모두 갖추게 된다.

착한 것도 죄?

욕망을 부정하는 사람들의 대부분은 긍정적인 사람들이다. 우리는 좋은 일을 하면 그 보답을 받을 수 있다고 생각한다. 밭을 갈고 씨를 뿌리면 수확을 하는 것처럼 말이다. 완전히 틀린 생각은 아니다. 하지만 인색한 구두쇠 스크루지는 착한 일을 하나도 안 하고도 큰 부자가 되었다. 잔인한 히틀러도 좋은 일을 전혀 안 했지만 큰 권력을 손에 쥐었다. 어떻게 해서 착한 사람들보다 그렇지 않은 사람들이 더 크게 성공하는 것일까?

이유는 바로 욕망에 대한 부정에 있다. 착한 사람들은 다른 사람을 위해 자신의 욕망이나 꿈을 포기한다. 하지만 스크루지나 히틀러 같은 사람들은 남이야 어떻게 생각하든 자기 좋을 대로만 행동한다. 그들은 자기가 하고 싶은 대로 하고, 가지고 싶은 것은 무슨 수를 써서라도 손에 넣는다. 착한 사람들이 크게 성공하지 못하는 것은 그들에게 무슨 문제가 있어서가 아니다. 착하기 위해 자신이 원하는 것을 포기하는 일이 많다는 것말고는. 하지만 우리는 얼마든지 착한 사람이 되면서, 동시에 원하는 것도 얻을 수 있다.

원하는 것을 얻기 위해 반드시 신을 믿거나 신의 성령을 경험할 필요는 없다. 신을 믿지 않으면서도 백만장자, 억만장자가 되는 사람들은 얼마든지 많다. 이러한 사람들은 신을 믿지 않기 때문에 더 많은 것을 얻게 되었는지도 모른다. 신을 믿지 않으면 모든 것을 혼자서 해야 한다고 생각하게 된다. 그래서 최선을 다하다 보니 성공도 하고 부자도 되는 것이다. 그런데 신을 믿는 이들 중에는 신에게만 지나치게 의지하다 보니 자신이 무엇을 원하는지 발견하고 도움을 청하는 것까지 신의 몫으로 넘겨버리는 이들도 있다.

갖고 싶은 마음이 강하면 원하는 것을 얻을 수 있다. 우리가 사는 이 우주는 우리의 모든 욕망에 응답한다. 따라서 바라면 얻을 수 있다. 이것이 바로 인간의 자유의지가 내리는 축복이다. 천국으로 가느냐 지옥으로 가느냐는 죽어서 결정되는 게 아니라 바로 지금, 우리 스스로의 힘으로 결정되는 것이다.

원하는 것을 얻을 수 있는 지혜는 강한 욕망에서 비롯된다. 이것은 신을 믿느냐 그렇지 않느냐와는 아무 상관이 없다. 원하는 것을 얻을 수 있다고 믿으면 우리는 그것을 얻을 수 있다. 이런 믿음과 자신감만 있으면 자연스럽게 용기와 결단력, 뜨거운 열정이 샘솟는다. 좌절하고 실망했을 때도 자신에 대한 믿음만 있으면 부정적인 감정을 털어버리고 다시 일어나 앞으로 나아갈 수 있다. 맹목적인 야망은 현실에서 늘 성공으로 이어진다.

하지만 앞에서도 이야기한 것과 같이 물질적인 성공을 거두었다고 해서 반드시 참된 자신으로 돌아갈 수 있는 것은 아니다. 물질적인 성공만으로는 결코 참된 만족을 얻을 수 없기 때문이다. 이럴 때는 물질에서 정신으로 관심을 돌려 여러 종류의 사랑을 얻으면 삶이 금세 균형을 되찾을 수 있다.

참된 행복을 얻는 데에 늦은 때란 없다. 늦었다고 생각할 때가 바로 참된 행복을 찾아나설 때다. 지금 물질적인 성공만 거두었든 마음만 편안하든 아니면 둘 다 이루지 못했든 상관없이 참된 행복을 얻을 수 있다. 외적인 성공을 거두었다고 해서 마음의 평화를 포기할 필요는 없다. 참된 행복을 위한 첫 번째, 두 번째 단계를 밟기만 하면 된다. 마음의 평화가 얼마나 중요한 것인지를 깨달았다면 이제부터라도 자신에게 필요한 사랑을 찾아나서야 한다. 그래서 비어 있는 사랑 탱크를 채워야 한다. 그렇게만 하면 얼마든지 사랑으로 충만한 삶을 누릴 수 있다.

외적인 성공을 위해 신에게 도움을 구하면 스트레스를 훨씬 덜 받고도 쉽게 더 큰 성공을 거둘 수 있다. 성공을 향한 여정은 모험과도 같다. 그 안에는 온갖 위험과 도전이 가득하다. 그래서 신에게 지나치게 의존하다 보면 오히려 나약해질 수도 있다.

신은 부모처럼, 우리 힘으로 할 수 없는 일만 도와준다. 아이가 어릴 때는 부모가 거의 모든 일을 도와준다. 하지만 아이가 자라면 부모는 아이가 할 수 있는 일은 아이 몫으로 남겨둔다. 자신의 일을 스스로 해나가면서 아이는 자신감과 독립심을 키워간다. 물론 이때도 아이 혼자서 할 수 없는 일은 부모가 도와준다. 부모와 마찬가지로 신은 우리가 할 수 있는 일을 열심히 하다가 우리 힘으로 할 수 없는 일에 맞닥뜨렸을 때 도움의 손길을 내려준다.

신은 우리가 스스로 할 수 있는 일을 할 때에는 그대로 내버려둔다. 자신이 할 수 있는 일을 하면서 우리는 자신감을 얻게 되고 자신에 대한 믿음을 쌓아간다. 기적은 우리가 스스로 할 수 있는 일을 모두 다한 후에 일어난다. 자신이 할 수 있는 일을 모두 다하고 도움을 요청할 때, 바로 그때 신은 도움의 손길을 내려준다.

삶은 작은 기적의 연속이다

얼마 전에 있었던 일이다. 『화성에서 온 남자, 금성에서 온 여자』의 내용을 소재로 한 게임기의 출시를 홍보하기 위해 뉴욕에 가게 되었다. 나는 이 게임기의 홍보안을 알리기 위해 게임기 제작사인 마텔의 간부들을 만나려고 몇 달간 계속 연락을 했다. 그런데 서로 시간이 맞지 않아 좀처럼 그들과 만날 수 없는 상황이었다.

뉴욕에 머무는 동안 예정되어 있던 인터뷰 한 건이 취소되었다. 그래서 여유시간이 생기자 나는 장난감 박람회에 들르기로 했다. 한 20분 정도 박람회를 둘러보던 중에 우연히 마텔사 사장과 간부들을 만나게 되었다. 게다가 대형 장난감 매장의 바이어까지 자리를 함께하게 되자 나는 그들에게 내가 생각해왔던 게임기의 마케팅 안을 이야기했다. 그 시간에 그 많은 사람들을 한 자리에 모두 모으기란 사실 거의 불가능한 일이었다. 그런데 운이 좋았던지 나는 미리 약속을 하지 않고도 그들을 만날 수 있었다. 만나야겠다는 목표를 세워두었더니 그 목표가 그대로 이루어진 것이었다.

아내는 이 일을 대해 '신의 조정' 덕분이라고 말했다. 실망하거나 좌절할 때마다 아내는 지금은 조정기간일 뿐이며, 일어나야 할 일이라면 언젠가는 반드시 일어나게 되어 있다고 말한다. 뉴욕에 머무는 동안 인터뷰 하나가 취소되지 않았다면 마텔 간부들과의 만남은 이루어지지 못했을 것이다. 그리고 취소된 인터뷰보다는 그들과의 만남이 내게는 훨씬 의미 있는 일이 되었다.

뉴욕에 가기 몇 주일 전, 나는 며칠 동안 명상을 하면서 마텔의 모든 간부들과 함께 회의하는 모습을 상상했다. 그런데 뉴욕으로 출발하면서 시간이 맞지 않아 그들과 만날 수 없다는 것을 알게 되자 나는 크게 실망했다. 그래서 그들과의 만남에 대해서는 더 이상 생각하지 않았다. 그런데 내가 할 수 있는 일이 모두 끝나자 뜻밖에 그 같은 만남이 이루어졌다.

마텔 간부들을 만나게 된 그날도 나는 나름대로의 목표를 세워두고 있었다. 나는 뉴욕에서의 홍보활동이 큰 성공을 거두고, 장난감 박람회에 온 바이어들이 크리스마스 시즌에 내 게임기를 많이 주문하기를 바랐다. 더불어 대단한 일을 했다고 칭찬받는 나의 모습을 상상해 보았다. 바로 그날, 예전에 세웠던 목표와 그날 세웠던 목표들이 내 기대치 이상으로 이루어졌다.

지속적으로 삶의 목표를 세우기만 하면 이런 일은 언제든 일어날 수 있다. 우리가 우연한 기회라고 말하는 것은 결코 우연히 찾아오지 않는다. 목표를 세우고 그것을 얻기 위해 노력할 때 우연한 기회는 우리를 찾아온다.

목표를 세우면 그것이 이루어질 때마다 자신감이 생긴다. 목표를 이루는 비법은 작은 것부터 시작하는 데 있다. 처음에는 할 수 있고 또 확실히 이루어질 수 있는 것을 목표로 삼는다. 그리고 쉽게 이루어질 수 있는 목표 몇 가지를 덤으로 세우도록 하자. 이렇게 해서 목표로 했던 일이 이루어지면 자기 힘으로 원하는 만큼 하루를 살았다는 자신감을 얻게 된다.

목표로 했던 일들이 이루어지면 자신에 대한 믿음과 자신감은 점점 커진다. 매일 아침 그날 하루의 목표를 세우다 보면 삶은 작은 기적의 연속이라는 생각이 들 것이다. 이 작은 기적들 속에 살다 보면 가끔은 아주 큰 기적도 일어난다. 그래서 자기가 직접 나서지 않아도 모든 일이 제자리를 찾아가기도 하고, 나를 대하는 다른 사람들의 태도가 하룻밤 사이에 변하기도 한다.

작은 기적이나 큰 기적이라는 말을 하기는 했지만, 사실 우리가 기적이라고 하는 것들은 그 크기나 가치를 서로 비교할 수 없다. 어차피 모두 신이 주신 선물이니까. 손가락을 위아래로 움직이는 것도 하나의 기적이다. 다만 노력 없이도 쉽게 할 수 있기 때문에 당연하게 받아들이면서 작은 기적이라고 부르는 것뿐이다. 목표를 세우고 그것을 향해 움직이기 시작하면 새로 얻은 큰 힘에 놀라게 될 것이다.

빨간 불, 파란 불

기적을 경험할수록 기적에 대한 생각이 바뀌게 마련이다. 자신감도 부쩍 커진다. 전에는 무슨 일을 하든 빨간 불이 켜져 그 자리에 멈춰 서야 했지만 이제는 파란 불만 켜진다. 전에는 나를 싫어하고 내 일을 방해하는 사람들에 대해서 생각했지만 이제는 나를 사랑하고 아끼는 사람들에 대해서만 생각한다. 전에는 잃어버린 것에 연연했지만 이제는 내가 가진 것을 소중하게 여긴다. 그리고 실수에 연연하는 대신 앞으로 할 일에 더 관심을 갖는다. 구속받고 있다는 생각에서 벗어나 자유를 만끽한다. 밤새 뒤척이며 잠 못 들던 날들은 지나가고 이제는 편안히 잠들 수 있다. 파란 불이 많이 켜지는 삶을 살면 가끔씩 켜지는 빨간 불은 대수롭지 않게 넘어가게 된다.

내 딸 줄리엣이 10대였을 때의 일이다. 나는 딸아이를 차에 태우고 가고 있었는데, 정지 신호가 켜져 차를 멈추었다. 그러자 딸은 어째서 우리 동네 신호등에는 늘 빨간 불만 들어오느냐고 물었다. 그래서 나는 이렇게 말했다.

"그럼 정말로 모든 신호등이 다 빨간 불만 들어오는지 한번 살펴보자."

그러고 나서 나는 차를 타고 동네를 한 바퀴 돌았다. 그랬더니 빨간 불보다는 파란 불 신호등이 훨씬 더 많이 눈에 띄었다. 파란 불이 켜진 신호등은 빨리 지나쳐버렸기 때문에 파란 불이 켜진 것을 보지 못했던 것뿐이었다. 파란 불이 켜진 신호등 앞을 지나가는 데는 겨우 1, 2초밖에 걸리지 않는다. 하지만 빨간 불이 켜진 신호등 앞에서는 한참 동안 서 있어야 한다. 차를 모는 사람들이나 길을 건너는 사람들은 빨리 앞으로 가고 싶어서 빨간 불만 노려보게 된다. 그래서 빨간 불이 켜진 신호등을 훨씬 더 잘 기억하게 되는 것이다.

> 파란 불이 켜진 신호등 앞은 무심코 지나쳐버린다
> 하지만 빨간 불이 거진 신호등 앞에서는 한참 시 있어아 한다
> 그래서 빨간 신호등을 더 오래 기억하게 된다

신호등에 대한 이런 생각에는 우리가 인생을 바라보는 관점이 담겨 있다. 살아가면서 왜 내 삶에는 이렇게 빨간 불이 많이 켜지는지 모르겠다고 한탄할 때가 있다. 그것은 인생이 원래 불공평해서도 아니고 인생에 대해 너무 많은 것을 기대해서도 아니다. 다만 원하는

것을 얻을 수 있다는 믿음을 포기하기 때문이다. 마음의 여유를 갖고 파란 불이 켜질 때까지 기다리면서 매일의 삶을 감사하게 여기자. 그러면 필요한 것을 얻을 수 있으며 자신이 바라는 삶을 만들어갈 수 있다는 믿음이 생긴다. 감사하는 마음은 자신에 대한 신뢰를 키워준다.

그런데 무작정 감사하기보다는 바라던 일이 이루어졌을 때 감사하는 것이 훨씬 더 큰 힘을 발휘한다. 더 많은 것을 바라기 때문에 고통을 겪고 있을 때는 신에게 도움을 청하기만 하면 된다. 자신을 믿으면 원하는 것을 이룰 수 있는 힘이 생긴다. 이 힘을 유지하기 위해서는 많은 고통이 따른다. 그럴 때 매일 신에게 도움을 구하면 삶의 고통은 그만큼 감소된다. 도움을 청하기만 하면 신은 늘 기쁜 마음으로 도움의 손길을 내려준다. 그 도움을 받으려면 먼저 도움을 구해야 한다. 자유의지를 발휘해야 하는 것이다. 하늘의 천사들은 우리가 도움을 청하기만 기다리고 있다. 도움을 청하지 않으면 우리가 아무리 큰 슬픔이나 위험에 빠져도 천사들은 결코 도와주지 않는다.

천사들은 우리가 도움을 청하기만 기다리고 있다

가끔은 신을 귀찮게 하기 싫어서 도움을 청하지 않는 사람들이 있다. 하지만 신이나 강력한 어떤 존재의 힘은 무한하다. 그 힘에는 한계가 없다. 아무리 도움을 청해도 신은 결코 귀찮아하거나 지치지 않는다.

부모는 자녀가 원하는 것은 무엇이든 들어주고 싶어한다. 신도 마찬가지다. 부모와 신이 다른 점이 있다면 신은 전지전능하고 그 힘이 무한하다는 것뿐이다. 신이 귀찮아할까 봐 아니면 지칠까 봐 도움을 청하지 않겠다는 것은 괜한 걱정일 뿐이다.

신은 우리가 도움을 청하기만 기다리고 있다

자기 안의 자유의지와 욕망을 억압할 때 우리는 신의 도움과 자기 내부에 감춰진 능력을 외면하게 된다. 자신에 대해 더 많이 알게 되고 신의 존재에 대해 알게 되면 신의 의지와 자신의 의지가 어떻게 다른지 명확히 알 수 있다. 마음을 열고 사랑을 받아들이면 자기 안의 힘은 그만큼 더 커진다. 그럴 때 신의 의지는 바로 내 자신의 의지가 되고, 내 의지는 신의 의지가 된다. 나의 의지가 신의 의지와 함께 하면 꿈을 이룰 수 있는 힘은 손끝을 통해 내 안으로 들어오게 된다.

사랑받지 못한 아이는 자신의 욕구를 알지 못한다

버림받았다거나 아무도 도와주지 않는다는 생각이 들면 우리는 저절로 자신의 욕구를 억압하게 된다. 오랫동안 아이의 요구를 들어주지 않고 내버려두면 그 아이는 더 이상 무엇을 해달라고 떼쓰지 않고 조용해진다. 아주 얌전하게 혼자서도 잘 노는 아이가 된다. 원하는 것을 얻지 못하는 아픔이 너무도 크기 때문에 아예 갖고 싶다는 마음을 잊어버린 것이다.

이런 아이들과 마찬가지로 우리도 자신이 무엇을 원하는지 모르고 있다. 아는 것이라고는 고통스럽다는 것뿐이다. 이는 원하는 것을 얻지 못했기 때문이다. 그럴 때는 원하는 것을 달라고 소리쳐 울어야 한다. 자신의 욕구를 이해하고 충족시켜주는 부모가 곁에 있다면 우리는 자신이 무엇을 원하고 무엇이 필요한지 알 수 있다. 하지만 필요한 것을 얻어본 경험이 없는 사람은 자신에게 무엇이 필요한지 좀처럼 알지 못한다.

필요한 것을 얻어본 경험이 없으면 자신에게 무엇이 필요한지 좀처럼 알지 못한다

내 딸 로렌이 여섯 살 때의 일이다. 아이는 내 주위를 맴돌면서 관심을 끌려고 야단이었다. 그 모습을 보고 언니인 섀넌이 말했다.
"로렌, 아빠를 귀찮게 하지 마."
그러자 로렌은 이렇게 대답했다.
"나 오늘 정말 힘들었다구. 그래서 누가 동화책 좀 읽어줬으면 좋겠어."
로렌이 너무나 정확하게 자신의 생각을 말하는 통에 우리는 모두 깜짝 놀랐다. 나는 아이에게 곧 동화책을 읽어주겠다고 말했다. 그러자 아이는 내가 자신의 요구를 받아들일 거라고 믿고 금세 얌전해졌다. 아이들은 원하는 것을 얻지 못하면 짜증을 내며 말썽을 부리곤 한다. 자신에게 무엇이 필요한지를 부모가 모른다고 생각하기 때문이다. 또 자신이 무엇을 필요로 하는지 모를 때도 아이는 짜증 부리고 화를 낸다. 하지만 자신이 필요로 하는 것을 계속 얻다 보면 짜증 부리고 화내는 일은 많이 없어진다.

자라면서 부모로부터 충분히 사랑받고 보살핌을 받은 사람만이 자신이 무엇을 필요로 하고 원하는지를 제대로 알 수 있다. 부모로부터 사랑과 보살핌을 받지 못한 사람은 좌절감만 쌓여 끝내는 자신의 욕구를 억압하게 된다. 부정적인 감정을 잘 느낄 줄 알아야 하는 이유가 바로 여기에 있다. 화가 날 때 제대로 화를 낼 줄 알아야 화난 이유를 알고 자신이 무엇을 필요로 하고 원하는지를 알 수 있다.

자신에게 필요한 사랑을 얻어 사랑 탱크를 채우고 나면 자신의 참된 욕망이나 욕구가 겉으로 드러나기 시작하면서 욕구를 억압하려던

마음이 사라진다. 그리고 욕구를 억압하려는 마음이 든다는 것도 금세 알아차릴 수 있다. 이것만 알아차려도 감정이나 욕구를 제대로 느끼기가 훨씬 쉬워진다.

인생은 90%의 생각과
10%의 행동으로 이루어진다

how to get what you want and want what you have

　바라지 않는 일일수록 더 자주 일어나는 것은 왜일까? 살다 보면 원치 않는 일은 반드시 일어난다는 생각이 들 때가 있다. 그렇다고 해서 원치 않는 일이 일어나건 말건 신경쓰지 않을 수도 없는 노릇이다. 원하는 것을 얻지 못하는 이유가 바로 여기에 있다. 일어나지 않기를 바라면 그 일은 일어나지 않을 것이라고 생각하기 쉽다. 하지만 사실은 그렇지 않다. 대부분의 경우 싫어하는 일을 더 이상 거부하지 않겠다고 마음먹는 순간부터 우리는 비로소 원하는 것을 얻게 된다.

　원치 않는 일을 거부하는 것은 불에 기름을 붓는 것과 같다. 강력하게 거부할수록 싫어하는 사람이나 상황에 힘을 실어주는 셈이 된다. 무언가를 거부하면 온 신경을 그 일에 집중하게 된다. 그리고 그 대상이 되는 상황이나 사람 때문에 원하는 것을 얻지 못한다고 생각한다.

　이에 해당하는 몇 가지 예를 들어보자. 직장에서 어쩔 수 없이 규칙적으로 얼굴을 마주쳐야 하는 이들 중에 싫어하는 사람이 있는 경우가 많다. 자녀의 기분이 어떤지 관심을 갖지 않으면 아이들은 점점 더 말썽을 부린다. 식사 후 간식에 대한 유혹을 외면하면 할수록 간식이 더 먹고 싶어진다. 청구서를 지불하지 않고 쌓아두다 보면 나중에는 걷잡을 수 없을 만큼 많은 청구서 더미에 깔리게 되고, 교통체

증 때문에 짜증을 내다 보면 어느새 제일 밀리는 차선에 들어와 있다. 이상하게도 싫어하면 할수록 그 일은 점점 더 커진다.

싫어하고 거부하는 마음이 생기면 원하는 것을 얻을 수 있는 자기 안의 힘을 외면하게 된다. '싫다'라는 생각에 온 신경이 집중되기 때문에 원하는 것을 가져올 힘이 약해지는 것이다. '할 수 없다'라거나 '싫다'는 마음뿐일 때는 꿈을 실현시킬 수 있다는 자신감을 갖기가 쉽지 않다. 또 생각이 온통 바깥으로만 쏠려 있어서 마음속의 행복이나 사랑, 평화에 관심을 가질 여력이 없다.

그렇다고 해서 싫어하거나 원하지 않는 일에 완전히 신경을 끊으라는 뜻은 아니다. 다만 무작정 싫어하고 거부하기보다는, 그 일들로 인해 생기는 부정적인 감정을 긍정적인 방향으로 이용하라는 뜻이다. 자신의 미래를 만들어갈 힘은 바로 자기 안에 있다. 싫어하는 일이라고 무작정 외면만 하지 말고 그로 인해 생기는 부정적인 감정에 솔직해지고 그 감정을 해소한 뒤에 자신이 원하는 것에 다시 온 마음을 집중하도록 하자.

싫어하고 외면하는 마음은 원하는 것을 가질 수 없다는 생각만 키워 줄 뿐이다. 그런 마음이 커질수록 자신은 아무것도 할 수 없다는 생각만 하게 된다. 생각은 모든 일의 원동력이다. 이는 우리가 아는 것보다 훨씬 더 강력하다. 인생에서 이루어내는 일들 중 90퍼센트가 생각에서 비롯된다. 행동에서 비롯되는 것은 나머지 10퍼센트에 불과하다.

더 많은 것을 얻을 수 있다고 믿는데도 실제로 그렇게 되지 않을 때는 우선 자신의 솔직한 생각이 어떤 것인지 살펴보아야 한다. 그런 경우 마음 한 구석에서 아직도 자신을 믿지 못하고 있을 것이 분명하다. 무기력하고 아무 희망도 없다고 생각되는 때일수록 자신이 원하는 것을 생각하고 내 안에 믿음과 열정을 키워가야 한다. 자신을 믿으면 무슨 일을 하든 힘과 자신감이 생긴다.

생각은 모든 일의 원동력이다

희망이 없어 자신감을 잃어버리면 필요 이상으로 자신이 처해 있는 현실을 싫어하게 된다. 그러면 현재의 자신에게 만족하지 못하고 더 많이 갖기 위해 노력하지도 않는다. 그저 자신이 처한 현실을 부정하고 외면하려고만 하게 된다. 어떤 사람이나 환경을 싫어하게 되면 자신의 욕망을 잘못된 방향으로 이끌어가기 쉽다.

그래서 협력이나 평화를 유지하기 위해 노력하는 대신 싫어하는 사람이 없어지기만을 바라게 되고, 할 일을 끝내려고 노력하는 대신 어떻게든 그 일에서 벗어나려고만 하게 된다. 또 서로 조금씩 양보해서 상대에게 맞춰나가는 대신 오로지 연인이나 배우자가 모든 것을 양보하고 자신에게 맞춰주기만 바라게 된다. 싫어하는 것에 온 신경을 곤두세우면서 왜 나는 원하는 것을 얻을 수 없느냐고 한탄만 해서는 곤란하다. 그보다는 자신이 원하는 것에 관심을 집중하고 그것을 얻을 수 있다고 생각해야 한다.

연인이나 배우자의 태도가 마음에 들지 않기 시작하면 그가 나를 사랑하지 않는다고 생각하게 된다. 그러면 그가 언젠가는 내게 실망하거나 나를 함부로 대할 것이라는 생각이 든다. 게다가 은연중에 그런 일이 벌어지기를 기다린다. 어떤 상황이나 사람이 싫어지면 알게 모르게 원하지 않는 것을 기다리게 된다는 뜻이다. 따라서 싫어하는 일일수록 더 자주 일어나고 싫어하는 사람일수록 더 자주 마주치는 것처럼 느껴진다.

관심을 기울이는 일은 더 자주 일어난다

싫어하는 일은 더 자주 일어난다. 그 일이 또다시 일어날 거라고 생각하면서 은연중에 기다리기 때문이다. 무언가를 싫어하면 그것에서 벗어날 수 없다고 생각하게 된다. 이런 생각은 원하는 것을 얻을 수 없다는 생각에서 비롯된다.

싫어하는 마음이 생기면 원하는 것을 얻을 수 없다는 생각을 부추기게 된다

이런 경우를 한번 상상해보자. 지불해야 할 청구서가 쌓여 있다. 그런데 우연히 백만 달러가 손에 들어왔다. 그러면 아무 걱정 없이 청구서를 지불하게 될 것이다. 그러고도 여유 돈이 있으므로 청구서를 쌓아둘 필요가 없다. 아마 청구서를 지불하지 않으면 좀이 쑤실지도 모른다. 돈이 충분히 있으니 자신감도 생겨 기꺼이 청구서를 지불하게 되는 것이다.

이런 경우는 어떨까? 연인이나 배우자가 몸져누웠다. 하지만 그 병은 곧 나을 병이다. 이럴 때는 큰 부담 없이 병든 사람을 간호할 수 있다. 그에게서 외면당했다는 생각도 하지 않는다. 병 때문에 괴로워하지도 않고 환자를 돌보아야 한다는 부담도 크지 않다. 머지않아 자신이 원하고 필요로 하는 것을 다시 얻을 수 있다고 확신하기 때문에 '싫다'는 마음이 생기지 않는 것이다. 앞으로 있을 일에 대해 자신감이 있으면 불안함이나 '싫다'는 마음이 생기지 않는다. 앞의 경우들에서 알 수 있듯이 성공을 위해서는 먼저 '싫다'는 마음을 버려야 한다.

물질적인 성공은 언덕을 굴러내려가는 눈덩이와 같다. 눈덩이는 굴러가면 갈수록 점점 더 커진다. 마찬가지로 성공을 경험하면 할수록 더 많이 가질 수 있다는 자신감이 생기고 실제로 더 많은 것을 얻게 된다. 더 많은 것을 얻으면 그것에 대한 믿음이 한층 더 강해져서 성공은 계속된다. 이러한 경험을 하면 자신감이 쌓이고 신이 나며 열정도 커진다. 이와 더불어 긍정적인 힘과 믿음이 넘쳐흐르게 된다.

일단 성공의 길로 접어들면 한동안은 그 페이스대로 움직이게 된다. 성공은 성공을 불러온다. 이런 사실을 안다면 하루하루의 목표를 세우는 것이 얼마나 중요한가를 다시금 이해할 수 있다. 목표를 세우고 그 일이 이루어지면 자기 내면의 힘으로 원하는 것을 얻었다는 생각에 신이 난다. 그런데 이런 작은 기적에 감사하지 않으면 큰 기적은 결코 찾아오지 않는다. 그리고 원하지 않는 일들을 싫어하는 마음에서도 헤어나지 못한다.

성공은 성공을 불러온다

참된 행복을 이루기 위해서는 먼저 참된 욕망을 느끼고 그에 따라 행동해야 한다. 그런데 우리가 하루 동안 갖게 되는 욕망의 대부분은 무언가를 '싫어'하거나 '원하지 않는' 마음에서 비롯된다. 이것은 참된 욕망이라고 할 수 없다. 아니, 거짓된 욕망이라고 하는 편이 나을 것이다. 거짓된 욕망은 진정으로 원하는 것을 가져다주지 않는다. 그 대신 쓸데없는 일에 힘을 낭비하고 무기력하게 하여 진정으로 원하는 것을 얻을 수 없다는 생각만 갖게 만든다.

싫어하는 일만 생각하다 보면 원하는 것을 얻을 수 없다

지금 당신은 교통이 혼잡한 도로에 있다. 급히 어딘가로 가야 하기 때문에 앞의 차들이 빨리 움직이기만을 바란다. 혼잡한 교통상황이 싫을수록 관심은 그 상황에 더욱 집중되게 마련이다. 그런데 그렇게 신경을 쓸수록 상황은 점점 더 심각하게 느껴지고, 무의식적으로 가장 혼잡하고 더딘 차선을 선택하게 된다. 또는 정말로 가장 더딘 차선을 택하지는 않더라도 자신이 선택한 차선이 가장 더디다고 생각하게 된다.

상점에 갔을 때는 또 어떤가? 급할 때일수록 가장 더딘 계산대 앞에 줄을 서게 된다. 이런 것은 결코 우연이 아니다. 너무도 뻔한 결과다. 마음에 여유가 없이 서두르다 보면 가장 느린 줄에 서게 되는 것이다.

상점에서는 급할 때일수록 가장 더딘 계산대에 줄을 서게된다

혼잡한 도로에 있을 때 마음에 여유가 없으면 무의식적으로 가장 더딘 차선이나 사고가 난 차선을 택하게 된다. 싫어하는 일일수록 일어날 확률이 더 높기 때문이다. 기다리기 싫다고 생각할수록 더 오래 기다려야 할 뿐이다.

과거가 반복되는 이유

과거의 상처를 치유해야 하는 또 다른 이유가 바로 여기에 있다. 과거에 사업상 또는 연인과의 관계에서 상처받은 적이 있다면 다시는 상처받지 않겠다는 생각으로 모든 일을 대하게 된다. 그런데 마음의 상처를 거부하려고 생각하면 또다시 상처받을 기회만 불러오게 된다. 하

지만 상처받은 적이 없다면 상처에 대해서는 생각도 하지 않는다. 자신이 원하는 것에만 신경쓰게 되고 그럴수록 원하는 것이 찾아오게 된다.

상처받지 않으려고 할수록 더욱 상처받게 된다

나쁜 일을 겪고 나면 다시는 그런 일이 일어나지 않기를 바라게 된다. 일단 나쁜 일을 겪고 나면 어떻게든 그 일은 피하고 싶어진다. 그런데 한번 겪은 나쁜 일을 계속 생각하면서 그 일이 다시는 일어나지 않기를 원하다 보면 어떤 형태로든 다시 일어나게 된다. 과거의 상처에서 벗어나지 못하면 그때 가졌던 부정적인 감정에서 벗어나지 못해 똑같은 일을 계속하게 된다.

외로움이 싫다고 생각할수록 삶은 점점 더 외로워진다. 무시당하거나 외면당하기 싫다고 생각할수록 그럴 가능성은 점점 더 커진다. 실패하거나 뭔가를 잃고 싶지 않다고 생각하면 실패하고 잃는 일이 더 많아진다. 회사에 가기 싫다고 생각할수록 회사에 가는 것이 고통스럽고 짜증스러워진다. 그리고 보기 싫은 동료가 있다면 그 사람과 얼굴을 맞댈 일이 점점 더 많아진다.

싫어하는 일은 더 자주 일어난다

과거의 상처를 치유하고 나면 그 기억에서 벗어나기 때문에 같은 일이 일어나지 않기를 바라는 마음에서 벗어나게 된다. 고통에서 벗어나면 같은 고통을 반복할지도 모른다는 두려움도 사라지기 때문이다. 그러면 마음이 편해져서 자신이 원하는 일에 더욱 몰두하게 된다.

이렇게 과거의 상처에서 벗어날수록 긍정적인 욕망과 힘은 커진다.

과거를 되돌아보기 싫은 사람일수록 과거에 얽매여 살게 된다. 자신의 감정에 솔직해지기 싫은 사람일수록 그런 감정에서 벗어나지 못한다. 싫어하는 마음이 강할수록 원하는 것은 얻지도 못하고 쓸데없이 힘만 낭비하게 된다. 이것은 사랑 탱크에 구멍이 나서 탱크를 가득 채우지 못하는 것과 같다. 구멍으로 힘이 새어나가기 때문에 정작 필요한 곳에는 힘을 쓸 수가 없다.

자신이 하루 동안 부정적인 생각이나 믿음을 얼마나 많이 말로 쏟아내는지 한번 생각해보자. '싫다'는 말을 얼마나 함부로, 그리고 많이 하는지 알고 나면 아마 놀라지 않을 수 없을 것이다. 그런데 우리가 말로 표현하는 '싫다'는 감정은 빙산의 일각에 불과하다.

우리가 내뱉는 부정적인 말들은 우리 안에 있는 '싫다'는 마음의 표현이다. 우리의 목표는 싫어하는 마음이나 믿음을 치유하는 것이지만 그 시작은 말을 조심하는 데 있다. 원하는 대로 삶을 이끌어갈 수 있다는 자신감이 생기면 말이 곧 씨가 된다는 사실을 알게 될 것이다. 말의 힘은 상상도 할 수 없을 정도로 크다. 특히 참된 욕망을 말할 때는 더욱더 그렇다.

'긍정적으로 말하기' 게임

'긍정적으로 말하기' 게임은 무척 재미있다. 나는 열두 살 된 딸 로렌과 종종 이 게임을 하곤 한다. 어느 날 우리 둘은 함께 쇼핑을 하다가 계속 부정적인 말을 하고 있다는 생각이 들었다. 그래서 우리의 생각을 한 번 다르게 표현해보기로 했다. 부정적인 표현을 긍정적인 표현으로 바꾸기로 한 것이다. 그리고 좀더 재미있게 하기 위해 '게임'이라는 말을 붙였다.

나는 "여기는 마땅히 주차할 곳이 없구나. 저쪽으로 한번 가보도록 하자"라고 말했다가 다시 이렇게 바꿔 말했다.

"주차하기에 적당한 곳이 있는지 찾아보도록 하자."

이렇게 말한 다음 우리가 봐두었던 곳으로 가보니 곧 주차하기에 적당한 자리가 눈에 띄었다.

그러자 이번에는 딸아이가 "오래 걸리지 않았으면 좋겠어요. 숙제가 굉장히 많거든요"라고 말했다가 다시 이렇게 바꿔 말했다.

"모든 게 순조롭게 진행되어서 빨리 끝나면 좋겠어요. 숙제할 시간도 많이 남았으면 좋겠고요."

쇼핑센터를 나설 무렵 나는 "우리가 늦으면 너희 엄마가 좋아하지 않을 거야"라고 말했다가 다시 이렇게 바꿔 말했다.

"집에 빨리 가면 엄마가 좋아하실 거야."

집으로 돌아오는 차 안에서 나는 "쇼핑백 들고 가는 것 잊지 마라"라고 말했다가 다시 이렇게 바꿔 말했다.

"가져가야 할 건 다 챙기도록 하자."

연인이나 배우자가 미워질 때

'싫다'는 마음에서 벗어나야 하는 것은 연인이나 배우자와의 관계에서도 마찬가지다. 상대가 내 마음에 들지 않는 행동이나 생각을 하는 것에 신경쓰는 대신, 그가 마음에 드는 행동이나 생각을 하는 데에 관심을 가져야 한다. 또 상대가 싫어하는 일을 하지 않으려고 애쓰는 대신, 내가 얼마나 좋은 사람인지를 보여줄 수 있는 일에 최선을 다해야 한다.

연인이나 배우자가 당신에게 고마워하던 때를 떠올려보자. 그러면서 '그(녀)가 나를 사랑하고 내가 좋은 사람이란 걸 알아주면 좋겠다'라고 생각하자. '그(녀)는 내게 관심도 없어'라고 생각하는 대신, 상대방이 당신에게 관심을 갖고 도와주던 때를 떠올리며 그때 어떤 기분이 들었는지를 되새겨보자. 그런 다음 또다시 그런 기분이 들 수 있는 일을 하면서 '그(녀)가 내게 관심을 갖고 나를 도와주면 좋겠다'라고 생각하자.

이런 식으로 생각을 바꾸면 연인이나 배우자와의 문제 중 90퍼센트는 해결할 수 있다. 긍정적인 목표를 세우면 원하는 것을 얻을 수 있다는 믿음이 되살아난다. 그리고 믿음이 커질수록 원하는 것을 점점 더 많이 얻을 수 있다.

긍정적으로 생각하면 소원이 이루어진다

대화를 할 때도 명령하는 식으로 말하거나 짜증내고 비난하는 대신 긍정적인 태도로 부탁하듯 말하도록 하자. "안 돼"라거나 "왜 안 했어요?" "당신은 항상 그 모양이야"라는 식의 말은 하지 않는 것이 좋다. 그대신 좀더 긍정적인 표현을 쓰도록 하자.

"외식도 한 번 안 했잖아요"라는 말보다는 "이번 주말에는 뭔가 색다른 시간을 가져볼까요?"라고 말하는 것이 훨씬 더 긍정적으로 들린다.

"쓰레기통 왜 안 비워요?"라는 말보다는 "다음에는 당신이 쓰레기통 좀 비워줄래요? 쓰레기통이 꽉차서 이번에는 내가 비웠거든요"라고 말하는 것이 훨씬 더 긍정적으로 들린다.

부탁할 때는 비난하거나 책임을 묻는 식으로 하지 말고, 부드러운 목소리로 옆에 있는 물건을 건네달라고 말할 때처럼 가볍게 하는 것이 가장 좋다. 연인이나 배우자에게 무언가를 부탁할 때는 '이 일을 들어주지 않으면 어쩌나?'라는 의심을 갖지 말아야 한다. 그래야 상대방을 부드럽게 대할 수 있다.

연인이나 배우자가 내 말을 듣지 않을 것이라고 생각하면
상대방은 정말로 당신의 말에 귀를 기울이지 않는다

　상대방의 어떤 행동이나 태도가 마음에 들지 않는다면 일단은 당신의 기분이 좋아질 때까지 기다려야 한다. 그런 뒤에 기분이 좋아졌다면 부드러운 목소리로 어떤 행동이나 태도를 어떻게 고쳐주었으면 좋겠는지를 말한다. 그런 다음에는 상대가 그 점을 고칠 때까지 인내심을 가지고 기다리도록 하자. 상대방이 쉽게 변하지 않으면 다시 이야기를 하되, 처음 건네는 것처럼 해야 한다.
　이렇게 몇 번 부탁을 하다 보면 상대방은 당신이 바라는 것을 들어주지 않았음을 스스로 알게 된다. 그리고 당신이 화를 내지 않은 것을 감사하게 생각한다. 이렇게 감사하는 마음이 생기면 당신이 원하는 것을 하려고 노력하게 된다. 이런 식의 접근 방법은 가정에서뿐만 아니라 회사나 학교에서도 모두 활용할 수 있다.

기억의 힘

　부정적인 경험이 하기 싫어하는 마음을 불러일으키듯이, 긍정적인 경험은 자신감을 불러일으킨다. 나는 어떤 일이 일어나기를 바랄 때면 과거에 성공했던 기억을 떠올려본다. 이 책을 쓰기로 하고 마감 계획을 세우면서 나는 과거에 마감을 지켰던 순간들을 떠올려보았다.

그리고 어떤일들을 성공적으로 마무리지어 기뻤던 순간들도 떠올려 보았다. 나의 작업을 사람들이 칭찬하고 격려해주었던 순간들까지 떠올리자 할 수 있다는 자신감이 생겼다. 그리고 나는 마침내 한 권의 책을 성공적으로 마무리지었다.

긍정적인 경험이 생각나지 않으면 두려움과 의심이 뒤따르게 된다. 벌써 열 권의 책을 쓰기는 했지만 새로운 책을 시작할 때마다 나는 항상 두려워지면서 글쓰는 것이 싫어진다. 마음 한구석에 내 전성기는 이미 끝났다는 생각이 자리잡고 있기 때문이다. 그래서 '이번에 새로 쓰는 책이 예전 책만큼 잘 팔리지 않으면 어쩌나?' '이번에는 성공하지 못하면 어쩌나?' 하는 걱정이 밀려온다. 이런 걱정과 두려움은 매우 현실적이기 때문에 나는 모든 것을 포기하고 그 자리에 주저앉을 수도 있다. 하지만 다행히 나는 이런 부정적인 감정과 생각을 해소할 줄 안다.

작가라면 누구나 그런 두려움을 겪게 마련이다. 성공한 작가든 그렇지 못한 작가든 두렵기는 마찬가지다. 처음 무엇인가를 창조하려 할 때에는 그 일을 할 수 있을지 또는 어떻게 해야 할지를 모른다. 이럴 때는 우선 마음을 비워야 한다. 그러면 그때부터 모든 일이 이루어지기 시작한다.

이러한 일들을 경험할 때마다 나는 그저 놀라울 따름이다. 이런 일이 생기는 것은 분명 신의 선물이기는 하지만, 오랜 세월 동안 노력하고 기다리고 좌절하고 실망하고 걱정한 끝에 얻어진 결과물이기도 하다. 그렇게 성공할 때마다 자신감이 생기고 원하는 것을 얻을 수 있는 힘도 커진다. 이 모든 성공이 오직 나 혼자만의 힘으로 이루어진 것은 아니다. 내가 최선을 다하면 그 나머지는 신이 알아서 해주신다.

최선을 다하면 나머지는 신이 알아서 해주신다

과거에 있었던 좋은 일을 떠올리면 자신감과 자신에 대한 믿음이 생긴다. 앞에서 말했던 빨간 신호등과 파란 신호등을 떠올려보자. 빨간 신호등에만 신경을 쓰면 인생에는 장애물뿐이라고 생각하게 된다. 하지만 인생에는 파란불도 수없이 많다. 이 사실을 깨닫는다면 자신감이 솟구칠 것이다.

혹시 파란 불을 보지 못했다고 생각되면 과거의 상처를 치유하도록 하자. 그러면 좀더 자주 파란 불을 만나게 될 것이다. 지금의 부정적인 감정을 과거의 상황에 연결지으면 과거의 상처를 치유하고, 좀더 성숙하고 사랑이 충만한 마음을 가질 수 있게 된다. 어렸을 때는 부모에게 의지해야 세상을 배울 수 있었다. 어른이 된 지금에 와서도 어린 시절의 마음으로 돌아가면 누군가에게 의지해서 잘못된 것을 고치고 세상을 배울 수 있다.

어렸을 때는 버림받았다는 생각이 들면 나중에라도 다시 사랑받을 수 있으리라는 것을 미처 알지 못한다. 그래서 '나는 절대로 사랑받지 못해' '나한테 문제가 있기 때문에 사랑받지 못하는 것이 분명해'라고 생각하게 된다. 이런 생각을 하게 되는 것은 아이의 두뇌가 미처 발달하지 않아 이성적인 판단을 하지 못하기 때문이다. 이때 잘못 형성된 생각은 평생을 따라다닌다.

과거를 완전히 뜯어고칠 수는 없다. 하지만 과거에 가졌던 잘못된 생각은 바꿀 수 있다. 즉 과거에 있었던 일과 그와 관련된 느낌에 대해 다시 생각해보는 기회를 갖는 것이다. 과거로 돌아가 상처를 치유하기 위한 제`11`장에 소개된 방법을 활용하면 불안정한 어린 시절에 가졌던 잘못된 믿음들에서 벗어날 수 있다.

나를 사랑하는 법

고통을 당하면 부정적이고 잘못된 신념을 갖기 쉽다. 정신이 잘못된 것을 사실이라고 믿어버리면 우리는 고통을 겪게 된다. 하지만 이때도 영혼은 그것이 진실이 아니라는 것을 잘 안다. 이럴 때 잘못된 신념에서 벗어나려면 그러한 신념으로 인한 고통을 다시 제대로 느껴야 한다. 지금 당신은 사랑받지 못한다는 생각 때문에 고통스럽다. 머리가 다 자란 어른은 언젠가는 다시 사랑받을 수 있다는 것을 알지만 어린아이들은 그런 사실을 깨닫지 못한다.

> 정신이 잘못된 것을 사실이라고 믿어버리면 우리는 고통을 겪게 된다
> 하지만 영혼은 그것이 진실이 아니라는 것을 안다

자신은 사랑받지 못하며 사랑받을 자격도 없는 사람이라고 생각되면 과거에 상처받았던 때로 돌아가 그때의 고통을 다시 느껴보도록 하자. 그러면 마음이 한결 평온해진다. 어렸을 때는 자신이 얼마나 훌륭하고 소중한 존재인지 미처 알지 못한다. 그래서 무시당하거나 함부로 대우받으면 자신은 그런 대우를 받아야 하는 사람이라고 생각하게 된다. 아울러 참된 자기 자신으로 돌아갈 기회도 놓치게 된다. 나는 지금도 내가 얼마나 훌륭한 사람인지를 잊을 때가 있다. 하지만 다행히도 나는 자신에 대해 의심이 생길 때 그 의심에서 벗어날 수 있는 방법을 알고 있다.

과거를 떠올려야 할 때면 나는 일곱 살 때로 돌아간다. 가족들에게

버림받아 다시는 집에 돌아가지 못한다고 생각했던 일곱 살짜리 철부지로 돌아가는 것이다. 잠시 동안 일곱 살짜리가 되었다고 생각하면서 그때 느꼈던 두려움에 빠져든다. 그런 다음 내 스스로를 위로하면서, 그 일곱 살짜리 꼬마는 결코 버림받은 것이 아니며 가족들로부터 사랑받는 착한 아이라는 것을 스스로에게 깨우쳐준다. 다시 사랑받을 수 있다고 스스로에게 말해주는 것이다.

상처받았던 어린 시절의 마음으로 잠시 돌아갔다 오면 나는 다시 사랑받을 수 있다는 자신감이 생긴다. 그리고 만약 나를 사랑하지 않는다면 그것은 그 사랑하지 않는 사람들의 손해일 뿐이라는 생각도 한다. 첫 번째부터 네 번째 사랑 탱크를 채울 때는 과거의 가슴 아팠던 기억으로 돌아가는 것이 좋다. 더 많은 것을 얻기 위해서는 자기 자신에 대한 사랑과 자신감이 필요하다. 이 두 가지만 있으면 우리는 얼마든지 더 많은 것을 가질 수 있다.

욕망을 소중히 하자

how to get what you want and want what you have

참된 자기 자신으로 돌아가기 위해서는 먼저 자신이 무엇을 원하는지 알고 그 욕망을 소중히 할 줄 알아야 한다. 참된 행복을 위해서는 무엇보다도 영혼의 욕망이 중요하다. 그렇다고 이성과 감정의 욕망을 무시해도 된다는 것은 아니다. 영혼의 욕망과 이성의 욕망, 감정의 욕망과 육체의 욕망까지, 우리는 매우 많은 욕망을 가지고 있다.

정신이 편안하지 않으면 영혼의 욕망을 채울 수 없다. 물질적인 성공을 얻지 못하면 이성의 욕망을 채울 수 없다. 또 필요한 사랑을 얻지 못하면 마음의 욕망을 채울 수 없고, 몸이 건강하지 않으면 육체의 욕망을 채울 수 없다.

욕망을 제대로 파악하고 소중히 하면 삶의 방향을 올바로 선택할 수 있고 참된 행복을 누릴 수 있다. 욕망을 소중히 하라는 것이 반드시 그 욕망을 충족시켜야 한다는 뜻은 아니다. 그저 자신의 욕망에 세심히 귀기울이고 소중히 하다 보면 그 욕망들은 저절로 서로 조화를 이루게 된다. 그리고 하나의 욕망이 다른 욕망과 조화를 이룰 때 그 욕망은 참된 욕망이 된다.

하나의 욕망이 다른 욕망과 서로 조화를 이룰 때 참된 욕망이 된다 우리는 알게 모르게 참된 욕망을 잊어버릴 때가 많다. 또는 가진 욕망들이 너무도 다양해서 그 사이에 갈등이 일어나기도 한다. 이성은 우리가 강인해지기를 바라지만 영혼은 우리가 사랑으로 충만한 사람이 되기를 바란다. 인생을 전체적으로 보지 못하면 이성의 욕망에 따라 물질적인 풍요만 좇게 되며, 사랑과 행복을 추구하는 영혼의 욕망과 충돌을 일으키게 된다.

인류의 역사에서는 이렇게 갈등하던 영혼과 이성이 한바탕 싸움을 벌인 끝에 이성이 승리를 거두었다. 특히 서구의 물질주의 사회에서는 이성이 영혼을 완전히 이겨버렸다. 승리를 거둔 이성은 이렇게 말한다. "서로 사랑하고 행복해하는 것 따위에는 관심이 없다. 돈만 있으면 얼마든지 행복할 수 있다."

하지만 전통적인 동양사회에서는 대부분의 경우 영혼이 이성을 이긴다. 동양에서는 정신의 행복을 우선시하며 그 행복은 내면으로부터 온다고 믿는다. 그리고 이성은 영혼의 욕망을 존중한다. 이러다 보니 영혼의 욕망을 존중하느라고 물질적인 성공을 향한 이성의 욕망을 억누르는 경우가 많았다. 행복과 사랑으로 충만한 삶을 바라는 영혼의 욕망은 이루어지는데 물질적인 성공을 원하는 이성의 욕망은 외면당한 셈이다.

하지만 이제는 더 이상 영혼과 이성이 싸울 필요가 없다. 앞에서 살펴본 것처럼 인간의 추상적인 사고능력은 한층 발달했다. 그래서 무엇이 더 낫고 못하고를 따질 필요가 없는 경우도 있음을 알게 되었다. 욕망이 바로 그런 경우다. 욕망을 말할 때는 어떤 것이 더 낫고 못하고를 따질 필요가 없다. 영혼의 욕망이라고 해서 이성이나 감정 아니면 육체의 욕망보다 더 낫지도, 그렇다고 못하지도 않다. 이 욕망들은 서로 다르다. 하지만 서로 조화를 이루어 함께할 수 있다.

　육체와 감정, 이성과 영혼의 네 가지 욕망을 모두 소중히 여길 때 우리는 비로소 자신의 참된 욕망을 느낄 수 있다. 이 네 가지 욕망을 소중히 하기 위해서는 이들을 방해하는 열두 가지 현상을 극복해야 한다. 이 현상들만 주의하면 자신이 원한다고 생각하는 것과 자신이 진정으로 원하는 것이 어떻게 다른지를 알 수 있다.

참된 욕망은 육체·감정·이성·영혼의 네 가지 욕망이
조화를 이룰 때 비로소 느낄 수 있다

　우리는 복수, 집착, 의심, 합리화, 반항, 굴복, 회피, 변명, 거부, 망설임, 화풀이, 희생 등 열두 가지 이유로 인해 자신이 진정으로 원하는 것을 잊어버리게 된다. 자, 그럼 지금부터 이 열두 가지 현상에 대해 자세히 살펴보도록 하자.

화가 난다. 하지만 복수하지는 않는다

　화가 나는데 그 화를 어떻게 풀어야 할지 모를 때가 있다. 그럴 때 선택하기 쉬운 해결 방법 중의 하나는 자신도 똑같이 앙갚음하는 것이다. 누군가를 괴롭히고 싶다는 것은 사랑으로 충만한 사람이 되려는 영혼의 욕망을 잊었다는 뜻이다. 마음 한편에서는 사랑을 베푸는 사람이 되고 싶지만 다른 한편에서는 누군가를 괴롭히고 싶은 생각이 든다면, 우리 내면의 힘은 그 중간에서 오도가도 못하게 된다.

　"화내지 말고 복수하라"는 말이 있다. 이것은 영혼의 욕망과는 완전히 상반되는 말이다. 누군가를 미워하고 괴롭히고 싶은 마음이 강

렬해지면 그 사람을 괴롭히는 일은 제대로 할 수 있을 것이다. 하지만 그렇게 한다고 해서 마음이 편해지거나 행복해지지는 않는다. 자신이 진정으로 원하는 일에 쏟을 수 있는 시간과 힘을 쓸데없는 일에 낭비해버리기 때문이다.

우리가 가진 힘과 시간, 관심에는 한계가 있다. 인생에서 정말 바라는 것이 사랑과 행복이라면 복수란 시간과 힘의 낭비일 뿐이다. 자신을 괴롭히거나 배신한 사람에게 나쁜 일이 일어나기를 바라는 것도 힘을 낭비하는 일이다. 다른 사람을 욕하고 비난할 때마다 우리는 자신이 진정으로 원하는 것을 향해 나아가는 길에서 벗어나게 된다.

다른 사람을 욕하고 비난하면 자신과 신을 신뢰하지 못하고 내면의 힘을 잃게 된다. 그리고 '그 사람 때문에 나는 행복할 수 없다. 그 사람 때문에 나는 원하는 것도 얻을 수 없다. 그 사람이 변하거나 사라지거나 나만큼 고통받기 전에는 내 마음이 편해지지 않을 것이다' 라고 생각하게 된다.

하지만 미운 사람에게 복수를 한다고 해도 그로 인해 얻은 즐거움은 별로 오래 가지 못한다. 그 같은 복수가 잠깐의 즐거움은 줄지 모르지만 상처를 치유해주지는 못한다. 그리고 내 행복을 빼앗아갔기 때문에 복수한 것이라고 끊임없이 자신의 행동을 정당화하게 된다. 복수를 하면 사랑을 주는 사람이 되고자 하는 영혼의 욕망을 외면하게 될 뿐 아니라 원하는 것을 얻을 수 있는 힘도 낭비하게 된다.

하지만 용서와 함께 미움을 떨쳐버리면 자신의 힘과 열정을 복수에 낭비하지 않아도 된다. 복수하겠다, 그래서 한번 따끔하게 혼내주겠다고 생각하는 것은 그 대상에게 우리 머리의 일부분을 내어주는 것과 같다. 꿈을 실현할 수 있는 힘을 그 대상 때문에 낭비하게 되는 셈이다. 복수하겠다는 생각을 버리면 다른 사람에게 의지하지 않고도 사랑과 행복을 되찾을 수 있다.

집착에서 벗어나 욕망을 소중히 하라

물건이나 사람을 잃으면 슬픔이나 두려움, 후회, 좌절과 같은 부정적인 감정에 빠지게 된다. 이런 감정이 생기는 것은 일종의 치유 과정으로, 고통에서 벗어나기 위해서 반드시 거쳐야 하는 과정이다. 그런데 마음을 다스려서 부정적인 감정을 해소하는 방법을 모르면 더 이상 자신의 것이 될 수 없는 대상에 계속 집착하게 된다.

마음의 상처가 치유되지 않으면 집착에서 벗어날 수 없다. 과거에 연연하다 보면 자신도 모르는 사이에 앞으로 펼쳐질 미래를 외면하게 된다. 물론 집착이 완전히 잘못된 일은 아니다. 무엇인가를 잊지 못하고 거기에 연연한다는 것은 순수한 애정의 표현일 수도 있다. 누군가를 사랑하면 그 사람을 잊지 못하고 그에게 매달리게 된다. 하지만 잊어야 할 때가 되면 마음에서 떠나보내야 그 사랑을 영원히 간직할 수 있다. 버릴 때가 되었다면 과감히 떨쳐버릴 수 있어야 한다.

더 이상 자기 것이 될 수 없는데도 버리지 못하고 거기에 매달리면 집착은 병이 된다. 잊을 때가 되었다면 아무리 힘들어도 훌훌 털고 마음에서 떠나보내야 한다. 그래야 새롭고 더 많은 것을 가져올 수 있는 변화를 수용할 수 있다.

아무리 힘들어도 변화는 늘 새롭고 더 많은 것을 향해 열려 있다

집착하면 상실감이나 좌절감에 빠지기 쉽다. 이러한 집착에서 벗어나려면 사랑이 필요하다. 우리에게 필요한 것은 특정한 사람이나 사물이 아니라 그 대상이 우리에게 주는 사랑이다. 사람은 누구나 고유하다. 하지만 '고유한 누군가'가 우리에게 주는 사랑은 어디서나 찾을 수 있다. 잊어야 할 사람을 잊고 나면 다시 새로운 사람을 만날 기회가 찾아온다. 버려야 할 것을 제때 버리지 못하면 고통으로 다가온다.

상실감이나 좌절감이 고통스러운 것은
새로운 사랑을 향해 마음을 열지 않기 때문이다

집착에서 벗어나기 위해서는 그 대상에게 연연해하는 이유를 먼저 알아야 한다. 사랑과 지원을 받는 데 익숙한 사람은 사랑받지 못하면 자신에 대해 혼란스러움을 느낀다. 그래서 다시 자신을 사랑해줄 사람을 찾아나선다. 자신에게 진정으로 필요한 것은 특정한 사람이 아니라 그(녀)가 줄 수 있는 사랑이라는 것을 미처 알지 못한 채로 말이다. 참된 자기 자신을 되찾게 해주는 사랑은 어디서든 찾을 수 있다. 바로 그 사람을 대신할 수 있는 사람은 이 세상 어디에도 없다. 하지만 그(녀)가 줄 수 있는 사랑은 다른 사람도 얼마든지 줄 수 있다. 물론 또 다른 사랑을 찾을 때까지는 그가 떠나버린 빈자리 때문에 괴로움을 느끼긴 하겠지만 말이다.

우리가 집착하는 것은 사람이나 사물만이 아니다. 우리는 욕망에도 집착한다. 더 많은 것을 갖고 싶다는 욕망에 집착하게 되면 더 많이 가져야만 행복할 수 있다고 믿는다. 그런 생각을 한다면 지금의 자신으로도 얼마든지 행복할 수 있다는 사실을 잊어버리게 된다. 그래서 돈을 더 많이 번다거나 더 큰 텔레비전을 가져야 행복할 수 있다고 생각한다. 더 큰 텔레비전이 있어야 행복할 것이라고 생각하면 더 큰 텔레비전에 집착하게 된다. 한동안은 그 텔레비전만 있으면 행복할 수 있을 것처럼 생각한다. 사랑 없이는 참된 자기 자신을 찾을 수 없다는 사실을 깨닫기 전까지는 우리는 끊임없이 이런 집착에 빠져 헤매게 된다.

머리만으로 이러한 집착에서 빠져나오려고 하면 내면의 열정과 욕망을 부정하게 될 수도 있다. 꿈꾸지 않으면 꿈을 실현시킬 수 있는 힘을 얻을 수 없다. 집착을 버리려고 아예 모든 욕망을 포기하는 사람도 있다. 그런 사람들은 "집착해서는 안 돼"라고 자신에게 말하면서, 참된 욕망을 부정하면 집착에서 벗어날 수 있다고 생각한다. 하지만 이것은 잘못된 태도다. 집착을 털어버린다는 이유로 욕망을 억압하거나 부정해서는 안 된다.

기도와 명상을 통해 첫 번째 사랑 탱크를 채우면 마음이 평온해지고 정신이 깨끗해진다. 그 결과 예전에 더 큰 텔레비전이 있어야 얻을 수 있다고 생각했던 그 행복을 얻고 나면 텔레비전에 대한 집착이 사라진다. 물론 그 뒤에도 텔레비전을 원하기는 한다. 하지만 그것이 있어야 행복할 수 있다는 생각은 없어진다. 텔레비전을 원하지만 거기에 집착하지는 않는 것이다. 욕망은 있으되 집착하지 않으면 열정과 함께 그 욕망을 이룰 수 있는 힘이 솟아난다.

의심을 의심하라

문제를 해결하고 원하는 삶을 살아갈 수 있는 힘을 얻으려면 모든 것이 불확실한 상태에서 출발해야 한다. 지혜와 지식을 얻기 위해서도 처음에는 잘 모른다거나 불확실하다는 생각에서 출발해야 한다. 단순히 잘 모른다는 것은 할 수 있다는 것을 믿지 않는 의심과는 완전히 다르다. 모른다는 상태에서도 할 수 있다는 믿음은 얼마든지 가질 수 있기 때문이다.

잘될지 안 될지 확신이 서지 않을 때는 '나는 잘 모른다. 잘될 수도 있고 그렇지 않을 수도 있다. 하지만 잘될 것이다'라고 생각하면 된다. 의심하지 않고 불확실하다고 생각하면 잘될 가능성도 있다는 사실을 인정하는 셈이 된다. 이런 상태라면 '잘될 수 있다'는 믿음은 얼마든지 가질 수 있다. 잘 모르면서도 무조건 '안 된다'라는 의심이 생길 때는 이 의심을 의심하고 가능성을 찾아보도록 하자.

의심하지 않고 불확실하다고 생각하면
잘될 가능성도 있다는 사실을 인정하는 셈이다

의심하지 않고 잘 모르겠다고 생각하면 자신의 가장 창의적인 부분을 만날 수 있다. 이미 많은 것을 알고 있는 사람은 새로운 것을 찾으려고 하지 않는다. 하지만 모르는 것이 있으면 그 답을 찾으려 한다. 문제가 있는 곳에는 해결책도 가까이 있다. 불확실하면 계속해서 답을 찾아야 한다. 내가 즐겨하는 기도 중의 하나가 바로 "길을 보여주소서"라는 것이다. 다음에 무엇을 해야 할지 모를 때면 나는 언제나 이렇게 기도한다. 그러면 길이 보이고 원하는 것을 얻게 된다.

걱정이 생길 때마다 나는 안 될 것이라고 의심부터 하니까 걱정이 앞서는 것이라고 스스로를 위로한다. 그러면 걱정이 사라진다. 잘 모른다는 불확실성 뒤에는 언제나 새로운 해답이나 밝은 판단력이 따라온다는 사실을 잘 알고 있기 때문이다.

걱정에서 벗어나고 싶을 때면 나는 이런 방법을 쓴다. 우선 내 자신에게 무엇이 걱정스러운지 물어본다. 그런 다음 "그런 일이 정말로 일어날 것이라고 생각하는가?"라고 다시 물어본다. 그러면 걱정하는 일이 정말 일어날지 안 일어날지 확실하게 모른다는 생각이 든다. 어떤 일이 일어날지 안 일어날지 확실치도 않은데 무조건 그 일이 일어날 것이라고 생각할 때 우리는 걱정을 하게 된다. 모든 가능성을 향해 마음을 열고 그 마음이 인도하는 대로 따라가면 얼마든지 자신감을 되찾을 수 있다.

나쁜 일이 정말로 일어날지 안 일어날지는 아무도 모른다

원하는 일이 이루어지지 않을 것이라는 의심이 들면 그것을 원하는 마음은 저절로 사라진다. 의심이 열정을 죽이고 원하는 마음을 막아버리기 때문이다. 의심에서 벗어나려면 '내 자신은 확실히 모르기 때문에 모든 가능성을 받아들여야 한다'는 태도가 필요하다.

안수치료를 하다 보면 나의 강한 힘이 환자의 몸으로 제대로 흘러 들어가지 않을 때가 있다. 환자가 나를 신뢰하지 않고 의심해서, 그 의심이 자연에서 오는 치료의 힘을 막아버리기 때문이다. 그럴 때면 나는 환자에게 자신이 원하는 것을 큰 소리로 말해보라고 시킨다. 그러면 치료의 힘이 금세 환자의 몸으로 흘러 들어간다.

자신이 원하는 것을 느끼고 말하면 그것을 얻을 수 있다고 생각하고 믿게 된다. 의심을 털어버리면 원치 않는 일이 일어나지 않기를 바라는 데에 힘을 낭비하는 대신, 원하는 일에 모든 힘을 쏟아넣을 수 있다.

합리화의 덫을 조심하라

자신의 참된 욕망을 회피하는 방법의 또 한 가지는 그것이 필요없다고 스스로를 합리화하는 것이다. 마음은 어떤 일을 하고 싶지 않은데 이성이 그 일을 해야 한다고 이성적으로 설득하면 결국 그 일을 하게 된다. 나치 전범들을 재판할 때의 일이다. 유대인 포로들에게 왜 그렇게 가혹하게 대했느냐는 질문에 그들은 한결같이 "그렇게 하라고 명령받았다"라고 대답했다. 평범한 사람이 잔인한 살인마가 되기는 쉽지 않다. 하지만 자신을 합리화하기만 하면 자기 생각에 상관없이 무슨 일이든 할 수 있다. 이것이 바로 우리 인간이다.

합리화는 할 수 있다는 것을 믿지 못하거나 어떤 일이 불가능하다고 생각할 때도 나타난다. 그럴 때는 원하는 것을 계속 추구하는 대신 자신은 그것을 원하지 않는다고 스스로를 합리화한다. 그래서 목표로 한 일을 이루지 못하면 합리화를 하기 위해 자신에게 이렇게 말한다. "속상해할 필요 없어" "항상 성공할 수는 없잖아" "나한테는 맞지 않는 일이었어" "목표를 너무 높게 잡았기 때문이야" "현재로서는 불가능한 일이야" "아직은 때가 아니야."

자신의 감정을 제대로 느끼고 그것을 해소할 때 '자신에게 말하기'가 많은 도움이 되는 것은 사실이다. 그런데 부정적인 감정을 해소하겠다며 자신에게 말하기를 할 때 그런 감정을 아예 무시해버리는 경우가 있다. 그런 식은 곤란하다. 그렇게 하다가는 부정적인 감정을 억압하거나 오히려 증폭시켜서 원하는 것을 느낄 수 있는 마음도 덩달아 억압할 수 있다. 오랫동안 감정을 억누르고 살아온 사람들은 자신이 무엇을 원하는지 잘 모른다. 자신이 필요로 하는 것과 원하는 것을 충족시킬 수 있는 능력을 잃어버렸기 때문이다.

부정적인 감정은 일단 그것을 느끼기만 하면 해소가 가능하다. 어린아이들은 거의가 이런 능력을 지니고 있다. 그래서 자신을 이해하고 사랑해주는 부모나 보호자에게 자신의 부정적인 감정을 털어놓기만 하면 저절로 긍정적인 기분으로 되돌아간다.

그런데 성인이 되면 자신의 부정적인 감정을 해소할 때 좀처럼 다른 사람에게 의지하지 못한다. 그 대신 스스로에게 의지하게 된다. 대부분의 성인들은 다른 사람의 부정적인 감정에 별로 관심이 없다. 그러므로 자신의 부정적인 감정을 스스로에게 털어놓아야 한다. 그럴 때 자신의 생각이나 감정 그리고 욕망을 글로 적어보면 자신의 마음을 이해하는 데 많은 도움이 된다. 편견이나 거부감 없이 자기 생각에 귀를 기울일 수 있다면 부정적인 감정들은 참된 자기 자신으로 이끌어줄 것이다.

그러나 부정적인 감정을 아예 외면하기 위해 합리화를 하다 보면 결국은 감정을 억압하면서 자신의 본성에서도 멀어지게 된다. 이렇게 합리화를 하면 잠시 동안은 마음이 편해지기도 한다. 하지만 그럼으로써 이어지는 부작용이 어마어마하다. 참된 자신에게서 멀어지게 될 뿐만 아니라 삶의 활기를 잃어버려 하루하루가 지루하고 재미없게 된다. 감정을 억압하면 살아가는 힘이 사라져버린다.

그런데 더욱 심각한 문제는 합리화를 하면 후회하는 마음도 잃어버리게 된다는 것이다. 후회할 줄 알아야 자신의 문제를 고치고 더 나은 방향으로 나아갈 수 있다. 누군가를 괴롭혔다. 하지만 합리화만 하면 그를 괴롭힌 데 대해 조금도 죄의식을 느끼지 못한다. '그렇게 하지 않으면 내가 원하는 것을 얻을 수 없었어'라거나 '미안해할 필요없어. 이건 내 책임이 아니야'라고 생각하면 그걸로 끝인 것이다.

이렇게 자신을 합리화하면 다른 사람을 불쌍히 여기는 마음을 잃어버리게 된다. 자신에게 직접적인 책임이 없다 해도 불행한 사람을 보면 동정하고 그 사람이 불행에서 벗어나기를 바라는 것은 인지상정이다. 하지만 합리화 때문에 동정심을 잃어버리면 마음의 문은 더욱 굳게 닫힌다.

합리화를 하면 후회하는 마음을 잃어버리게 된다

간혹 마음이 안 된다고 만류하는 일을 할 때가 있다. 이성이 합리적인 이유를 내세우기 때문이다. 나는 열여섯 살 때 처음으로 마음과 이성 사이의 갈등을 경험했다. 차를 타고 신문을 배달할 때의 일이었다. 갑자기 뭔가 쾅하고 부딪히는 소리가 들렸다. 차를 세우고 밖으로 나가보니 개 한 마리가 다쳐서 쓰러져 있었다. 처음에는 그 개가 무척 불쌍해 보였다. 나는 어떻게 해야 할지 몰라 고민스러워졌다. 그런데 곧이어 개를 치었다고 욕먹을지도 모른다는 생각이 들자 말썽이 일어나기 전에 그 자리를 피해야겠다는 생각이 들었다. 그래서 얼른 개를 도로 옆으로 옮겨놓고는 차를 타고 그 자리에서 도망쳤다.

마음속으로는 잘못했다는 생각을 했다. 하지만 나는 개를 도와주어야 한다는 마음의 말 대신 이성의 말을 따르고 말았다. 개를 병원까지 데려가지는 못하더라도 가까이 있는 집을 찾아가 사정을 설명하고 개를 돌봐달라고 부탁 정도는 할 수 있었는데. 그러나 나는 그렇게 하지 않았다.

한참 세월이 지나서야 나는 그때 왜 그런 짓을 했는지 이해하게 되었다. 그 당시 나는 다친 개를 보자 '나는 과속을 하지 않았고 개는 보지도 못했다. 나는 개를 칠 생각이 없었다'라고 생각했다. 이렇게 스스로를 합리화하고 나자 개가 불쌍하다는 생각이 사라져버렸다. 그러자 잘못했다는 생각도 사라졌고 나는 다시 차를 타고 그 자리를 떠났다. 내 자신을 용서하기는 했지만 그때 얻은 교훈은 결코 잊을 수가 없다. 그 뒤로는 미안하다거나 후회스러운 마음에서 벗어나기 위해 나 자신을 합리화하는 일이 없도록 주의하고 있다.

미안하다거나 후회하는 마음은 양심으로 향하는 문과 같다. 삶의 활력과 목표의식을 불러일으키는 데 있어서 다른 사람을 불쌍히 여기는 마음은 매우 중요하다. 그런 마음을 가지면 다른 사람을 돕고 세상을 바꿔야겠다는 참된 욕망이 되살아난다.

반항하려는 마음에 반항하자

정말로 싫은 사람이 있으면 그 사람이 시키는 일은 하기도 싫고 그저 대들고만 싶어진다. 그런 사람은 대개 우리를 마음대로 움직일 수 있는 힘을 가진 사람인 경우가 많다. 그런 사람에게 대들고 반항하고 나면 '내 마음대로 할 수 있는' 자유가 생겼다는 생각이 들기도 한다.

하지만 단지 싫어하는 사람이 시킨 일이라는 이유로 그 일이 하기 싫고 또 그 일을 하지 않는 것은 결코 자신의 참된 욕망이나 자유의지의 표현이 아니다. 물론 별로 하고 싶은 일이 아닌데도 단지 누군가에게 반항하기 위해 그 일을 한다면 그것 역시 참된 욕망의 표현이 아니다.

굉장히 싫은 사람이 있다. 그 사람은 우리가 어떤 일을 하는 것을 대단히 싫어한다. 그래서 그에게 반항하기 위해 그 일을 한다. 그러고는 그 사람이 원하지 않는 일을 했다는 생각에 기분이 좋아진다.

하지만 이렇게 하면 공연히 힘만 낭비하게 된다. 반항했으니까 '본 때를 보여주었다'는 생각이 들지도 모르겠지만, 그것은 우리가 여전히 그 사람에게 좌지우지되고 있음을 드러내는 것에 불과하다. 자신이 진정으로 원하는 일을 하지 않는 이상 손해보는 것은 자신뿐이다.

힘은 자신이 하고 싶은 일을 할 때 생긴다. 다른 사람 때문에 내가 변하여 행동을 달리한다면 그것은 결국 나의 패배일 뿐이다. 다른 사람이 싫어하는 일을 하는 것이 내 마음대로 할 수 있다는 자유를 과시하는 것이라는 생각은 착각에 불과하다. 그것은 내가 여전히 그 사람의 영향력에서 벗어나지 못했음을 보여주는 것일 뿐이다. 그 사람이 좋아하든 싫어하든 그 일을 하게 된 이유는 바로 내가 아닌 그 사람에게 있기 때문이다.

> 다른 사람이 싫어하는 일을 하면 내 마음대로 할 수 있다는 힘을
> 과시하는 것처럼 보일 수도 있다
> 하지만 사실은 그 사람의 영향력에서 벗어나지 못했음을 보여주는 것일 뿐이다

아버지를 무척 싫어하는 남자가 있었다. 그의 아버지는 아들에게 늘 아무것도 못하는 못난이라고 야단쳤다. 그 소리에 진력이 난 그는 아버지에 대한 반항심으로 아버지가 틀렸다는 것을 증명해보이기로 작정했다. 나중에 그는 크게 성공하여 백만장자가 되었다. 아버지에 대한 거센 반항심이 그를 성공으로 이끈 것이다. 그런데 부자가 되기는 했지만 마음의 문을 굳게 닫아버렸기 때문에 그는 성공하고도 전혀 행복하지 않았다.

정리해보면 이렇다. 누군가에게 반항하거나 그가 틀렸다는 것을 증

명해보이기 위해 어떤 일을 할 때가 있다. 이것은 그 싫어하는 사람이 우리를 마음대로 하도록 내버려두는 것일 뿐, 우리 자신에게는 아무런 이득이 되지 않는 일이다. 시간낭비요, 에너지 낭비인 것이다.

그런데 우리 사회에는 이런 일이 수없이 많이 일어나고 있다. 여기저기서 벌어지는 고소고발 사건들이 바로 그 예다. 물론 꼭 필요해서 고소하는 경우도 있지만 대부분의 경우는 불필요한 일에 돈과 시간을 낭비하고 있는 것이다. 대수롭지도 않은 일을 법정으로 끌고 가서 돈과 시간·정력을 낭비하는 대신, 그 시간에 자신이 정말로 하고 싶은 일을 하는 것이 훨씬 낫지 않을까? 고소고발이란 누군가의 허락 없이는 내가 바라는 것을 얻을 수 없다는 사실을 만천하에 알리는 것일 뿐이다.

어떤 사람에게 대들고 싶고, 그 사람을 알기 전에는 생각하지 않았던 일을 해야겠다는 마음이 들면 나는 그런 생각에서 벗어나려고 애쓴다. 반항하려는 마음에 반항하는 것이다. 그럴 때마다 나는 스스로에게 이렇게 묻는다.

"내 소중한 시간에 정말로 그 일을 하고 싶은 건가? 만약 그 사람이 내게 좀더 잘해준다면 그때는 어떻게 할 것인가?"

현실에 굴복하지 말고 현실을 받아들이자

바라던 일이 이루어지지 않으면 순순히 그 결과를 받아들이는 대신 아예 모든 것을 포기하고 그대로 주저앉아버리는 경우가 있다. 그러면 자신과 신에 대한 믿음뿐만 아니라 자신의 욕망까지 포기하게 된다. 현실을 받아들이는 것과 현실에 굴복하는 것은 비슷해 보이기는 하지만 아주 미묘한 차이가 있다. 현실을 받아들인다는 것은 현재 상태를 거부하지 않겠다는 뜻이다. 있는 그대로의 자신을 받아들이고 자신이 어떻게 할 수 없는 일은 그대로 인정하겠다는 뜻이다. 이것은 결코 원하는 것을 포기한다는 뜻이 아니다.

현실을 받아들인다는 것은 현상태를 거부하지 않겠다는 뜻이다

　현실을 받아들이면 자신이 바라는 것을 얻고자 하는 시기에 약간의 수정을 가하게 된다. 현실을 받아들이면 원하는 것을 당장 가져야겠다는 조급함에서 벗어나게 된다. 인내심이 생기는 것이다. 느긋해진다고 해서 원하는 것을 갖겠다는 의지가 약해지는 것은 아니다.
　과거의 상처를 치유하다 보면 언젠가는 부모님이 내가 바라는 사랑을 베풀어줄 것이라는 기대를 버리고 현실을 받아들여야 할 때가 있다. 하지만 그럴 때라도 무조건적이고 순수한 사랑에 대한 소망을 포기할 필요는 없다. 현실을 받아들이면 마음의 문이 열린다. 그래서 자신이 바라는 것을 좀더 다양한 방식으로 받아들일 수 있게 된다. 바라는 것을 얻을 수 있다면 그것을 누가 어떻게 주느냐는 아무 상관이 없다. 그리고 일단 바라는 것을 얻고 나면 참된 자신으로 돌아가 참된 욕망을 느낄 수 있게 된다.
　현실을 받아들이면 지금껏 바라던 것이 비현실적이었다는 생각이 들어 목표를 조정하게 되는 경우가 종종 있다. 조정한다는 것은 포기한다는 뜻이 아니다. 지금의 자기 자신을 받아들이면서 자신이 원하는 것을 계속해서 추구한다는 뜻일 뿐이다.
　내가 자주 하는 기도 중에 현실을 받아들이는 것과 현실에 굴복하는 것의 차이를 보여주는 기도문이 하나 있다. 바로 이 기도문이다.
　"하느님, 제가 바꿀 수 없는 것은 받아들이고 제가 바꿀 수 있는 것은 바꿔버릴 용기를 주소서. 그리고 그 둘의 차이를 이해할 수 있는 지혜를 제게 주소서."

회피하려는 마음을 회피하자

회피가 아무 도움도 되지 않는다는 것을 알게 되면 진정으로 바라는 일을 회피하는 짓은 하지 않을 것이다. 자신이 원한다고 생각한 것이 사실은 진정으로 바라는 것과 정반대인 경우가 종종 있다. 그래서 여러 가지 욕망들이 서로 상반되어 충돌을 일으키면 그것들을 실현시킬 힘이 사라지고 만다.

필요하거나 원하는 것을 얻을 수 없다는 생각이 들면 그 대신 다른 것을 원하거나 필요로 하게 된다. 내 경우를 예로 들어보겠다. 책을 쓰다 보면 종종 죽도록 글쓰기가 싫은 날이 있다. 그럴 때는 신기하게도 책 쓰는 일말고도 다른 할 일들이 마구 생각난다. 그래서 옷장을 정리하거나 쌓아두었던 팩스를 읽고, 금전출납부를 정리하고, 쇼핑을 가기도 한다. 책 쓰는 것만 아니면 무슨 일이든 하게 된다. 이런 일들은 모두 내가 하고 싶어서 한 일들이다. 하지만 사실은 그렇지 않다. 이러한 일들은 책을 쓰기 싫다는 원래의 욕망을 대신해주는 것일 뿐이다.

어떤 일이 상낭히 하고 싶다. 그런데 사실은 정말로 하기 싫은 다른 일을 회피하기 위해 그런 생각을 갖게 되는 경우가 종종 있다. 또 실패할까 봐 두려워서 일을 미룰 때도 있다. 하지만 자신이 진정으로 원하는 것이 무엇인지 모르면 잠재된 힘을 발휘할 수 없다. 그러다 보면 한없이 잘못된 삶을 살게 된다. 조금만 생각을 바꾸면 옳은 방향으로 접어들어 모든 것이 제대로 돌아갈 수도 있는데 말이다. 삶의 옳은 방향이란 자신이 진정으로 원하는 것을 추구할 때만이 찾을 수 있는 것이다.

生각을 바꿔 참된 욕망을 되찾으면 모든 일은 제대로 돌아가게 된다

사랑에 빠진다. 하지만 사실은 사랑이 필요한 것이 아니라 외로움을 느끼기 싫은 것뿐이다. 성공에 집착한다. 하지만 진정으로 원하는 것은 성공이 아니라 실패에 대한 두려움과 무능력하다는 비난에서 벗어나려는 것뿐이다. 물론 이 실패나 무능력에 대한 두려움은 치유받지 못한 과거에서 연유한 것이다. 피곤하거나 낮잠을 자고 싶다는 생각이 든다. 하지만 실은 다른 할 일에서 벗어나고 싶어서 그런 생각이 들었는지도 모른다. 이처럼 하고 싶다는 생각이 드는 일들 중에는 '진정으로 하고 싶은 일'을 대신하기 위해 선택된 것들이 많다. 이런 일들이 많아지면 원하는 것을 이룰 수 있는 힘은 점점 약해진다.

회피하려고 할수록 욕망은 순수하고 강하고 긍정적인 모습을 잃는다. 직장에서 스트레스를 많이 받는 사람들은 다른 직업을 가지고 싶어한다. 그들은 즐겁게 일하고, 즐기고 도전하면서 의미 있는 일을 할 수 있기를 바란다. 이런 식으로 자신이 무엇을 원하는지 분명하게 해두지 않으면 힘을 상실하게 된다. 아무리 문제에서 도망치려고 애써도 그 문제는 어디서든 우리를 기다리고 있다. 진정으로 원하는 것을 회피하고 대신에 다른 것을 원하는 척하는 것은 전혀 도움이 되지 않는다. 그렇게 하면 큰 힘을 발휘할 수 있는 참된 욕망을 잃어버릴 뿐이다.

문제에서 도망치려 해도 그 문제는 어디서든 우리를 기다리고 있다

영혼의 힘은 자신이 진정으로 원하는 것과 머릿속의 욕망이 일치할

때 가장 강력해진다. 진정으로 원하는 것을 가지려고 노력하지 않고 회피하기만 하면 영혼의 욕망을 충족시킬 기회는 날아가버리고 만다.

주저하면 할수록 시간과 힘만 낭비하게 된다. 주저하고 싶지 않다면 주저하던 일을 하는 자신의 모습을 상상해보자. 그 일을 하면 어떤 기분이 들까? 그 일을 아주 쉽게 해내는 자신을 상상해보자.

'주저하던 일을 끝내면 기분도 좋고 자신감도 생기겠지!'

이런 상상을 하면서 신에게 도움을 청하면 얼마 안 가서 주저하던 일들을 하겠다는 마음이 생긴다. 하기 싫은 일에서 하고 싶은 일로 관심을 돌리기만 하면 우리는 무한한 힘을 얻게 된다.

변명은 성공의 적

지나치게 많은 것을 바라거나 자신을 정당화하느라고 자신이 무엇을 원하는지 잊어버리는 경우가 있다. 두 사람이 말다툼을 한다. 손뼉도 마주쳐야 소리가 나는 법. 둘 다 잘못을 했는데도 상대방이 사과하기 전까지 자신의 잘못을 인정하려 하지 않는다. 이런 식으로 상대방이 사과하기 전까지는 말다툼에 대해 후회하거나 책임지지 않겠다고 하면, 삶의 모든 경험에서 지혜와 교훈을 얻어 성장하고 싶다는 욕망을 외면하는 것이 된다. 이들은 후회하거나 양심의 가책을 느끼는 대신 그저 자신을 정당화하고 있을 뿐이다.

실수를 하면 왜 그런 일을 하게 되었는지 이유를 대게 마련이다. 핑계 없는 무덤은 없다. 실수하고 싶어서 하는 사람도 없다. 누구든 실수를 하면 변명을 늘어놓는다. 하지만 아무리 그럴듯한 변명을 해도 실수는 실수일 뿐이다. 자신의 실수를 인정하지 않으면 진심으로 후회할 수도 없고 양심의 가책을 느끼거나 반성할 수도 없다. 또 자신의 태도나 행동을 고칠 수도 없다. 그러다 보면 배우고 발전하려는 욕망을 잃어버리게 된다. 무조건 변명하고 정당화하는 것은 자신에게 아무런 도움도 되지 않는다.

어느 월요일, 한 친구를 만나 반가운 마음에 그의 팔을 탁 쳤다. 친구라면 누구나 할 수 있는 행동이다. 그 주 금요일에 다시 그 친구를 만났다. 그는 팔을 다쳤다. 하지만 옷으로 가리고 있었기 때문에 그가 팔을 다친 것을 몰랐다. 나는 지난번에 했던 것과 똑같이 그의 팔을 치면서 인사를 했다. 그러자 팔을 다친 친구가 아프다고 소리를 질렀다.

이런 상황이 벌어지면 먼저 스스로에게 이렇게 묻게 된다.

"내가 잘못한 것일까?"

이럴 때 자신을 정당화하는 데 익숙한 사람들은 거의 대부분 '아니오'라고 대답한다. 그런 사람들은 다음과 같은 말을 하면서 자신의 잘못을 정당화한다.

- ◆ 내가 잘못했다면 미안해.
- ◆ 널 아프게 했다면 미안해.
- ◆ 네가 팔을 다친 줄 몰랐어.
- ◆ 네가 팔을 다친 걸 내가 어떻게 알았겠니?
- ◆ 팔을 다쳤다고 미리 말하지 그랬어?
- ◆ 내가 아니라도 누구든 그렇게 인사했을 거야.
- ◆ 난 그저 인사하려고 했던 것뿐이야.
- ◆ 친구한테 인사하면서 팔 좀 치는 게 큰 잘못은 아니잖아?
- ◆ 아팠다니 미안하다. 하지만 네가 다친 걸 내가 어떻게 알았겠니?

이렇게 말하고 나면 잘못을 고치겠다는 생각은 좀처럼 들지 않는다. 이런 말들에는 미안하다는 마음이 전혀 들어 있지 않다. 또 잘못을 고치고 실수를 교훈으로 삼으려는 영혼의 욕망도 들어 있지 않다. 실수 때문에 욕먹는 것이 두려울 때 우리는 이런 말들을 하면서 자신을 방어하게 된다. 하지만 성공은 실수를 교훈삼아 발전하면서 똑같은 실수를 반복하지 않을 때 얻을 수 있다.

앞에 나온 변명하는 말들을 좀더 자세히 살펴보도록 하자. "내가 잘못했다면 미안해"라는 말은 실수를 인정하는 것처럼 들리지만 사실은 그렇지 않다. 실수를 인정한다면 "내가 잘못했어. 미안해"라고 말해야 한다. 마찬가지로 "널 아프게 했다면 미안해" 역시 상대를 아프게 했다는 사실을 무시한 말이다. 이 말에는 아프게 한 것을 보상해주겠다는 마음은 조금도 들어 있지 않다.

실수를 인정하면 그 실수를 만회하고 싶어진다. 그래서 실수한 상대방의 마음을 풀어주거나 보상할 수 있는 방법을 찾게 된다. 실수를 보상하고 싶은 것은 양심이 깨어 있기 때문이다. 양심이 깨어 있을 때 우리는 옳은 일, 바른 일을 할 수 있다.

'나는 그 친구가 팔을 다친 줄 몰랐어'라고 생각하면서 변명을 늘어놓다 보면, 후회하고 양심의 가책을 느끼는 대신 다른 사람을 돌봐주고 사랑을 베풀고자 하는 욕망을 억압하게 된다. 실수를 인정하면 그 실수로부터 교훈과 지혜를 얻을 수 있다. 잘 알지 못해서 실수를 했다고 변명하는 것은 잘 알았다면 그런 실수는 하지 않았을 것이라는 뜻이 된다.

실수를 하면 우선 자신을 용서해야 한다. 그리고 다른 사람도 나를 용서할 것이라고 믿어야 한다. 그래야 변명하지 않게 된다.

거부하려는 마음을 거부하자

부모에게 많이 안겨보지 못한 아이는 자라서 신체접촉을 꺼리게 된다. 어떤 욕구를 충족하지 못하고 성장하면 그로 인해 괴로워하는 대신 아예 그러한 욕구를 잊어버리게 된다. 그리고 세월이 지난 후에 누군가가 그 욕구를 채워주려고 하면 그것을 거부하게 된다. 내면의 욕구를 외면하다 보면 아예 그 욕구를 거부하게 되는 것이다. 마음은 사랑을 받아들이고 싶어하는데 이성이 그것을 가로막는다. 그래서 남들이 도움과 사랑을 주려고 해도 그것에 아무런 관심을 갖지 못한다.

자신이 원하고 필요로 하는 것을 거부하지 않으려면 믿을 수 있는 상대방에게 도움을 청해야 한다. 필요하다는 것을 알고 그것을 받아들이는 것은 익숙하지 않은 것을 달라고 부탁하는 것이다. 처음에는 그 사람이 주는 도움에 대해 거부감이 생길 수도 있다. 하지만 그럴 때 느껴지는 자신의 감정들에 솔직해져야 한다. 거부감이 들 때 느껴지는 부정적인 감정들을 제대로 해소할 수 있게 될 때 우리는 비로소 필요한 사랑을 얻으면서 고마움을 느낄 수 있다. 이때 느끼는 고마움은 필요한 사랑을 더 많이 얻게 해주는 자석과 같은 역할을 하게 된다.

필요한 사랑을 거부하는 증상 중의 하나로 참된 욕망에 대립하는 욕망을 갖는 것을 들 수 있다. 자신에게 필요한 사랑을 거부하는 사람은 그 반대되는 것을 바라게 되어, 자신이 원하는 것을 줄 수 없는 사람에게 매달려 사랑을 내놓으라고 애걸하기도 한다. 그러다가도 정작 바라던 사랑을 얻게 되었을 때는 다시 그것을 거부하게 된다.

원하는 것을 거부하는 사람은 필요없거나 가질 수 없는 것을 원한다 우리는 자신이 필요로 하는 것을 가진 사람을 거부하는 경우가 많다. 그러면서 자신이 필요로 하는 것을 줄 수 없는 사람에게 매달려 사랑을 애걸한다. 이런 식으로 자신에게 필요한 것을 거부하다 보면 어린 시절 치유하지 못했던 고통을 또다시 겪게 될 수도 있다.

필요한 것을 얻지 못하면 그것을 가진 사람을 질투하게 된다. 질투는 자신이 무엇을 필요로 하고 원하는지 깨닫는 데 있어 없어서는 안 되는 중요한 감정이다. 우리는 자신이 원하는 것을 가진 사람을 질투한다. 그런 사람에 대해 질투를 느끼지 못하면 결국에는 마땅히 누려야 할 것도 거부하게 된다.

사람들은 부자를 부러워하고 질투한다. 이것은 나쁜 일이 아니다. 나도 부자가 되고 싶다는 뜻이며 감추어진 욕망의 표출일 뿐이다. 질투가 느껴지면 마음껏 질투하자. 감추어진 욕망을 드러내어 제대로 느껴야 원하는 것을 얻을 수 있는 힘도 생긴다. 욕망을 감추어두기만 한다면 진정으로 원하는 것을 얻을 수 없다.

굉장히 멋진 차를 새로 샀을 때의 일이다. 주차장에 있던 한 사람이 내 차를 흘끗 쳐다보더니 곧 아무렇지도 않다는 듯 자기 차로 가서 시동을 걸었다. 내 차를 무시해버린 것이다. 동시에 자동차 주인인 나도 무시한 것이다. 이때 그는 단지 내 차를 쳐다보는 것을 거부한 것일 뿐만 아니라 자기 역시 좋은 차를 갖고 싶다는 욕망까지 거부한 것이다.

돈이나 물질적인 성공에 대한 욕망을 외면할 때 우리는 곧잘 이렇게 말하곤 한다.

"돈 같은 건 필요없어. 돈 많은 사람들이 어떻게 사는지 한번 보라지. 하나같이 불행하고 자식들은 재산싸움이나 하잖아? 그러니 돈 같은 건 없는 게 좋아."

하지만 질투를 털어버리면 열린 마음으로 이렇게 말할 수 있다.

"나도 그만한 돈을 벌 수 있어. 부자들이 행복하건 말건 그건 나와 상관없어. 나는 돈을 많이 벌 거야. 그리고 돈이 많아도 나는 얼마든지 행복해질 수 있어."

누군가가 부럽거나 질투가 날 때는 이렇게 말하자.

"나도 그렇게 될 수 있어."

원하는 것을 갖기 위해 옳은 방향으로 나아가고 있는 사람은 다른 사람의 행복을 함께 기뻐해준다. 그리고 자신도 그런 행복을 얻고 싶다는 마음을 숨기지 않는다.

망설이면 뒤처진다

사랑하고 또 사랑받고 싶다는 욕망을 가로막는 가장 큰 장벽은 바로 망설임이다. 누군가로부터 상처받고 나면 사랑에 대해 망설여지게 된다. 다시 상처받기 싫어서 망설이게 되는 것이다. 하지만 이렇게 해서 고통받는 것은 자기 자신뿐이다. 사랑을 느끼면서도 그 사랑을 망설이고 주저하는 것만큼 고통스러운 일은 없다. 사랑을 망설이게 되면 마음의 욕망을 억압하고 외면하게 되며, 그 결과 참된 자기 자신으로부터도 멀어지게 된다. 마음의 문을 닫아걸고 사랑을 망설이면 과거의 상처를 잊고 다시 사랑할 수 있기 전까지 삶을 제대로 누릴 수 없다.

사랑을 느끼면서도 그 사랑을 망설이고 주저하는 것만큼 고통스러운 일은 없다

또다시 상처받고 싶지 않다면 약간의 조정만 해주면 된다. 마음에 상처 입은 것을 피하겠다고 사랑까지 포기할 필요는 없다. 누군가를

사랑한다고 해서 반드시 그 사람을 즐겁게 해줄 필요는 없다. 또 그 사람이 원하는 일만 할 필요도 없다. 그렇다고 해서 아무것도 하지 말라는 뜻은 아니다. 다만 그 사람에게 마음을 열기만 하면 된다. 그 사람의 좋은 점을 보고 그 사람이 잘되기만 바라면 된다.

사랑이 남을 위해 자신을 희생하는 것이라거나 남이 나에게 상처 주도록 내버려두는 것이라면 당연히 망설이고 주저해야 할 것이다. 하지만 사랑은 그런 것이 아니다. 사랑이 망설여지면 그 망설임을 털어버려야 한다. 망설이면 사랑하고 싶은 마음이 없어진다. 그럴 때는 차라리 그 망설임을 강하게 발산하도록 하자.

망설임을 발산하려면 먼저 그 대상이 되는 사람이나 상황에 대해 자신이 느끼는 모든 감정을 글로 적어보아야 한다. 그리고 한 문장을 쓸 때마다 "다시는 당신을 사랑하고 싶지 않습니다"라는 말을 덧붙인다. 이렇게 쓰다 보면 내가 괴롭히는 사람은 나 자신뿐임을 깨닫게 될 것이다. 이러다가 부정적인 감정에 너무 깊이 빠져들게 되는 건 아닐까 하고 걱정할 수도 있다. 하지만 10년 동안 망설이는 것보다는 10분 동안 부정적인 감정에 빠지는 것이 더 낫지 않을까?

솔직한 감정들을 글로 적다 보면 자신이 사실은 그 상대가 행복하기를 바라며, 그를 용서하거나 보상해주고 싶어했다는 것을 알게 될 것이다. 적어도 그에게 아무 일도 없기를 바라고 있다는 것을 알게 될 것이다. 가끔은 보상받는다는 것이 불가능할 때도 있다. 나에게 보상해주고 싶은 마음이 없는 사람을 위해 내 힘이나 시간을 쏟는다는 것은 결코 쉬운 일이 아니다. 그럼에도 불구하고 용서하고 그가 잘살기를 바란다면 충분히 사랑을 베푼 셈이다.

화풀이는 악순환을 초래한다

가끔 다른 사람을 위해 뭔가 해주고 싶을 때가 있다. 그런데 그 상대가 무례한 태도로 너무 많은 것을 부탁하거나 요구하면 이제껏 해주고 싶던 마음이 사라져버린다. 그리고 '정중하게 부탁했다면 들어주었을지도 몰라' 하고 생각한다. 이렇게 생각하는 것이 당연하게 보일 수도 있다. 하지만 이런 식으로 생각하면 마음이 좁아지기 때문에 결국 힘들어지는 것은 자기 자신뿐이다.

상대방이 기분 나쁘게 군다고 해서 나도 똑같이 되받아 행동하다 보면 결국은 내가 남의 생각에 따라 움직이는 꼴이 된다. 우리의 영혼은 상냥하고 친절한 사람이 되고 싶어한다. 진심으로 누군가를 돕고 사랑할 마음이 있다면 그 사람의 행동이나 태도가 어떻든 마음에는 변화가 없어야 한다.

워크숍을 처음 시작했을 때의 일이다. 워크숍에 참가한 사람 중 몇몇이 불평을 해댔다. 내가 너무 말이 많다고 불평하는 사람이 있는가 하면 너무 말을 안 한다고 불평하는 사람도 있었다. 그때 나는 마음속으로 '나도 똑같이 대해주리라' 하고 생각했다.

'당신이 나를 싫어하면 나도 당신을 싫어할 것이다. 내 세미나가 싫다면 나도 더 이상 아무것도 가르쳐주지 않을 것이다.'

하지만 나는 다행히 이런 생각이 잘못되었다는 것을 깨달았다. 그래서 나에게 불평하는 사람들에게 똑같이 화풀이하지 않을 수 있었다.

좀더 나은 세상을 만들거나 직장에서 최선을 다하려고 애쓰다가 주위의 비난에 지쳐 의욕을 잃어버리는 사람들을 많이 보아왔다. 이런 사람들은 자신의 노력이 아무런 보상을 받지 못해 더 이상 노력하고 싶은 마음이 없어져 버린 것이다. 그러다 보면 힘도 잃어버리게 된다. 이럴 때 다시 힘을 얻기 위해서는 주위의 비난을 극복해야만 한다. 남들의 비난 때문에 하고 싶은 일을 할 수 없다는 것은 정말 안타까운 일이 아닐까?

똑같이 화풀이하는 대신 현명하게 대응하기 위해 나는 '그가 정중하게 부탁했다면 나는 어떻게 대처했을까?'라고 먼저 생각해본다. 그런 다음 그 대답에 맞게 행동한다. 힘을 잃지 않으려면 무례한 사람들 때문에 내 가치를 떨어뜨리는 일은 하지 말아야 한다.

무례한 사람들에게 화풀이를 한다고 그들과 똑같이 행동하면 결국은 자신의 가치와 힘만 떨어뜨리게 된다. 무례한 사람들과 똑같이 행동하면 참된 자신을 지킬 수 없다. 우리의 영혼은 언제나 사랑을 베풀고 남을 존중하고 동정하면서도 강인함을 잃지 않는 사람이 되고 싶어한다. 이런 영혼의 욕망에 따라 현명하게 대응하도록 하자.

> 무례한 사람들에게 화풀이를 한다고 그들과 똑같이 행동하면
> 결국은 나의 가치와 힘만 떨어뜨리게 될 뿐이다

누군가 내게 화를 내면 자연히 나도 그 사람에게 화를 내게 된다. 이것은 단순한 화풀이에 불과하다. 나에게 쏟아진 감정을 그대로 상대방에게 되돌려준 것이다. 그러면 부정적인 감정에서 헤어나올 수 없다. 화를 낸 사람에게 화로써 화풀이를 하면 그 상대방은 또다시 화를 내게 된다. 화의 악순환이 이어지는 것이다.

지금까지와는 다른 삶을 살고 싶다면 이런 화풀이의 악순환에서 벗어나야 한다. 누군가가 나를 괴롭히면 나도 그 사람에게 똑같은 고통을 안겨주고 싶어진다. 그러면 그 상대는 또다시 나를 괴롭히게 되고

나는 또 그 앙갚음을 하게 된다. 화풀이를 하면 마음이 풀어질 것이라는 막연한 착각 때문에 이런 악순환이 계속되는 것이다.

"이에는 이, 눈에는 눈"이라는 옛말이 있다. 사람들은 이 말에 정의가 담겨 있다고 생각한다. 그래서 나를 괴롭힌 사람에게 똑같이 앙갚음해야 한다고 생각한다. 하지만 정의란 이런 것이 아니다.

'너는 나를 괴롭혔다. 그러므로 나는 더 많이 가져야 한다. 그리고 나에게는 더 많이 가질 수 있는 힘이 있다.'

이것이 좀더 정의에 가깝다. 이런 생각은 앙갚음하고 남을 괴롭히는 대신 자신이 진정으로 원하는 것을 이루어야 행복할 수 있다는 믿음에서 나온다. 우리의 영혼은 결코 남을 괴롭히고 싶어하지 않는다. 자신이 진정으로 원하는 삶을 살기 위해 내면의 힘을 발휘하기 시작하면 앙갚음하겠다는 생각은 사라진다.

잘못된 생각에 사로잡히는 것은 쉬운 일이다. 그래서 사람들은 부정적인 감정에 사로잡혀 쉽게 화를 낸다. A가 B에게 화를 낸다. 그러자 이번에는 B가 앙갚음하기 위해 A에게 화를 낸다. 이렇게 서로에게 화를 내다 보면 문제를 해결할 수 있는 길은 점점 멀어진다.

부정적인 감정은 자기 안에서 해결하는 것이 가장 좋다. 부정적인 감정을 느끼고 해소함으로써 자신이 진정으로 바라는 것이 무엇인지를 알았다면 다음부터는 그 욕망에 따라 행동하면 된다. 가끔은 누군가에게 자신의 부정적인 감정을 털어놓는 것이 그것을 해소하는 데 도움이 될 때도 있다. 단 이 경우에 감정을 털어놓는 대상은 앙갚음하고 싶은 대상이 아니어야 한다.

해결책을 찾기 위해 누군가와 문제를 의논할 때는 그전에 먼저 자기 내부의 부정적인 감정을 찾아내어 해소해야 한다. 이런 일이 불가능하다고 생각할 수도 있다. 하지만 방법만 알면 결코 불가능한 일이 아니다. 자기 안의 부정적인 감정을 다독거려 안아주면 그 감정들은 즉시 누그러져 우리를 함부로 휘두르지 못한다. 그러면 무조건 앙갚음하겠다는 마음도 사라진다.

희생은 사랑이 아니다

누군가를 사랑하면 그 사람을 위해 희생하는 것을 행복이라고 생각하게 된다. 희생도 사랑의 표현이라고 생각하기 때문이다. 하지만 희생이란 사랑 탱크가 모두 가득 찼을 때만 참된 사랑의 표현이 될 수 있다. 사랑 탱크가 가득 차지 않은 사람은 사랑이라는 이름으로 희생할 수 없다.

> 사랑 탱크가 가득 차지 않은 사람은 사랑이라는 이름으로 희생할 수 없다

희생도 사랑의 한 표현방식이라고 생각하기 때문에 많은 사람들이 고통스러워질 때까지 자신을 희생한다. 그런 사람들은 다른 사람에게 베풀고 다른 사람이 행복해지는 데만 온 신경을 쏟기 때문에 정작 자기 자신이 무엇을 원하는지는 모른다. 아예 다른 사람을 행복하게 해주는 것이 자신의 꿈이라고 생각하기도 한다.

다른 사람들이 행복하기를 바라는 것은 물론 좋은 일이다. 하지만 그것은 우리가 바라는 것의 일부일 뿐이다. 그것말고도 자신이 진정으로 바라는 것이 무엇인지 잘 생각해보아야 한다. 베풀기만 좋아하는 사람이 자기 자신의 참된 욕구를 알고자 할 때는 어떻게 해야 할까? 우선 자신이 이기적인 사람이라고 생각하고 화내고 욕심을 부려

보아야 한다. 그런 다음에는 화가 나는 일에 대해 목록을 만든다. 화내고 좌절하고 질투하다 보면 자신이 무엇을 원하는지 알 수 있다.

자신이 무엇을 원하는지만 제대로 알면 원하는 것은 얼마든지 이룰 수 있다. 또 긍정적이고 확실한 목표만 있으면 물질적인 성공도 얼마든지 이룰 수 있다. 간절히 원하고 또 얻을 수 있다고 믿으면서 모든 관심을 한곳에 집중하자. 그러면 꿈을 이루고 원하는 삶을 살 수 있는 힘이 솟구친다.

열두 가지 감정의 장벽 허물기

how to get what you want and want what you have

　필요한 것을 얻지 못할 때 또는 자신이 무엇을 원하는지 모를 때 우리는 부정적인 감정에 빠져들게 된다. 그리고 참된 자신과도 멀어지게 된다. 이것은 감정의 장벽에 갇혀 있다는 신호다. 부정적인 감정은 그것을 느끼기만 하면 얼마든지 벗어날 수 있다. 하지만 감정의 장벽은 느끼기만 하는 것으로는 부족하다. 느끼고 또 허물어버려야 감정의 장벽에서 벗어날 수 있다. 장벽에 가로막혔다고 느끼면 느낄수록 그 장벽은 오히려 더 단단해지기 때문이다.

　여기에서 말하는 열두 가지 장벽이란 남의 탓하기, 좌절, 걱정, 무관심, 편견과 비난, 우유부단, 망설임, 완벽주의, 원망, 자기 연민, 혼란, 죄의식이다. 이런 장벽에서 벗어나려면 앞에서 살펴본 것과는 다른 방식으로 접근해야 한다.

　감정의 장벽을 느끼는 것은 부정적인 감정을 느끼는 것과는 다르다. 앞에서 살펴본 대로 부정적인 감정에는 열두 가지의 기본적인 감정(분노, 슬픔, 두려움, 후회, 절망, 실망, 걱정, 당황, 질투, 가슴 아픔, 무서움, 창피함)이 있다. 그 외의 다른 감정들은 열두 가지 기본 감정들에서 비롯된다. 이런 감정들을 느끼면 우리는 원래의 자신으로 돌아가게 된다. 그런데 감정의 장벽은 그것을 느끼면 오히려 그 속에 더욱 깊이 갇혀버리고 만다. 감정의 장벽은 부정적인 감정에 솔직하지 못하거나 그것을 제대로 해소하지 못할 때 생긴다.

부정적인 감정을 느끼는 것과 감정의 장벽을 느끼는 것은 다르다

그러므로 감정의 장벽에서 벗어나려면 그것을 느끼는 것말고도 해야 할 일이 더 있다. 남의 탓을 하고 있다 보면 자신이 희생자가 된 듯한 기분이 들면서 더 이상 원하는 것을 가질 수 없다는 생각이 들기 시작한다. 그리고 더 이상 행복할 수 없을 것이라는 좌절감에 빠진다. 이처럼 감정의 장벽에 가로막혔을 때는 그 사실을 느끼는 것만으로는 아무 도움이 안 된다. 아니, 오히려 위험할 수도 있다.

하지만 자신이 무엇을 책임져야 하고 무엇을 할 수 있는지 확실히 안다면 얼마든지 감정의 장벽에서 벗어날 수 있다. 어떤 장벽이 자신을 가로막고 있는지 제대로 알고, 참된 자기 자신으로 돌아갈 수 있는 방법을 찾으면 된다.

부정적인 감정에서 벗어나려면 먼저 그 감정을 느껴야 한다. 하지만 감정의 장벽은 그렇지 않다. 감정의 장벽과 부정적인 감정 사이에는 하늘과 땅만큼이나 큰 차이가 있다. 이런 차이를 알지 못하면 자기 감정을 느끼라는 말에 오히려 반감을 가지게 될 수도 있다. 자신의 감정을 느껴야 한다고 해서 감정의 장벽도 같이 느끼려다 보니 오히려 상황이 점점 더 나빠졌다면 충분히 그럴 수 있다. 그러면 자신의 감정을 외면해버리게 될 수도 있다.

감정의 장벽과 부정적인 감정의 차이를 모르면 자기 감정에 솔직해지기 어렵다

감정의 균형이 깨어지면 부정적인 감정이 생기면서 균형이 깨어졌다는 사실을 알려준다. 부정적인 감정들은 우리가 무엇을 원하는지 상기시켜주고 그것을 얻기 위해 노력하도록 이끌어준다. 자기 감정에 솔직해지는 것을 통하여 우리는 언제든 다시 자신이 원하는 것을 추구하게 된다. 그래서 감정의 균형을 되찾고 참된 자신으로 돌아가면 부정적인 감정은 사라지고 긍정적인 감정만 남게 된다. 부정적인 감정이 생기는 것은 마음이 균형을 잃었다는 뜻이다. 하지만 감정의 장벽이 생겼다는 것은 마음의 균형이 깨어졌을 뿐만 아니라 우리의 감정이 완전히 기진맥진해졌다는 의미다.

부정적인 감정이 드는 것은 마음이 상처 받기 시작했다는 뜻이지만
감정의 장벽이 생겼다는 것은 그 마음의 상처가 심하다 못해
기진맥진하여 쓰러졌다는 뜻이다

넘어졌다고 언제나 그 자리에 쓰러져 있을 수만은 없다. 일어나서 다시 시작해야 한다. 감정의 장벽에 갇혔다는 생각이 드는 것은 마음의 상처가 심해졌다는 신호다. 그리고 원하는 것을 얻기 위해서는 해결책을 찾아야 한다는 신호이기도 하다.

감정의 장벽에 갇혔다는 것을 느끼면 느낄수록 그 속에 더욱 깊이 빠져들게 된다

감정의 장벽에 갇혔다는 것을 깨닫고 나면 그 동안 자기 자신을 얼마나 억눌러왔는지 알게 된다. 그리고 어디로 나아가야 하는지도 알게 된다. 이렇게 새로운 것을 알게 되면 감정의 장벽은 쉽게 무너뜨

릴 수 있다. 장벽을 무너뜨리면 다시 자신감이 생기고 평온해지면서 가슴 가득히 사랑이 밀려온다. 저마다 조금씩 다르긴 해도 사람들은 모두 하나 이상의 장벽에 갇혀 살고 있다. 그래서 하나의 장벽을 무너뜨리고 나면 곧 또 다른 장벽을 만나게 된다.

그러면 지금부터 열두 가지 감정의 장벽에 대해 알아보고 거기에서 벗어날 수 있는 방법을 알아보도록 하자. 장벽들을 무너뜨리기 전에 먼저 해야 할 일은 그것들을 머리로 이해하는 일이다. 따라서 16장에서는 우선 장벽의 정체부터 파헤쳐보기로 한다. 그런 다음 제17장에서 이 장벽들을 무너뜨릴 방법을 알아보기로 하자.

장벽 1_ 남의 탓하기

자신이 행복하지 못한 것을 남의 탓으로 돌리고 욕하는 사람은 자신의 행복을 만들어갈 힘을 잃게 된다. 무엇이든 남의 탓으로 돌리고 욕하면 자신의 삶에 대한 책임감을 가지지 못하게 되는데, 이는 곧 자신은 아무 힘도 없다는 의미가 된다.

나의 과거와 현재 그리고 미래는 내가 책임져야 한다. 그런데 내 힘으로는 어쩔 수 없는 타인이나 상황에 그 책임을 맡겨버리면 나는 더 이상 내가 원하는 삶을 살 수 없다. 이렇게 내 기분과 감정을 남의 탓으로 돌리다 보면 삶을 변화시킬 힘이 약해지면서 자신과 세상에 대한 믿음도 사라진다.

남의 탓으로 돌리고 비난하다 보면 삶을 변화시킬 힘은 약해진다

남의 탓으로 돌리는 것이 무조건 나쁜 일만은 아니다. 자신이 고통

받는 이유를 제대로 찾고 고통에서 벗어나 원하는 것을 얻으려면 남의 잘못을 찾아 그를 욕할 줄도 알아야 한다. 하지만 누구 또는 무엇 때문에 내가 고통받는지 알게 된 다음에는 더 이상 책임을 떠넘겨서는 안 된다. 책임의 소지를 분명히 한 후에도 계속 남의 탓만 하고 있으면 마음의 상처를 스스로 해결할 수 없을 뿐만 아니라 그 상처에서 벗어날 수도 없다.

누군가 내 팔을 때려 멍들게 했다면 나는 당연히 그 사람에게 욕을 할 것이다. 내 팔에 멍이 든 것은 그 사람 탓이다. 하지만 언제까지 그 사람을 욕하고 있을 수만은 없다. 그 사람 때문에 내 팔이 멍든 건 분명하지만 한동안 욕했으면 남의 탓하기는 그것으로 끝내야 한다. 그 다음부터는 내 스스로 잘못된 것을 고쳐나가야 한다. 멍든 팔을 낫게 하는 힘은 내 안에 있다. 잘못된 것을 바로잡을 힘도 나 자신에게 있다. 멍든 팔을 쳐다보며 계속 그 사람 탓만 하고 있으면 그로부터 보상을 받기 전까지는 내 기분이 절대 좋아질 수 없다. 물론 팔의 멍도 낫지 않는다.

남의 탓을 한다고 기분이 좋아지는 것은 아니다

누군가가 내 돈을 훔쳐갔다. 그 때문에 사업에 큰 손실이 되었다면 나는 당연히 돈을 훔쳐간 사람 탓을 하면서 욕하게 된다. 그러면서 한편으로는 잘못된 상황을 바로잡고 다시는 그런 일이 일어나지 않도록 주의하게 된다. 사업에 손실이 온 것만 한탄하면서 계속 돈을 훔쳐간 사람만 욕하다 보면 그 사람 때문에 내가 불행해졌다는 생각에 사로잡히게 된다. 그러면 내가 원하는 대로 미래를 만들어갈 수 있다는 자신감이 사라진다. 이런 식으로 남의 탓만 하고 있으면 운명을 개척할 수 있는 힘은 멀리 달아나버린다.

남을 탓하고 욕하고만 있으면 자신의 운명을 개척할 수 있는 힘은 멀리달아나버린다

그런데 일단 남을 탓하기 시작하면 운명을 개척하는 힘이 사라지는지, 자신이 무턱대고 남의 탓만 하는지에 대해 신경쓰지 못한다. 그래서 남의 탓을 하고 싶을 때는 우선 자신이 무언가를 해냈다는 상상을 해보는 것이 좋다. 그러면 필요한 것, 원하는 것은 무엇이든 가질 수 있다는 자신감을 되찾을 수 있다. 할 수 있다고 생각하면 그대로 이루어진다는 믿음도 생긴다. 원하는 것은 무엇이든 얻을 수 있다고 믿게 되는 것이다. 이 세상에서 이루어진 모든 일의 90퍼센트는 그것을 이루고자 하는 뜨거운 열망 때문에 이루어졌다.

이렇게 긍정적인 생각을 하게 되면 더 이상 남의 탓은 하지 않게 된다. 매년 10만 달러를 버는 사람이 있다. 그런데 어떤 사람이 그에게서 매년 5달러를 훔쳐간다. 이럴 때 당신이라면 5달러를 훔쳐간 사람을 잡으러 쫓아다니면서 욕하겠는가? 아마 "별일도 아닌걸" 하면서 대수롭지 않게 여길 것이다. 얼마 안 되는 돈을 훔쳐간 사람을 쫓아다니며 욕하는 것보다 더 중요한 일이 얼마든지 많이 있는데 굳이 쓸데없는 일에 힘쓸 필요없다고 생각할 것이다.

하지만 가진 돈이 그 5달러가 전부라면 문제는 달라진다. 5달러밖에 없는데 그 돈을 몽땅 훔쳐갔다면 당신이 가진 전부를 빼앗긴 셈이 된다. 그러면 이때 돈을 훔쳐간 사람이 당신의 행복까지 모두 훔쳐갔다고 생각하게 된다. 남을 탓하게 되면 바로 이런 생각이 든다. 그 사람 때문에 내가 가진 모든 것을 빼앗겼다는 생각이 드는 것이다. 그래서 더 이상 아무것도 할 수 없다고 생각하게 된다.

누군가가 내게서 5달러를 훔쳐갔다면 속이 상하고 그 사람을 욕하게 된다. 이것은 당연한 일이다. 하지만 계속해서 그 사람을 원망하는 것은 결코 잘하는 일이 아니다. 속이 상하더라도 그런 마음을 털어버리고 나에게 잘못한 사람을 용서할 줄 알아야 한다.

용서하면 나에게 상처와 고통을 준 사람을 욕하고 책임을 떠넘기려는 마음에서 벗어날 수 있다. 내 불행을 남이나 상황 탓으로 돌리기만 한다면 다시 행복해질 수 있는 길은 영원히 가로막혀 버린다. 누군가를 욕하고 손가락질 할 때 다섯손가락 중 세 개는 나를 향하게 된다. 그것은 잘못된 것을 바로잡을 책임과 힘이 나에게 있다는 뜻이다. 우리는 용서함으로써 자신에게 필요한 것, 자신이 원하는 것을 얻을 수 있는 힘을 되찾게 된다.

용서하면 내게 상처와 고통을 준 사람을
욕하고 책임을 떠넘기려는 마음에서 벗어날 수 있다

필요한 것을 가질 수 없다는 생각이 들면 남을 탓하는 마음에서 쉽게 벗어나지 못한다. '그를 용서하면 똑같은 짓을 다시 할 것이다'라고 생각하기 때문이다. 자신을 괴롭힌 사람을 용서하면 자신이 무력해진다는 생각이 들 수도 있다. 하지만 이럴 때 무력해지는 힘은 남을 괴롭히고 멋대로 조종하려는 힘, 즉 잘못된 힘이다. 우리에게는 이러한 힘이 필요하지 않다. 잘못된 힘보다는 원하는 것을 얻을 수 있는 '좋은 힘'이 늘어나야 남을 용서하기도 훨씬 쉬워진다. 그리고 용서하면 할수록 그 좋은 힘은 늘어난다.

용서하면 할수록 원하는 것을 얻을 수 있는 힘은 늘어난다

마음에 상처를 입으면 상처를 준 사람을 벌하거나 그 사람에게 더 이상 사랑을 주지 않아야 자기의 상처를 보상받을 수 있다고 생각하기 쉽다. 하지만 이미 앞에서 살펴보았듯이, 우리 영혼은 그런 것을 바라지 않는다. 사랑을 베풀지 않으면 원하는 것을 얻을 수 있는 힘만 사라질 뿐이다. 또한 그것으로 인해 실제로 상처받는 것은 바로 나 자신일 뿐이다.

나에게 잘못을 저지른 사람을 탓하지 않고 용서한다는 것은 그 사람을 예전과 똑같이 대하라는 뜻이 아니다. 나를 괴롭힌 사람을 용서한다는 것은 그가 내게 준 고통에서 벗어난다는 뜻이지, 그 사람이 나를 다시 괴롭히도록 내버려둔다는 뜻은 결코 아니다. 마찬가지로 누군가를 사랑한다는 것도 그가 나를 괴롭히도록 내버려둔다는 뜻이 결코 아니다. 나에게 고통을 준 사람은 용서해야 한다. 하지만 앞으로 그 사람을 대할 때는 좀더 현명하게 처신해야 한다.

누군가를 용서한다고 해서 그 사람을 예전과 똑같이 대하라는 뜻은 아니다

용서한 후에 인간적인 관계든 사업상의 관계든 예전의 인연을 계속 유지하고 싶은 사람이 있는가 하면 아예 다시는 만나고 싶지 않은 사람도 있다. 후자의 경우에는 교묘하게 만남을 피하게 된다. 이럴 때 그 사람에게 상처를 주지 않는 방식으로 만남을 피하다 보면 자기도 모르는 사이에 그를 용서하게 될 수도 있다. 그러므로 화가 나서 다시는 만나지 말아야겠다고 생각되면 우선 흥분을 가라앉히고 비난하려는 마음이 사라질 때까지 기다리도록 하자. 그를 계속 만날 것인지 만나지 않을 것인지는 그때 가서 결정하는 것이 좋다.

제리와 잭은 오랜 친구 사이였다. 그런데 제리가 엄청난 실수를 저지르고 말았다. 잭이 감추고 싶어하던 개인적인 비밀을 공개적으로 밝혀버린 것이다. 이런 일이 벌어지자 잭은 다시는 제리를 보지 않겠다고 마음먹었다. 그런데 마음이 진정되고 나자 제리와 오랫동안 쌓아온 우정이 되살아나면서 그를 용서해야겠다는 생각이 들었다. 제리의 실수를 마음에서 털어버리자 친구에 대한 애정이 되살아난 것이었다.

용서를 하면 마음이 열린다. 사람은 누구나 실수하게 마련이다. 그것이 아무리 크다 해도 영원히 용서받지 못할 실수란 없다. 용서하면 미움이나 벌주겠다는 생각에서 벗어나게 된다. 사랑을 베풀고 싶어하는 자신의 참된 모습으로 돌아가게 되는 것이다. 하지만 이럴 때라도 앞으로 그 사람을 대할 때는 예전과는 달라야 한다. 용서한다는 것은 용서받아야 하는 그 사람에게 무엇이든 해주어야 한다는 뜻이 아니다. 물론 그 사람이 나에게 무엇이든 해주어야 한다는 뜻도 아니다.

용서하면 더 이상 사랑하지 않겠다거나 벌을 주겠다는 생각에서 벗어날 수 있다

원하는 것을 얻지 못하는 것은 엉뚱한 곳에서 찾기 때문이다. 이 사실을 기억하면 남을 탓하려는 마음에서 쉽게 벗어날 수 있다. 연인이나 배우자를 탓하고 싶어지면 이성과의 사랑이 아닌 나머지 사랑 탱크에 관심을 가져보자. 나머지 사랑 탱크들을 채우고 나면 연인이나 배우자를 용서하기가 한결 쉬워진다. 진정으로 필요한 사랑 탱크들이 가득 차면 남을 탓하고 싶은 마음은 저절로 사라진다.

남을 탓하는 것에 사로잡히면 '그 일(또는 그 사람) 때문에 나는 행복할 수 없다'라는 생각을 하게 된다. 하지만 그것이 잘못된 생각이라는 걸 알게 되면 남을 탓하려는 마음에서 벗어나 다른 사람과 자신의 실수를 용서하게 된다. 고통스러웠던 과거에 얽매여 괴로워하고만 있어서는 안 된다. 그보다는 고통에서 벗어나 용서할 수 있는 사랑의 힘을 길러야 한다.

장벽 2_ 좌절

삶을 즐기고 감사할 줄 아는 마음을 잃어버리면 좌절의 장벽에 갇히게 된다. 현재의 자신에 만족하지 못하면 미래에 대한 기대도 갖기 힘들다. 좌절하면 자신이 무엇을 원하는지 알 수 없기 때문에 그것을 얻을 수 있는 힘을 잃어버리고, 우리 삶에 가득한 작은 행복을 누리지 못하게 된다.

여자는 고독할 때 좌절감에 빠진다. 또한 원하는 것을 얻을 수 없다는 생각이 들 때도 좌절감에 빠진다. 여자가 좌절감에 빠졌을 때 나타나는 대표적인 증상은 상실감과 무력감이다. 이럴 때 비어 있는 사랑 탱크들을 채워주면 좌절감은 금세 사라진다. 그리고 명상을 해도 좌절감에서 쉽게 벗어날 수 있다.

여자는 고독할 때 좌절감에 빠진다

반면에 남자는 아무도 자신을 필요로 하지 않을 때 좌절감에 빠진다. 직장이나 가정 또는 연인에게서 인정받지 못할 때, 직업이 없을 때 남자는 좌절한다. 갑자기 힘이 빠지면서 인생이 허무하게 느껴진다. 그런데 참된 자기 자신에게서 멀어져 좌절감에 빠져도 그 사실을 미처 깨닫지 못하는 이들도 있다. 남자가 좌절감에 빠졌을 때 나타나는 가장 대표적인 증상은 의욕상실과 무력감이다.

남자는 아무도 자신을 필요로 하지 않을 때 좌절감에 빠진다

좌절감에서 벗어나려면 지금과는 다른 곳에서 자신이 필요로 하는 것과 자신이 원하는 변화를 찾아야 한다. 지금까지는 엉뚱한 곳에서 사랑과 행복을 찾아 헤매었기 때문에 일이 제대로 풀리지 않았던 것이다. 하지만 제대로 된 곳에서 사랑을 찾기 시작하면 좌절감은 쉽게 털어버릴 수 있다. 지금껏 힘들었던 건 자신이 가장 필요로 하는 것을 억지로 외면했기 때문이다.

연인이나 배우자와 함께 있는데도 외롭고 좌절감에 빠진다면 이제부터는 다른 곳에서 사랑을 찾아보도록 하자. 이 세상에서 오직 한 사람만이 나를 행복하게 해줄 수 있다는 생각은 버리는 것이 좋다. 그렇다고 연인이나 배우자와 헤어지라는 뜻은 아니다. 이성과의 사랑이 아닌 다른 사랑을 찾아보라는 의미다.

일을 할 때도 마찬가지다. 뜻대로 일이 풀리지 않더라도 좌절감에 빠질 필요는 없다. 우리는 얼마든지 다른 방법으로 그 일을 해결할 수 있다. 필요한 것이나 원하는 것을 얻을 수 있는 방법이 오직 하나뿐이라고 생각하면 좌절감에 빠지기 쉽다. 하지만 목표에 도달할 수 있는 방법은 수도 없이 많다. 지금 당장 어떤 사랑 탱크를 채울 수 있는지 찾아내고 필요한 사랑을 얻기만 하면 우리는 참된 자신으로 돌아갈 수 있다. 그러면 자신감과 지혜가 생겨 원하는 것을 얻을 수 있는 수많은 방법이 눈에 보이기 시작할 것이다.

좌절감에 빠지면 사랑이나 도움이 나와는 상관없는 것처럼 보이기도 한다. 이럴 때 사랑 탱크의 원리를 기억한다면 필요한 것을 얻을 수 있는 방법들이 눈에 들어오기 시작할 것이다. 필요한 것을 얻을 수 없다고 생각되는 것은 엉뚱한 곳에서 구하고 있기 때문이다. 그리고 오직 한 곳에서만 사랑을 구하려고 할 때 우리는 좌절감에 빠지기 쉽다. 이것을 기억하자. 사랑은 어디서든 찾을 수 있다.

빌과 수잔

빌은 아내 수잔 때문에 좌절감에 빠졌다. 그는 수잔이 자신과 무척 다르다고 생각했다. 빌은 자기 나름대로의 인생관을 지니고 있었는데, 아내는 거기에 전혀 맞지 않는 사람이었다. 결혼 초에는 그런 것이 아무런 문제도 되지 않았다. 하지만 갈수록 아내가 자신의 이상형과는 거리가 멀다는 생각이 빌을 좌절감으로 몰아갔다. 그러다 사랑 탱크에 대해 배우면서 자신에 대한 사랑, 즉 사랑 탱크 S를 채워주자 빌은 좌절감에서 벗어날 수 있게 되었다.

아내 때문에 괴로워하는 대신 빌은 자신이 좋아하는 일에 관심을 갖기 시작했다. 그렇게 해서 얼마간 시간이 흐르자 기분이 좋아졌고 아내에 대한 사랑도 되찾게 되었다. 자신을 돌보고 사랑하게 되자 아내가 자신과 가치관이 똑같지 않다는 것에 대한 불만에서 벗어나게 된 것이다.

문제를 해결하고 원하는 것을 얻기 위해 한 가지 방법만 고집하다 보면 좌절감에 빠지기 쉽다. 행복이나 사랑을 얻는 방법은 한 가지만이 아니다. 이러한 사실을 받아들인다면 원하는 것이나 필요한 것은 얼마든지 얻을 수 있다.

한 가지 방법만 고집하면 좌절감에 빠지기 쉽다

한 가지 방법만 고집하는 데서 벗어나기 위해서는 먼저 원하거나 필요로 하는 것을 얻은 자신의 모습을 상상해보아야 한다. 원하는 것을 가지면 어떤 기분이 들까? 그 기분을 상상을 통해 만끽해보자. 우리가 진정으로 원하는 것은 바로 원하는 것을 얻었을 때의 기분을 만끽하는 것이다. 그 다음으로 할 일은 다른 방법으로도 이와 똑같은 기분을 느낄 수 있다고 가정하는 것이다. 이런 태도만 가지면 얼마든지 마음을 열고 원하는 것을 자신에게로 끌어올 수 있다.

외로운 캐럴

스물여섯 살의 캐럴은 좌절감에 빠져 있었다. 다음 장에서 소개할 방법으로 좌절감에서 벗어나기는 했지만 새해가 되자 다시 좌절감에 빠졌다. 그래서 나는 연말연시 동안에 무슨 일이 있었느냐고 물었다. 캐럴은 이렇게 대답했다.

"가슴이 정말 아파요. 엄마가 크리스마스에 날 집으로 초대하지 않았어요. 언니는 초대했으면서 난 초대하지 않았다고요."

그래서 크리스마스에는 무엇을 했느냐고 물어보았다. 캐럴은 루스 이모 집에서 크리스마스를 보냈다고 대답했다. 이모 집에서 무척 즐겁게 지냈다고 이야기하다가 캐럴은 이모도 그렇게 자신을 사랑하는데 어째서 친엄마는 그렇게 해주지 않는지 모르겠다며 다시 괴로워했다.

나는 캐럴에게 상태가 많이 좋아졌다고 말해주었다. 곧 그녀는 어머니한테는 여전히 사랑을 받지 못했지만 다른 사람, 즉 이모로부터 필요한 사랑을 대신 받아 마음의 상처를 치유했다. 이것은 캐럴에게는 큰 발전이었다. 캐럴도 그 사실을 인정했다.

캐럴은 지금까지 줄곧 어머니에게 사랑을 받으려고 안간힘을 써왔다. 하지만 어머니는 그런 딸을 외면하기만 했다. 그래서 캐럴은 자신을 사랑해주지 않는 어머니를 더 이상 비난하지 않고 어머니가 줄 수 있는 사랑을 다른 곳에서 찾기로 했다. 그리고 루스 이모에게서 그 사랑을 찾게 되었다.

어머니에게 받고 싶던 사랑을 다른 사람에게 대신 받을 수 있다는 걸 알고 나자 캐럴은 친어머니로 인한 좌절감에서 벗어나게 되었다. 살아가면서 힘든 일이 닥칠 때마다 캐럴은 좌절감에 빠졌다. 하지만 이모에게서 어머니의 사랑을 찾은 것처럼, 마음만 먹으면 원하는 것을 얻을 수 있다는 것을 알게 되자 캐럴은 아무리 힘든 일이 닥쳐도 좌절하지 않고 용감하게 맞서게 되었다. 살아 있는 경험을 통해 행복을 찾는 법을 배운 것이다. 이제 캐럴은 좌절감에 빠지려고 하면 다른 방법으로 필요한 사랑을 얻을 수 있게 되었다.

장벽 3_ 걱정

잘될 것이라는 믿음을 잃어버리면 걱정의 장벽에 갇히게 된다. 과거의 상처를 치유하지 않고 내버려두어도 걱정에 빠지게 된다. 지금 우리가 하는 걱정은 치유하지 않고 내버려둔 과거의 상처 때문인 경우가 많다. 걱정하고 있으면 창조적인 에너지를 마음껏 발산할 기회가 막혀버린다. 하지만 불안하고 걱정하게 만들던 상황이 오히려 신나고 자신감 넘치는 사람으로 만들어주는 기회가 될 수도 있다.

걱정만 하고 있으면 인생을 즐길 수 없다. 걱정하는 일이 벌어지지 않도록 하기 위해 안전하다고 생각되는 범위 내에 자신을 묶어두기 때문이다. 하지만 위험을 감수하지 않으면 발전할 수 없다. 아무 재미도 없는 밋밋한 인생을 살게 되는 것이다. 동시에 더 많은 것을 향한 욕망과 자신의 능력을 억압하게 된다. 이와 반대로 걱정 때문에 위험을 감수해도 고통을 겪기는 마찬가지다. 위험을 피해도 문제가 생기고 감수해도 문제가 생긴다면 어떻게 해야 할까? 우리에게는 또 하나의 대안이 남아 있다. 일단 위험을 받아들인다. 그리고 걱정이 되면 앞에서 배운 대로 그 불안한 마음을 털어버리는 것이다.

걱정만 하고 있으면 인생을 즐길 수 없다

나도 강연회 때문에 걱정하고 두려웠던 적이 있다. 28년 전 난생 처음 앞에 서서 강연할 때의 일이었다. 너무나 두렵고 걱정스러워서 두 다리가 와들와들 떨리더니 결국 그 자리에서 쓰러져버렸다. 사람들은 눈앞에서 내가 죽었다고 생각했을 것이다. 그때 내가 하려던 강연은 '명상을 통해 잠재된 정신력을 개발하라'는 내용이었다. 다행히 나는 한참 후에 정신을 차렸고, 어떻게 끝까지 강연을 마무리지었다.

그 뒤로 몇 년이 지나도록 강연을 하기 전에는 늘 걱정스럽고 불안했다. 강연은 나에게 적당한 일이 아니라는 생각도 들었다. 그러다가 비틀스 멤버인 존 레넌의 인터뷰 기사를 읽고 나서 생각을 바꾸게 되었다. 그 기사에서 존 레넌은 공연을 할 때마다 너무 긴장이 되어 토할 것만 같았다고 진술했다. 그 때문에 장기 공연을 중단하기도 했다는 것이었다. 그 기사를 읽고 나자 존 레넌같이 대단한 사람도 걱정을 하는데 나 같은 사람이 걱정하는 건 너무나 당연한 일이라는 생각이 들었다.

존 레넌의 인터뷰 기사 덕분에 나는 걱정이란 별 볼일 없는 사람이나 하는 것이라는 잘못된 생각에서 벗어나게 되었다. 그리고 그 뒤에 수많은 사람들과 상담을 하면서 능력 있고 똑똑한 사람들도 걱정하고 불안해한다는 것을 알게 되었다.

걱정한다고 해서 자신이 능력 없는 사람이라는 뜻은 아니다. 또한 걱정하는 그 일이 꼭 일어나란 법도 없다.

>   걱정한다고 해서 자신이 능력 없는 사람이라는 뜻은 아니다
>   그리고 걱정하는 그 일이 꼭 일어나란 법도 없다

그 뒤로도 나는 계속해서 강연회를 열었다. 하지만 걱정이나 불안함은 가시지 않았다. 그렇게 16년이 흐른 뒤에야 나는 해결되지 않은 과거가 걱정을 불러일으킨다는 것을 알게 되었다. 그리고 과거의 상처를 치유하는 법을 알게 되면서 내 자신의 과거도 치유했다. 그러자 그때까지 마음속에 있던 걱정이 거의 다 사라져버렸다.

이제 내가 하는 걱정이란 지금껏 한 번도 해보지 않았던 일을 새로 시작할 때 잠깐 느끼는 가벼운 것뿐이다. 새로운 일을 할 때는 아직도 걱정이 된다. 하지만 20분 정도만 마음을 가라앉히면 그 걱정은 쉽게 사라진다. 예전에는 걱정만 하던 나였지만 이제는 자신감을 되찾아 한없이 느긋해졌다.

장벽 4_ 무관심

무관심해지면 자신이 진정으로 무엇을 원하는지 알 수 없다. 자신이 무엇을 할 수 있는지, 무엇을 원하는지 파악할 능력을 잃어버린 것

이다. 그러면 원하는 것을 얻을 수 있다는 자신감이 사라지고 자신이 원하는 것에 대해 무신경해진다. 그리고 이로 인해 참된 욕망을 외면하거나 억압하게 된다.

무관심해지면 원하는 것을 얻으려고 노력할 마음이 생기지 않는다. 삶의 의미와 목표가 사라지고 사랑도 떠나버린다. 이렇게 감정이 메말라가는 동안에도 정작 자신은 무엇을 잃어버렸는지 알지 못한다. 원하는 것을 얻을 수 있다는 자신감이 사라지면 자신의 진실한 마음이나 욕구를 외면하게 되고, 그러면 원하는 것을 얻을 수 있는 기회는 점점 멀어지게 된다.

무관심해지면 원하는 것을 얻으려고 노력할 마음이 생기지 않는다

필요한 것을 얻을 수 있다는 자신감이 사라지면 무관심해진다. 바라는 일이 불가능하다고 가정해보자. 이럴 때 남자는 일단 포기하고 더 이상 그 일에 신경쓰지 않는다. 갖고 싶다는 열정이 사라졌으니 힘이나 목표의식도 사라진다. 그리고 원하던 것을 얻지 못했다는 고통에서 벗어나기 위해 억지로 무관심해진다. 이렇게 마음을 닫아버리면 그때부터 삶은 의무감의 연속이 된다.

남자는 무관심해지면 포기하고 더 이상 신경쓰지 않는다

그러면 여자는 어떨까? 여자는 원하는 것을 얻을 수 없다고 생각되면 먼저 불신감을 갖게 된다. 타인이나 어떤 상황이 원하는 것을 가져다주리라고 믿고 있었는데 그 믿음이 배신을 당했다. 그러니 앞으

로 다시는 똑같은 일을 당하지 말아야겠다는 생각에 아무도 믿지 않게 되는 것이다. 그래서 마음의 문을 꼭 닫아버린다. 이렇게 하면 자신을 보호할 수는 있다. 하지만 그 누구에게도 사랑을 베풀지 못하는 냉정한 사람이 되고 만다. 그리고 자신도 모르는 사이에 필요한 사랑을 받아들일 수 있는 마음의 문까지 닫아걸게 된다.

여자는 무관심해지면 더 이상 아무도 믿지 않는다

무관심이 나쁜 이유는 인생에 또 다른 무언가가 있다는 사실을 잊어버린다는 데 있다. 할 수 있다는 자신감을 잃어버리면 그 자리에 주저앉게 된다. 그리고 뜻을 이루지 못한 것에 대해 변명을 늘어놓기 시작한다.

"사실 난 이 일을 하고 싶지 않았어. 그런데도 이 정도 했으면 잘한 거 아냐?"

이런 식으로 말이다. 하지만 이렇게 변명만 하다 보면 자신이 진정으로 원하는 게 무엇인지 점점 알 수 없게 된다.

무관심해지는 것이 나쁜 이유는
인생에 다른 무언가가 있다는 사실을 잊어버린다는 데 있다

아무것도 못하겠다는 생각이 들어도 결코 포기해서는 안 된다. 이럴 때도 자신의 감정에 솔직해야 하고 자신이 무엇을 원하는지 잊지 말아야 한다. 부정적인 감정을 해소할 줄 모르면 문제가 생겼을 때 무조건 외면하게 된다. 자기 내부에 그 문제를 해결할 수 있는 힘이 숨

어 있는데도 그 사실을 미처 깨닫지 못하고서 말이다.

아무리 힘든 상황이 닥쳐도 우리는 부정적인 감정을 해소하고 다시 기분을 바꿀 수 있다. 겉으로 보이는 상황은 바뀌지 않는다 해도 마음만은 나아질 수 있다. 그리고 일단 부정적인 감정을 털어버리고 마음을 바꾸면 겉으로 보이는 상황도 저절로 나아지게 되어 있다. 이런 기적 같은 일은 언제든 일어날 수 있다. 긍정적인 마음을 되찾기만 하면 모든 일은 우리가 상상도 못했던 방향으로 돌아가기 때문이다.

무관심에서 벗어나면 작은 기적을 경험하게 된다

우리가 가진 가장 큰 힘은 부정적인 감정을 털어내고 뜨거운 열정으로 원하는 것을 추구해나갈 수 있는 힘이다. 이 힘을 통해 원하는 것을 얻는 기적을 경험하고 나면 할 수 있다는 믿음이 점점 더 강해진다. 그러면 원하는 것은 꼭 얻을 수 있다는 자신감이 생기고 상상 이상으로 모든 일이 잘 풀리게 된다.

자신감이 생기면 무관심은 사라진다

무관심해진다는 것은 바로 옆에서 작은 기적들이 꿈틀대며 기다리고 있다는 신호다. 이럴 때 무관심의 장벽으로 빠져들지 말고 명상을 하면서 삶의 목표를 세우기 시작하면 얼마든지 더 많은 것을 가질 수 있다.

많은 부부나 연인들이 서로에 대한 무관심을 이유로 헤어진다. 서로를 이해하지 못하고 실망하다가 지쳐서 그만 포기하게 되는 것이다. 그러면 오랫동안 함께 나누었던 사랑도 사라져버린다. 연인이나 배우자에게 무관심해지는 것은 사랑 비타민 R이 아닌 다른 사랑 비타민이 필요하다는 신호다. 그러므로 우선 나머지 사랑 탱크들을 살펴보고 보살펴야 한다. 이렇게 해서 기분이 나아지면 그때 다시 연인이나 배우자와의 관계로 돌아와 서로를 비난했던 일을 되돌아보고 반성하는 것이 좋다.

원하는 것을 얻지 못해 자신감을 잃어버리면 연인이나 배우자를 탓하는 마음에서 좀처럼 벗어나기 힘들다. 이때 상대를 비난하는 마음에서 벗어나 용서하면 무관심의 장벽은 눈 녹듯이 사라진다. 이성과의 관계에서 무관심이란 다른 사랑 탱크를 보살펴야 한다는 신호다.

장벽 5_ 편견과 비난

타인이나 어떤 상황에서 좋은 점을 찾으려는 마음을 잃어버리면 편견과 비난의 장벽에 갇히게 된다. 긍정적인 변화를 이끌어내기 위해서는 남의 잘못을 찾아낼 줄도 알아야 한다. 하지만 좋은 점은 외면하고 나쁜 점만 들추어내서는 긍정적인 변화를 이끌어낼 수 없다. 편견에 사로잡혀 비난만 하다 보면 자기 마음대로 할 수 없는 상황 때문에 화만 난다. 그리고 그나마 있는 좋은 점마저 놓쳐버리게 된다. 굼벵이도 구르는 재주가 있다는데, 그 재주를 썩혀버리게 되는 것이다.

다른 일 때문에 속이 상했으면서 엉뚱한 사람에게 비난을 퍼붓는 경우가 있다. 이런 상태에서 벗어나기 위해서는 그 대상을 바꿀 줄 알아야 한다. 이런 경우 나를 화나게 하는 일은 따로 있다. 지금 비난하고 있는 상대 때문에 화가 났을 수도 있지만 사실은 다른 일이나 다른 사람 때문에 화가 났을 경우가 훨씬 더 많다.

다른 일 때문에 속이 상해 엉뚱한 사람에게 비난을 퍼붓는 경우가 많다

겉으로는 머리모양에 신경을 쓰고 있지만 사실은 다른 일을 걱정하고 있는 경우가 있다. 사업상 중요한 일을 걱정하고 있으면서 괜히 자신이나 애인의 몸무게를 트집잡는 경우도 있다. 이럴 때는 머릿속이 온통 늘어진 뱃살로 꽉차 있다. 내 마음대로 할 수 없는 일에 지나치게 매달리고 있다면 그것은 다른 어떤 일 때문에 걱정하고 있다는 신호다.

하루 종일 머리모양에 신경이 쓰인다면
그것은 다른 일 때문에 걱정하고 있다는 신호다

비난의 화살을 엉뚱한 곳으로 돌리면 자기 마음대로 할 수 없는 일에 매달려 속을 끓이게 된다. 이때 자기 마음에 좀더 솔직해지면 사실은 다른 일에 신경 쓰고 있다는 것을 알게 될 것이다. 이렇게 자신이 무엇 때문에 속상해하는지를 정확히 알아야 좀더 쉽게 마음을 풀 수 있다.

비난의 거울을 들여다보면

겉으로는 남을 비난하고 있지만 마음속에서는 자신을 비난하는 경우가 있다. 이런 일은 자신에게 있는 마음에 들지 않는 면을 남에게서 발견했을 때 흔히 일어난다. 거울 속에 비친 자기 모습이 마음에 들지 않는다고 거울을 나무라는 것처럼 말이다. 나는 거만하고 이기적인 사람을 싫어했다. 그런데 사실은 내가 다른 사람들 눈에 거만하고 이기적인 사람으로 보이지 않을까 걱정하고 있었기 때문이라는 것을 알게 되었다. 그런 사람으로 보이기 싫어서 나는 사람들 앞에 나서지

않고 항상 뒤로 물러나 있었다.

그런 내 속마음을 알고 불안감에서 벗어나자 두 가지 변화가 생겼다. 첫 번째 변화는 거만한 사람을 보아도 화내지 않게 되었다는 점이다. 그런 사람을 욕하고 화내봤자 득이 될 게 하나도 없다는 걸 알게 된 것이다. 지금도 거만한 사람이 마음에 들지 않기는 마찬가지다. 그렇다고 해서 그런 사람들을 무조건 멀리하지는 않는다. 비난하고 싶은 마음을 털어버렸기 때문에 예전처럼 그들이 무작정 싫지는 않다. 그렇다고 굳이 그 사람들을 좋아하려고 애쓰지도 않는다.

비난한다고 내게 득 될 건 하나도 없다

두 번째 변화는 내 능력이나 성공을 부끄러워하지 않고 마음껏 즐기게 되었다는 점이다. 좋은 직장이나 일을 얻으려면 자신이 누구인지, 얼마나 능력 있는 사람인지를 알려야 한다. 자신감을 가지고 사람들 앞에 자신을 내세워야 한다. 물론 '나는 당신보다 뛰어나다'라는 식이어서는 곤란하다. '나를 알면 나를 믿게 될 것이다'라는 태도가 필요하다. 거만한 사람들을 비난하던 마음에서 벗어나자 나는 좀 더 긍정적인 자세로 세상을 바라볼 수 있게 되었다.

사람들에게 나를 알리는 과정에서 나는 실수도 많이 저질렀고 거만하게 군 적도 많았다. 그런 일을 생각하면 매우 후회스러워서 도저히 나를 용서할 수 없을 것만 같았다. 그런데 거만한 사람들을 비난하던 마음을 털어버리자 나는 내 자신을 용서할 수 있게 되었다. 그리고 그런 태도와 사고방식도 고치게 되었다.

늘 뒤로 물러나 있던 사람이 자신을 내세우며 앞으로 나서다 보면 많은 실수를 저지르게 된다. 이때 자신을 사랑할 줄 아는 사람은 실수로부터 지혜와 교훈을 얻을 수 있다. 하지만 자신을 사랑할 줄 모르는 사람은 실수를 하면 그에 대한 변명만 늘어놓거나 아예 모든 것을 포기해버린다.

늘 뒤로 물러나 있던 사람이 자신을 내세우고 앞으로 나서다 보면
많은 실수를 저지르게 된다

남을 비난하면 자신도 움츠러들게 된다. 거만함과 자신감은 종이 한 장 차이다. 남을 비난하다 보면 자신감이 거만함으로 변질되기 쉽다. 그러므로 거만함과 자신감의 경계선을 넘지 않도록 늘 조심해야 한다. 남을 비난하려는 마음에서 벗어나면 무엇이든 시도해보며 실수를 저지르지만 거기에서 지혜를 얻어 다시 시작할 수 있다.

가난한 사람들은 부자들에게 편견을 갖고 그들을 비난하기 쉽다. 때로는 돈 자체에 대해 편견을 갖기도 한다. 하지만 비난만 하는 사람은 절대로 돈을 벌 수 없다. 돈을 많이 벌고 풍요롭게 살고 싶다면 모든 편견에서 벗어나야 한다. 그러자면 우선 자신이 가지고 있는 부정적인 생각과 잘못된 신념, 편견과 비난에 대해 잘 알아야 한다. 돈에 대한 편견과 비난 뒤에는 흔히 돈을 갖지 못한 데 대한 불만이 숨어 있다. 이런 불만에서 벗어나야 비로소 더 많은 것을 원하고 또 가질 수 있다.

돈이나 부자들에 대해 비난하는 것은
내가 돈을 가지지 못한 데 대해 불만이 쌓였기 때문이다

누군가를 비난하면 그 사람에게는 사랑을 베풀 수 없다. 사랑을 베풀었다가는 자신도 그와 똑같이 될 거라고 생각하기 때문이다. 그랬다가는 자신도 주위로부터 비난을 받을 테니 당연히 사랑을 베풀고 싶지 않을 것이다. 그런데 남을 비난하는 모습을 통해 우리는 자신을 좀더 깊이 알 수 있다. 편견이 심하고 남을 비난하기 좋아하는 사람은 옳고 그른 것에 대한 생각의 폭이 매우 좁다. 그리고 좀처럼 그 틀에서 벗어나지 못한다. 이런 사람들은 남에게 비난받을 실수를 하지 않으려고 늘 조바심친다.

남을 비난하는 모습을 통해 자신에 대해 좀더 깊이 알 수 있다

편견을 가지고 남을 비난하다 보면 자신도 어떤 일정한 수준에 도달하지 못하면 비난받을 것이라는 두려움이 생긴다. 음악회에 갔을 때의 일이다. 몇몇 사람들이 소란스럽게 떠들면서 음악을 듣고 있었다. 나는 그들이 정말 마음에 들지 않았다. 그런데 그들을 비난하고 있다 보니 문득 나도 그들처럼 떠들며 느긋하게 음악을 즐기고 싶다는 생각이 들었다.

음악회 내내 좀더 느긋하게 음악을 즐기고 싶다는 생각을 하기는 했지만 나는 차마 그럴 수가 없었다. 음악회가 끝나고 한참 지나 그때 일을 다시 생각하다 보니 어렸을 때 멋대로 행동하지 말라고 야단맞았던 일들이 기억났다. 어린 시절의 나는 멋대로 장난치거나 말썽을 부리지 못했다. 그래서 내 마음 한구석에서는 여전히 야단맞거나 벌받을까 봐 두려워하고 있었던 것이다.

어린 시절로 돌아간 나는 그 당시 느꼈던 두려움을 다시 한 번 느

껴보았다. 그런 다음 친구들에게 둘러싸여 마음껏 장난치고 말썽부리는 나 자신을 상상해보았다. 이런 상상을 통해 친구들의 사랑이 필요한 사랑 탱크를 채우고 나자 비로소 음악회에서 떠들던 사람들에 대한 비난에서 벗어날 수 있었다.

이런 일을 경험하고 난 뒤부터 나는 예전보다 감정을 좀더 자유롭게 표현할 수 있게 되었다. 남의 눈치를 보지 않고 멋대로 행동하고 싶은 욕구를 발산해도 나 자신을 비난하지 않게 된 것이다. 그 덕분에 나는 점잔만 빼는 모습에서 벗어나 인생을 좀더 즐길 줄 아는 사람이 되었다. 자신감도 생겼고 조금은 뻔뻔스러워지기도 했다.

예전에는 남이 나를 어떻게 볼까 하는 두려움 때문에 행동을 주저한 적이 많았다. 하지만 이제는 '남들이 뭐라고 하든 무슨 상관이야?' 하고 생각한다. 그렇다고 해서 남의 눈을 전혀 의식하지 않는다는 뜻은 아니다. 그래도 남의 편견이나 비난이 두려워서 하고 싶은 일을 주저하는 일은 많이 줄어들었다.

누군가 나를 비난하면 '남들이 뭐라고 하든 무슨 상관이야?'라고 말해버리자

남을 비난하지 않으면 자신도 자유로워신다. 남을 비난하느라고 쓸데없이 힘을 낭비할 필요도 없어진다. 나와 의견이 다르다고 해서 그 사람을 비난할 필요는 없다. 그러면 사랑을 베풀고 싶어하는 참된 자신에서 멀어질 뿐이다. 대부분의 사람들은 자신과 생각이 다른 사람을 비난한다. 자기와 생각이 다르다는 이유로 초조해지고, 자기 생각이 틀렸을지도 모른다는 생각으로 불안감에 빠지기 때문이다. 그러면 남을 이해하며 사랑하고 싶은 욕구는 점점 억압당하게 된다. 감정을

억누르면 마음이 답답해진다. 자연히 그 사람 때문에 마음이 불안하고 답답해졌다고 생각하게 되므로 점점 더 그를 비난하고 욕하게 된다.

우리가 비난하는 것은 생각이 다른 사람뿐만이 아니다. 내 마음에 들지 않는 사람도 비난하게 된다. 자신이 원하고 생각하는 것이 아무리 옳다고 해도 남에게 그것을 강요할 수는 없다. 인간은 저마다 다르다. 저마다 다른 사람을 놓고 누가 더 낫고 덜한가를 겨룰 수는 없다.

나에게 좋은 것이라고 해서 남에게도 좋으란 법은 없다

편견을 가지고 비난하다 보면 나와 남의 다른 점에 집착하게 된다. 그가 나와 다르기 때문에 내가 고통받는다고 생각하게 된다. 원하는 것을 이룰 수 있는 힘이 자기 내부에 있다는 것을 모르면 남이 나와 다르기 때문에 모든 문제가 생긴다고 생각하게 된다. 그래서 '나만 옳다'는 편견을 가진 상태에서 남을 판단하게 된다. 그 결과 남들에 대해 부정적인 생각이 쌓이고 비난만 늘게 된다.

나이가 들수록 너그럽고 순해지는 사람들이 있다. 이러한 사람들은 세월을 통해 자신에 대해 알게된 사람들이다. 그리고 남과 나는 다르다는 사실도 알게 되었다. 그래서 나이 든 뒤에 남을 이해하며 너그럽게 받아들일 수 있게 된 것이다. 하지만 이런 지혜를 배우기 위해 늙을 때까지 기다릴 필요는 없다. 자기 내부에 숨은 힘을 통해 원하는 것을 얻는 방법을 배운다면 나와 다르다는 이유로 편견을 가지고 비난하려는 마음에서 벗어날 수 있다.

장벽 6_ 우유부단

목표를 상실하면 우유부단해진다. 그러면 나아갈 삶의 방향도 찾을 수 없고 자기 할 일에 최선을 다하지도 못한다. 결정을 내리거나 자신이 무엇을 원하는지 알아야 할 때 무조건 남에게 의지하고 따르게 된다. 결정을 내리지도 못할 만큼 자신감을 잃고 무기력해졌기 때문이다. 또 설사 결정을 내린다고 해도 그것을 실천하지는 못한다. 우유부단해지면 약속하거나 결정한 것을 실천할 수 없다.

실망하거나 용기를 잃으면 우유부단해지기 쉽다. 또한 아주 힘든 위기를 겪으면 무엇인가를 결정하고 앞으로 나아가기가 어려워진다. 과거에 힘든 일을 무사히 넘기지 못한 사람일수록 결정을 쉽게 내리지 못할 가능성이 많다. 배신으로 인한 마음의 상처나 과거의 실수에서 벗어나지 못했기 때문이다. 어떤 결정을 내렸는데 그로 인해 원치 않은 결과가 나오면 그 다음부터는 무슨 일이든 쉽게 결정을 내리지 못하게 된다.

지난날 겪었던 실수나 배신으로 인한 마음의 상처에서
벗어나지 못하면 우유부단해지기 쉽다

믿었던 사람에게 배신을 당하면 그 다음부터는 남을 믿어야 할지 말아야 할지 선뜻 결정을 내리지 못하게 된다. 그리고 옳다고 생각했던 일이 잘못되면 그 다음부터는 아무리 옳다는 생각이 들어도 선뜻 결정을 내리지 못하고 뒤로 물러난다.

이렇게 쉽게 결정을 내리지 못하고 질질 끌다 보면 성공은 저만큼 달아나버린다. 그 일이 아무리 옳다고 생각되어도 결정을 내리지 못하고 뒤로 물러나 버리면 아무 일도 할 수 없다. 실수하지 않겠다는 생각에서 아예 아무것도 하지 않고 뒤로 물러나버리는 것이다. 하지만 내가 나를 믿지 못하면 남도 나를 못 믿는다.

언제인가부터 나는 아무것도 안 하는 것보다는 비록 실수하더라도 일단 도전하는 게 낫다고 생각하게 되었다. 이런 생각을 하게 되면서부터 머뭇거리고 뒤로 물러나면 왠지 마음이 불편하다. 그러면 마음이 불편한 것보다는 차라리 한번 부딪쳐 보는 게 낫겠다는 생각이 든다. 그래서 얼른 결정을 내린다. 확신이 있어서라기보다는 뭔가 해야겠다는 생각이 들기 때문이다.

또 옳은 일을 한다는 확신이 있어서라기보다는 지금 하는 일이 옳지 않더라도 그 일을 하다 보면 내가 진정으로 바라는 일을 찾을 수 있으리라는 생각 때문이다.

아무것도 하지 않는 것보다는 실수하더라도 일단 도전하는 게 낫다

미국의 코미디언들은 떨릴 때면 항상 '투나이트쇼(미국의 유명 심야 토크쇼-옮긴이)에 출연할 때까지는 모든 공연이 연습'이라는 생각으로 관객 앞에 선다고 한다. 무엇이든 해보기 전에는 잘될지 안 될지 아무도 모른다. 일단 관객 앞에 서서 우스갯소리를 해야 나중에 '투나이트쇼' 담당자가 전화를 하든 말든 할 것이 아닌가? 미국 코미디언들의 이야기를 들은 것은 내가 30대 때였다. 나는 이 말을 들은 뒤부터 남들이 나에 대해 뭐라고 하건 신경쓰지 않기로 했다. 그저 내 생각과 마음에 충실하고 무엇이 되고 무엇이 안 되는지만 신경을 쓰기로 했다.

1980년대에 들어 '화성에서 온 남자, 금성에서 온 여자'의 강연을 시작하자 많은 사람들이 나에게 비난을 퍼부었다. 그런 비난을 들을 때면 나 자신에 대해 회의가 생기기도 했다. 하지만 그 강연은 내가 해야 할 일이었다. 이렇게 생각하면 다시 힘이 솟았다. 그 덕분에 내 일에 최선을 다할 수 있었다.

그로부터 6년간 많은 사람들이 내 강연을 통해 삶의 활력을 되찾았다. 하지만 강연에 참석하는 사람들의 수는 여전히 많지 않았다. 그리고 여전히 많은 사람들은 '화성에서 온 남자, 금성에서 온 여자' 같은 쓸데없는 것말고 내가 예전에 가르치던 내용으로 세미나를 해달라고 요구했다.

사람들의 그러한 요구는 새로운 일을 시작하는 나의 기를 꺾어놓았다. 하지만 그럴수록 나는 더욱더 새 이론에 매달렸다. 그리고 이렇게 힘든 시절을 보내면서 남이 나를 믿어주기 전에 내가 먼저 나를 믿어야 한다는 사실을 깨달았다. 자신을 믿지 못하여 우유부단해지면 우리는 나약해진다. 그리고 나약한 사람은 아무도 믿어주지 않는다.

남이 나를 믿어주기 전에 내가 먼저 나를 믿어야 한다

'화성에서 온 남자, 금성에서 온 여자'가 많은 부부들을 이혼으로부터 구해주면서 그 안에 담긴 나의 새 이론들이 각광을 받기 시작했다. 이런 나의 경험은 끈기 있게 자신을 믿으면 성공할 수 있다는 좋은 예라고 할 수 있다. 이것말고도 실의에 빠졌다가 용기를 되찾고 끈기 있게 밀고 나가 마침내 성공을 거둔 이야기들이 수도 없이 많다.

내가 난관 속에서도 끈기 있게 밀고 나갈 수 있었던 것은 내 마음속에 나를 인도하는 힘이 자리하고 있었기 때문이었다. 어떻게 해야 할지 몰라 난감할 때 나는 하느님께 길을 가르쳐 달라고 기도했다. 그러자 모든 것이 분명해지기 시작했다. 그저 하느님께 감사할 따름이다.

결정 내리기

살아가면서 우리는 수많은 결정을 내려야 한다. 그런데 실수를 두려워하면 아무 것도 쉽게 결정하지 못한다. 그러므로 제대로 결정을 내리려면 먼저 실수를 두려워하지 않아야 하며, 모든 것을 다 알아야 한다는 부담감에서 벗어나야 한다.

회사에서 나는 매주 수많은 결정을 내린다. 내가 결정을 내리는 방법은 간단하다. 먼저 결정해야 할 사항들을 살펴본다. 그런 다음 내가 하고자 하는 바를 잘 생각하고 나서 며칠 간 그 일에 대해 잊고 지낸다. 그러면 우주의 힘과 나의 직관력을 통해 해답이 나온다.

고민하지 말고 내버려두면 답은 저절로 찾아온다. 가끔은 실수할 때도 있겠지만 아무것도 결정하지 않고 실천하지 않으면, 아무것도 배울 수 없고 더 이상 성장할 수도 없다. 오늘의 실수가 내일의 해결책이 되어 새로운 미래로 안내할 수도 있다. 항상 앞일을 정확히 내다볼 줄 알아야 한다는 건 바보 같은 생각이다. 결정을 내렸으면 느긋한 마음으로 그 결과를 기다리도록 하자.

항상 앞일을 정확히 내다볼 줄 알아야 한다는 건 바보 같은 생각이다

하지만 어떻게 해야 할지 정말 모를 때는 아무것도 안 하는 것이 제일 좋다. 그렇다고 해서 정말로 아무것도 하지 말라는 뜻은 아니다. 이런 때는 조용히 자신의 마음을 달래는 것이 좋다. 어려운 결정을 내려야 한다는 스트레스를 털어버려야 해답을 찾을 수 있다.

어떻게 해야 할지 안다고 해서 반드시 그 결과까지 알 수는 없다. 어떤 결과가 나올지 확실히 알 때까지 결정을 미루는 사람들이 있다. 이렇게 하면 되는 일없이 지치기만 할 뿐이다. 결정을 내린다는 것은 자신이 할 수 있는 최선의 선택을 한다는 뜻이다. 그리고 그 결과를 받아들일 준비가 되었다는 뜻이기도 하다.

어떻게 해야 할지 안다고 해서 반드시 그 결과까지 알 수는 없다

전력을 기울여야 하는 일을 결정할 때면 나는 굉장히 신중해진다. 대부분의 경우 자신이 무엇을 하겠다고 말하면 나는 반드시 그렇게 한다. 그러면 내 말에 힘이 실린다. 내 책이 사람들에게 많은 도움이 되는 이유는 그 안에 힘이 실려 있기 때문이다.

내 책은 모두 나 자신의 경험을 바탕으로 하고 있다. 그 안에 담긴 내용들은 모두 나에게 그대로 적용된 것들이고 지금도 그 사실에는 변함이 없다. 나한테 적용되지도 않았고 도움이 되지도 않았던 내용은 단 한 줄도 책에 들어 있지 않다.

한 여인이 간디를 찾아왔다. 그녀는 자기 아들이 설탕을 많이 먹지 못하도록 타일러달라고 간디에게 부탁했다. 설탕 때문에 아들이 지나치게 혈기왕성하고 말썽만 부린다는 이유에서였다. 간디는 3개월 후 다시 찾아오라고 말했다.

3개월 후 여인은 아들을 데리고 다시 간디를 찾아왔다. 간디는 여인의 아들에게 설탕을 너무 많이 먹으면 건강이 나빠진다고 말했다.

지금이라도 설탕을 안 먹으면 훨씬 더 건강해지고 기분도 좋아질 거라고 말하자 소년은 앞으로 설탕을 먹지 않겠다고 했다.

나중에 여인은 어째서 3개월 뒤에 찾아오라고 했느냐고 간디에게 물어보았다. 그러자 간디는 자신의 말이 힘을 가지려면 그 말이 사실인지 아닌지 직접 경험해보아야 한다고 했다. 그래서 자신이 직접 3개월간 설탕을 먹지 않고 지내면서 어떤 일이 생기는지를 경험해보았다고 했다. 직접 체험을 통해 자신의 말이 사실인지 아닌지를 알아냈기 때문에 그 말에는 힘이 실렸고, 여인의 아들은 간디의 말 한마디에 설탕을 먹지 않게 된 것이었다.

자기가 말한 대로 행동하는 사람의 말에는 힘이 실린다. 약속을 잘 지키는 사람의 말에는 약속을 지킬 수 있는 힘이 실려 있다. 나는 마감을 정할 때면 꼭 지키겠다는 마음으로 약속을 한다. 그러면 마감일이 가까워올수록 마감을 지킬 수 있는 힘이 솟아난다.

자기가 말한 대로 행동하는 사람의 말에는 힘이 실린다

그렇다고 해서 약속을 안 지키면 나약한 사람이 된다는 뜻은 아니다. 살다 보면 가끔은 약속을 지키지 못할 때도 있다. 그럴 때는 다시 한 번 노력하면 된다. 한 번 약속을 지키지 못했다고 해서 모든 것을 잃어버리는 것은 아니다. 다만 힘을 조금 잃어버릴 뿐이다. 한 번 약속을 지키면 약속을 지킬 수 있는 힘이 늘어나는 것처럼 한 번 약속을 어기면 그만큼 약속을 지킬 수 있는 힘이 사라진다.

'약속 같은 건 절대 안 하겠다'라고 하기보다는 지키지 못하더라도 약속을 하는 편이 훨씬 낫다. 남을 실망시키기 싫어서 쉽게 결정을 내리지 못하는 사람들이 있다. 이런 사람들은 대부분 어렸을 때 부모를 기쁘게 해드리지 못했거나 실수를 용서받지 못한 경험이 있는 사람들이다. 하지만 이런 두려움 때문에 약속을 피해서는 안 된다. 약속을 지키기 위해 최선을 다할 때 우리의 영혼은 성장한다. 가끔은 목표나 약속을 이루지 못할 때도 있다. 하지만 그럴 때라도 포기하지 말고 최선을 다해야 한다.

'약속 같은 건 절대 안 할 거야'라고 하기보다는
지키지 못하더라도 약속을 하는 편이 훨씬 낫다

잘못된 결정을 내려도 우리는 용서받을 수 있다. 실망감이나 좌절감만 털어버리면 다시 힘이 생긴다. 실수할까 봐 두려워서 아무것도 하지 않고 가만히 앉아 있으면 자신의 참모습에서 점점 멀어지게 된다. 그리고 자신감도 상실하여 점점 무기력한 사람이 된다.

그리고 약속을 바꾸고 싶은 생각이 든다면 그 즉시 바꾸는 것이 좋다. 질질 끌지 말고 당장 하는 것이 좋다. 약속을 바꾸는 것은 그렇게 하는 것이 옳다고 생각하기 때문이다. 옳다고 생각되는 일을 한다는 것은 강하고 끈기 있게 확실히 밀고 나가려는 잠된 자신과 함께한다는 뜻이다.

장벽 7_ 망설임

결정한 일을 할 자신이 없으면 망설임의 장벽에 갇히게 된다. 그러면 하지 않으면 안 될 지경에 이르러서야 마지못해 일을 시작하게 된다. 이렇게 한없이 뒤로 미루는 것은 아직 준비가 안 되었다고 생각하기 때문이다. 그런데 망설이고 있으면 닥쳐오는 시련에 맞설 용기가 없어진다. 그리고 용기가 없어지면 더욱 더 망설이게 된다.

아직 준비가 안 되었다고 생각되면 할 일을 한없이 뒤로 미루게 된다

용기는 근육과도 같다. 무거운 것을 들어올리며 열심히 운동을 해야 근육이 자라는 것처럼, 시련이 닥쳤을 때 용기를 내어 과감히 맞서야 용기도 부쩍부쩍 자라게 된다. 그리고 최선을 다하면 신의 천사가 찾아와 도와준다.
"하늘은 스스로 돕는 자를 돕는다."
이것은 불변의 법칙이다. 행동하지 않으면 힘은 솟아나지 않는다.
일단 시작하지 않으면 아무것도 할 수 없다. 결심을 실행에 옮기면 힘은 저절로 솟아난다. 쓰지 않으면 자기 안에 얼마나 큰 힘이 숨어 있는지 알 수 없다. 용기는 위험을 감수할 때 커진다. 망설이면서 행동하지 않으면 잠재된 능력을 억압하게 되고 이로 인해 고통받는 것은 바로 자기 자신이다.

결심을 실행에 옮기면 힘은 저절로 솟아난다

살아가면서 겪는 큰 고통 중의 하나는 사랑하지 못하는 고통이고, 또 하나는 하고 싶은 일을 하지 못하는 고통이다. 하고 싶은 일을 하지 못할 때 당하는 고통은 칼로 자신을 계속 찌르는 것만큼이나 끔찍하다. 실패할까 봐 두려워하는 고통보다 하고 싶은 일을 하지 못하는 고통이 훨씬 더 크다.

걱정스러우면 망설이게 된다. 하겠다고 말하고 난 뒤에도 왠지 자신이 없어진다. 그 일이 무슨 일이건 할 수 없을 것 같다는 생각이 든다. 이런 상태에서 벗어나려면 먼저 마음을 바꾸어야 한다.

자기 감정에 솔직해지면 부정적인 감정에서 벗어나 자신이 진정으로 바라는 것이 무엇인지 알 수 있다. 자기 안에 숨어 있는 열정을 느끼면 망설임은 저 멀리 사라진다. '안 되면 어떡하지?'라는 생각을 버리고 열정을 되찾으면 얼마든지 다시 시작할 수 있다.

"생각은 필요없다. 일단 시작하자."

이 말을 생각하면서 용기 있게 밀어붙이자.

"생각은 필요없다, 일단 시작하자"

망설임에서 벗어나는 또 다른 방법은 목표를 세우는 것이다. 목표를 세울 때는 무작정하기보다는 우선 명상을 하는 것이 좋다. 명상을 하면서 하고 싶은 일을 하는 자신의 모습을 상상해보자. 하고 싶은 일을 했을 때 어떤 기분이 들지도 상상해보자. 이렇게 하면 목표를 세울 수 있는 힘이 솟아난다. 며칠 후면 어느새 하고 싶던 일을 하고 있는 자신을 발견하게 될 것이다.

할 일을 뒤로 미루는 것은 아직 준비되지 않았다고 생각하기 때문이다. 우리는 준비만 되면 걱정할 것도 없고 불안하지도 않을 것이라고 생각한다. 하지만 사실은 그렇지 않다. 만반의 준비가 되었다고 해도 어떤 일을 시작하려고 하면 겁이 나게 마련이다. 하지만 일단 시작하면 두려움은 저절로 사라진다. 일을 시작하기 전에 먼저 두려움이 사라지기를 바란다면 평생 아무것도 시작할 수 없다.

장벽 8_ 완벽주의

'삶은 완벽한 것이다'라는 생각에서 벗어나지 못하면 완벽주의의 장벽에 갇히게 된다. 그러면 자기 자신이나 남에게 너무 많은 것을 요구하고 기대하게 된다. 모든 것이 완벽하기를 바라겠지만 세상은 그렇지 못하다. 모든 것이 완벽하기를 바라는 사람은 절대 행복할 수 없고 무엇에도 만족할 수 없다. 이런 사람은 너무 많은 것을 기대하기 때문에 자신의 삶이 한없이 초라하게만 느껴진다. 그리고 무엇이든 남과 비교하게 된다. 무엇에도 만족하지 못하면 사랑은 줄 수도 없고 받을 수도 없다.

모든 것이 완벽하기를 바라는 사람은 자신에 대해 만족하지 못한다

완벽하고자 하는 욕구는 잘못된 욕구이다. 이런 욕구는 대개 어린 시절에 형성된다. 어린 시절에는 완벽한 사람이 되어야 부모에게 사랑받을 수 있다고 생각한다. 모든 아이들은 부모에게 사랑받고 싶어 한다. 이것은 당연하며 또 건강한 욕구이다.

남을 기쁘게 해주고 싶은 욕구는 건강한 것이다
하지만 이 욕구는 상처받고 변질되기 쉽다

부모를 기쁘게 하지 못하면 그 욕구는 완벽해지고 싶다는 욕구로 변하게 된다. 아이들은 부모가 자기 때문에 기뻐하면 함께 기뻐한다. 그리고 부모가 자기에게 실망하면 괴로워한다. 또 부모의 상심이 자기 때문이라고 쉽게 생각한다. 그래서 오로지 부모를 기쁘게 하고 싶어서 자신의 본래 모습과는 다른 사람이 되려고 애쓰기도 한다. 부모를 위해 자신의 본래 모습에서 멀어질수록 완벽해지고 싶은 욕구는 점점 더 강해진다.

> 부모를 기쁘게 하고 싶다는 욕구가 충족되지 않으면
> 그 욕구는 완벽해지려는 욕구로 변한다

아이들은 부모가 기분이 좋지 않을 때일수록 유달리 심하게 짜증을 내거나 말썽을 부린다. 그러다 보니 짜증을 내거나 말썽을 부릴 때마다 야단을 맞게 된다. 아이들은 자기 감정을 솔직히 표현하면서 차차 그 감정을 다스리는 법을 배운다. 그런데 감정을 표현할 때 부모가 야단을 치면 아이는 자기 감정을 감추게 된다. 부모의 마음에 들기 위해 감정을 억누르게 되는 것이다.

> 아이들은 마음껏 감정을 표현할 수 있어야 한다

어린 시절에는 실수도 많이 하고 그런 실수를 통해 삶의 교훈과 지혜를 배운다. 그런데 그 같은 실수 때문에 나쁜 사람이 되리라도 한 양 심하게 야단맞을 때가 있다. 이런 일이 계속되다 보면 아이는 실수를 할까 봐 걱정하고 조바심하게 된다. 이렇게 실수하지 않으려고 전전긍긍하다 보면 어느새 완벽주의자가 되고 만다.

> 어린아이는 실수를 두려워하지 않아야 한다

특별한 재능을 타고난 사람들도 완벽주의에 빠지기 쉽다. 재능이 뛰어나면 남들의 주목과 기대를 받게 된다. 그리고 잘한다고 칭찬받는 데 익숙해져 못하는 일은 가급적 피하게 된다.

어린 시절에는 부모의 사랑을 받기 위해 최고가 되고 싶어한다. 그래서 잘하는 일이 아니면 안 하려고 한다. 하지만 새로운 것을 배우면서 실수해보지 않으면 실수해도 여전히 사랑받을 수 있다는 사실을 알 수 없다.

아이들은 실수해도 괜찮다는 것을 경험으로 깨달아야 한다

부모를 기쁘게 하지 못했던 사람은 영원히 자신을 부족한 사람이라고 생각하게 된다. 완벽주의자들은 자기 분야에서 성공하기는 쉬울지 몰라도 결코 자기 자신에게 너그럽지 못하다. 또 자신이 이룩한 일을 소중히 여기지도 않을 뿐 아니라 자기가 하는 일 자체를 싫어하기도 한다.

완벽주의자들은 자기 분야에서 성공하기 쉽다
하지만 결코 자신에게 관대하지 못하다

자신이 부족하다는 생각을 가지고 있으면 겉으로 드러나는 기분이나 욕구도 여기에 크게 영향을 받는다. 사람들이 자신의 부족함에 대해 어떻게 생각하는지 알아보고 싶다면 그 사람의 목소리를 녹음했다가 들려주면 된다. 녹음된 자기 목소리를 들으면 대부분의 사람들은 놀라고 당황한다. 자기 목소리를 마음에 들어하는 사람은 거의 없다.

심지어 그것이 진짜 자기 목소리라는 것을 믿지 못하는 사람도 있다.
　이러한 실험을 하면 어린 시절에 자신이 부족하다고 느꼈던 것을 보상하기 위해 아직도 우리 마음속에는 단단한 방어벽이 쌓여 있다는 것을 알 수 있다. 각각의 성장단계를 거치는 동안 우리는 자신에게 쏟아지는 비난을 이겨내기 위해 자신이 되고자 하는 모습을 마음속에 그려놓는다.
　녹음된 자기 목소리는 자신이 생각하던 것과는 판이하게 다르다. 그 소리를 들으면 자신이 부족하기 때문에 사랑받지 못할 거라던 어린 시절의 두려움이 되살아난다. 그래서 놀라고 당황하게 되는 것이다. 아무리 남들이 목소리가 좋다고 말해주어도 정작 자신은 자기 목소리를 받아들이지 못한다.

> 녹음된 자기 목소리는 자신이 생각하던 것과는 판이하게 다르다
> 그 소리를 들으면 자신이 부족하기 때문에 사랑받지 못할 거라던
> 어린 시절의 두려움이 되살아난다

　평소에 느끼지는 못했지만 마음속에 부정적인 감정이 쌓여 있던 사람은 녹음된 자기 목소리를 듣는 동안에 갑자기 그 감정들이 밖으로 터져나온다. 이렇게 녹음된 자기 목소리를 들으면 감추어져 있던 감정들이 겉으로 드러난다. 그러면 과거의 기억으로 돌아가 감추어졌던 감정들을 해소하면 된다.

완벽해지기 위해
　사랑 비타민 G1이 부족하면 완벽주의자가 되기 쉽다. 이럴 때는

신의 사랑이 필요한 탱크를 채워주어야 한다. 신과 만나지 못해서 삶이 완벽하지 않다고 생각되면 눈으로 보이는 세상에서 완벽을 추구하기도 한다.

우리 눈에 보이는 세상은 결코 완벽하지 않다. 하지만 신이나 강력한 어떤 존재를 따르면 완벽하고 싶은 욕구는 얼마든지 충족할 수 있다. 신에게 가까이 갈수록 우리는 완벽한 사람이 되고 더 많이 가지고 싶다는 생각에서 벗어나게 된다. 그래서 현재의 자신을 아끼고 사랑하게 되면 완벽해지지 않아도 얼마든지 행복할 수 있다.

더 많은 것을 바라는 것은 건강한 욕구이다
하지만 완벽해지고자 하는 것은 건강한 욕구가 아니다

겉으로 보이는 세상에서 완벽해지고 싶은 것은 건강한 욕구가 아니다. 하지만 정신과 마음이 완벽해지기를 바라면서 자신의 잠재력을 개발하려고 하는 것은 건강한 욕구다. 이 세상에 완벽한 것은 아무것도 없지만 자신을 발전시켜나가는 과정에서 우리는 완벽함을 맛볼 수 있다. 자기 안으로 더 큰 힘을 끌어들여보자. 그러면 인생은 완벽하지는 않더라도 제대로 흘러갈 것이다.

장벽 9_ 원망

사랑과 도움을 베푸는 마음을 잃어버리면 원망의 장벽에 갇히게 된다. 준 만큼 받지 못했다고 생각될 때 우리는 원망하게 된다. 불공평하다고 생각하기 때문에 더 이상 사랑을 베풀지 않게 된다. 이렇게 마음을 닫아버리면 원하는 것을 이룰 수 있는 힘을 잃게 된다. 동시에 사랑과 자상함으로 가득한 참된 자신의 모습에서도 멀어지게 된다.

원망의 장벽에 갇히면 사랑을 베풀지 못한다

베푼 만큼 돌려받지 못했다는 생각으로 화가 나서 마음을 닫고 사랑을 베풀지 않으면 자신에게 오는 사랑을 받을 마음의 통로마저 막혀버린다. 마음이 온전히 열려 있을 때만 밖으로부터 사랑을 받아들일 수 있다. 가끔은 정말 원망스러워서 그 누구의 사랑도 받고 싶지 않을 때가 있다. '이젠 너무 늦었어. 이젠 그 무엇도 나를 행복하게 할 수 없어'라고 생각하면서 말이다.

하지만 원망만 하다 보면 사랑을 베풀고 또 받을 기회를 잃어버리고 만다. 용서하지 못하면 한없이 과거에 얽매여 살게 된다. 사랑을 베푸는 데 어떤 조건을 다는 것은 자연의 법칙을 무시하는 일이다. 나에게 잘못한 사람을 벌주고 싶은 것은 당연한 생각이지만 그래 봤자 고통을 당하는 것은 나 자신뿐이다. 마음 안에 원망의 장벽을 쌓아놓으면 사랑을 베풀지 않게 될 뿐만 아니라 나를 찾아오는 사랑까지 가로막게 된다.

원망만 하다 보면 사랑을 베풀고 받을 기회를 놓치고 만다

원망을 하면 아무것도 주기 싫어진다. 그래서 사랑도 베풀지 않게 된다. 하지만 베풀지 않으면 받을 수도 없다. 이처럼 원망하면서 사랑을 베풀지 못하는 것은 어떤 사랑 탱크가 비었다는 뜻이다. 그 비어 있는 사랑 탱크만 채워주면 얼마든지 다시 사랑을 주고받을 수 있다.

로잔은 자신을 버린 전남편을 원망했다. 결혼 후 남편을 위해 최선을 다했는데도 그는 자신을 버리고 젊은 여자에게로 가버렸다. 그리고 자신은 결혼생활 내내 제대로 사랑받지 못했다고 생각했는데, 전남편이 재혼한 젊은 여자에게 잘해준다는 말을 듣자 그가 원망스러워지면서 화가 났다.

전남편에 대한 원망에서 벗어나기 위해 로잔은 자신을 위한 시간을 갖기로 했다. 사랑 비타민 S(자신에 대한 사랑)가 필요한 탱크를 채우기로 한 것이다. 로잔은 평소에 하고 싶었던 일들을 몇 가지 시작했다. 배우자 없는 학부모의 모임에도 참여했다. 비슷한 처지의 사람들과 어울리다 보니 사랑 비타민 P2(동료로부터의 사랑)가 필요한 탱크도 채울 수 있게 되었다. 다음에는 친구들과 함께 여행을 했다. 그러자 사랑 비타민 F(가족, 친구 그리고 즐거움을 통해 얻는 사랑)도 얻게 되었다.

로잔은 친구들과 함께 유람선을 타고 여행을 떠났다. 그런데 여행 도중 그만 병에 걸렸다. 친구들이 걱정하자 로잔은 괜찮다면서 쉬고 싶다고 말했다. 그날 친구들이 배에서 내려 여기저기 구경하는 동안 로잔은 혼자 선실에 누워 있었다. 그러다 보니 갑자기 쓸쓸하다는 생각이 들면서 슬퍼졌다. 모든 것이 나아지는가 싶더니 또다시 우울해진 것이었다.

마음을 풀기 위해 로잔은 감정의 편지를 쓰기로 했다. 그래서 사랑받지 못한 아픔을 어린 시절 어머니와의 관계에 연결시켜보았다. 맏이였던 로잔은 자라면서 항상 다섯 명의 어린 동생들을 돌보아야 했다. 당시 어머니는 몸이 불편해서 늘 침대에 누워 있었고 아버지는 일을 나가야 했기 때문에 로잔은 마치 어머니처럼 동생들을 보살폈다.

로잔의 부모는 사랑이 넘치는 분들이었다. 하지만 로잔이 사랑을 필요로 할 때 적절히 보살펴줄 형편이 못 되었다. 대신에 어린 나이였지만 로잔은 동생들을 보살펴야 했다. 그녀는 가족에게 책임감을 느꼈고 가족을 돌보는 것을 당연하게 여겼다. 그래서 자기 기분 같은 것은 무시하고 동생들을 보살피는 데 최선을 다했다. 그러는 동안 마음은 점점 강해졌지만 자신이 무엇인가를 잃어버렸다는 것은 미처 깨닫지 못했다.

그런데 아파서 친구들 없이 혼자 누워 있다 보니 로잔은 처음으로 어린 시절 자신이 얼마나 부모님의 사랑을 그리워했는지 깨닫게 되었다. 판도라의 상자에서 채워지지 않은 사랑에 대한 그리움이 튀어나온 것이었다.

어린 시절 로잔은 부모에게 사랑받고 보살핌받는 다른 아이들이 부러웠다. 그녀는 자신이 무슨 생각을 하는지, 무엇을 갖고 싶은지 아무도 관심을 가져주지 않아 늘 마음이 아팠다. 사람들의 관심은 언제나 아파 누워 있던 어머니와 어린 동생들 차지였다. 어린 시절의 기억으로 돌아가면서 로잔은 비로소 채워지지 않은 사랑 비타민 P1(부모님의 사랑) 탱크를 채울 수 있었다.

그녀는 부모님이 자신을 사랑하는 것을 잘 알고 있었다. 그것을 좀 더 분명히 느끼기 위해 로잔은 어머니가 열린 마음과 사랑으로 자신의 말에 귀를 기울여주는 상상을 해보았다. 로잔은 그런 사랑이 그리웠던 것이다. 그리고 어머니가 자신을 꼭 끌어안고 사랑을 베풀어주는 모습도 상상해보았다.

이렇게 여러 가지 경험과 상상을 통해 로잔은 비어 있던 많은 사랑 탱크를 채워나갔다. 그러자 전남편이나 주변환경에 대한 원망이 사라지면서 인생이 훨씬 더 즐겁게 느껴졌다. 재미있는 일도 많아지고 친구들도 많이 생겼다. 연애도 다시 시작해서 그녀를 무시하지 않는 남자와 새 삶을 시작하게 되었다. 예전에는 절대로 이혼만은 하고 싶지 않다는 것이 소망이었다. 하지만 이제는 과거의 상처를 치유하고 새 삶을 살게 된 것이 정말 다행스럽고 기쁘기만 하다.

원망의 장벽에서 벗어나려면 원망의 가장 큰 피해자는 바로 자기 자신이라는 것을 깨달아야 한다. 세상이 불공평하다고 생각할 수도 있다. 하지만 그렇다고 사랑을 베풀지 않고 마음을 닫는다면 하나도 나아지지 않는다. 자신만 더 괴로워질 뿐이다.

사랑을 베풀지 않는다고 나아질 것은 하나도 없다

사랑을 베풀고 싶지 않다는 것은 지금 자신이 문제를 일으키고 있다는 신호. 원망을 하면 바로 자신이 문젯거리가 된다는 사실을 기억해야 한다. 남에게 부정적인 감정을 쏟아부을 뿐만 아니라 그와 똑같은 감정을 자신에게 끌어들이게도 되기 때문이다.

누군가가 밉고 원망스럽다는 것은 원하는 것을 이룰 수 있는 힘이 자기 안에 있음을 잊었다는 뜻이다. 필요한 것을 가질 수 없다는 생각이 들면 상실감에 빠진다. 이 상실감으로 인한 고통은 원망을 부채질한다. 하지만 원하는 대로 살아갈 수 있는 힘을 되찾으면 원망은 사라진다. 원망은 편견과 비난, 그리고 남의 탓으로 돌리려는 마음의 또 다른 표현이다.

누군가가 밉고 원망스러워진다는 것은 원하는 것을 이룰 수 있는 힘이 자기 안에 있음을 잊었다는 뜻이다 원망한다는 것은 잘못된 대상에게 지나치게 많은 사랑을 쏟았다는 신호다. 이럴 때는 사랑을 되돌려주지 않는다고 남의 탓을 하기보다는 자신을 소중히 하면서 다른 사랑 탱크들을 채워나가야 한다.

너무 많은 사랑을 베푼 데 대한 책임을 스스로 떠맡는다면 상대방을 탓하지 않고도 얼마든지 원망에서 벗어날 수 있다. 이런 사실을 알고 나면 올바른 삶의 방향으로 나아갈 수 있을 뿐만 아니라 남을 원망하면서 생긴 죄책감에서도 해방될 수 있다.

> 원망한다는 것은 잘못된 대상에게 지나치게 많은 사랑을 쏟았다는 신호다

다른 사람을 행복하게 해주고 싶어하는 사람은 그들에게 많은 사랑을 베푼다. 때로는 완벽해지고 싶은 마음에 너무 많은 사랑을 베풀기도 한다. 그러면서 그들도 자신에게 똑같이 해주기를 바란다. 이런 사람들은 사랑을 베풀지 말아야겠다는 생각이 들면 죄책감에 빠지기도 한다.

그러면 죄책감에서 벗어나기 위해 어째서 남을 원망하게 되었는지, 왜 사랑을 베풀기 싫어졌는지에 대한 변명거리를 찾게 된다. 더불어 삶이 불공평하다느니 님들이 무심하다느니 하는 생각을 하게 된다. 이런 것들이 완전히 틀린 생각은 아니다. 하지만 변명을 할수록 마음은 더욱 굳게 닫혀버린다. 이럴 때 참된 행복의 비법을 적용한다면 얼마든지 필요한 것을 얻고 원하는 것을 이룰 수 있다. 원하는 것을 이룰 힘만 있다면 세상은 더 이상 불공평하지 않다.

장벽 10_ 자기 연민

자기에게 주어진 축복과 성공에 감사해하거나 만족할 줄 모르면 자기 연민에 빠지게 된다. 얻지 못한 것이나 잃어버린 것에 연연하다 보면 지금 자신이 가지고 있는 것을 소중히 할 줄도 모르고 계속 주어지는 기회도 잡지 못한다. 원하는 것을 포기하거나 무언가를 잃어버렸을 때 안타까운 생각이 드는 것은 당연하다. 하지만 그렇다고 해서 현재의 자신까지 소중히 대하지 못하고 내버려두어서는 안 된다.

자기 연민에 빠져 있으면 현재의 자신을 소중히 할 수 없다

자기 연민은 충분히 사랑받지 못했을 때 생겨난다. 부모에게서 사랑을 받지 못한 아이는 다른 사람의 사랑이라도 얻고 싶어한다. 아이라면 누구나 사랑과 관심을 필요로 한다. 그런데 부모가 줄 수 있는 것보다 더 많은 사랑을 원하는 아이들이 있다. 이런 아이들은 원하는 만큼의 사랑과 관심을 끌기 위해 말썽을 부리기도 한다.

아이가 관심을 끌기 위해 유난히 보챌 때 그냥 무시하고 내버려두면 얌전해질 거라고 생각하는 부모들이 있다. 하지만 사실은 그렇지 않다. 오히려 더 심각해질 뿐이다. 원하는 만큼의 사랑과 관심을 받지 못했으니 아이는 더 심하게 보채고 말썽을 부리는 것이다.

떼쓰고 보채는 아이를 내버려두면 아이는 더 심하게 보챈다

이렇게 말썽을 부리던 아이가 아무 말썽 없이 조용히 하루를 보내면 부모는 아이를 다시 혼자 내버려두어 아이가 무시당했다는 생각

을 하게 만든다. 이런 상황을 바로잡으려면 누군가가 아이 말에 귀기울여주기 바라는 욕구를 충족시켜주고 긍정적인 관심을 주고받을 수 있어야 한다. 이렇게 하기 위해서는 아이 감정에 관심을 가지고 상처받은 마음을 어루만져 주어야 한다.

이와 달리 성인인 우리는 다른 사람이 자기 말을 들어주기를 기대해서는 안 된다. 그보다는 자기 문제는 자기가 해결하겠다는 책임의식을 가져야 한다. 자신의 부정적인 감정을 글로 풀어내기 전에는 다른 사람이 그 감정에 관심을 가져주기를 기대해서는 안 된다. 자신의 고통을 받아줄 책임은 자신에게 있다는 사실을 받아들여야 비로소 부정적인 관심이라도 받아보려고 다른 사람에게 매달리는 일에서 벗어날 수 있다.

하루 동안 다른 사람에 대해 불평하지 않는 것도 자기 연민에서 벗어나는 좋은 방법 중의 하나다. 타인이나 어떤 상황에 대해 불평하지 않기란 생각보다 훨씬 힘든 일이다. 불평하고 욕하는 대신 일기에 자신의 마음을 털어놓아 보자. 그러면 다시 긍정적인 관심을 얻을 수 있다는 자신감이 생기고 자신의 감정을 스스로 다스릴 수 있게 된다.

하루만 불평을 참아보자

매우 예민한 사람들은 더 많이 가져야 한다는 것을 느낌으로 알아차린다. 그런데 더 많이 가질 수 있는 방법을 알지 못하면 항상 무언가 부족하거나 잃어버렸다고 생각하게 된다. 이러한 생각에서 벗어나려면 잃어버린 것을 다시 찾아서 가져야 한다. 따돌림을 당해 파티에 가지 못했다면 어떻게 해서든 파티가 열리는 곳까지 찾아가야 한다. 또 따돌림당했다고 울고 있기보다는 밖에서 찾아 헤매던 것들이 사실은 모두 자기 안에 있다는 것을 깨달아야 한다. 필요한 것을 얻고 거룩한 어떤 존재를 만나게 되면 혼자 버려졌다는 생각은 사라질 것이다.

마음을 채울 수 있는 사랑의 근원을 만났다면 더 이상 세상을 헤매고 다닐 필요가 없다. 자기 연민에서 벗어나려면 잃어버렸다고 생각했던 사랑들이 사실은 자기 안에 있다는 것을, 더불어 자기 안에는 무한한 가능성도 함께 있음을 깨달아야 한다.

자기 연민에 빠지면 더 많은 것을 얻을 수 있는 기회를 놓치게 될 뿐 아니라 스스로 그 기회를 포기하게 된다. 그리고 자신의 불행을 정당화하려는 듯 더욱 현상태에 머물게 된다. 소중한 것을 잃어버렸으니 무엇으로도 그 상실감을 메울 수 없다면서 자신을 한없이 불쌍하게 여긴다. 하지만 그러한 상황에서 벗어날 수 있는 일은 아무것도 하지 않는다.

> 자기 연민에 빠지면 더 많은 것을 얻을 수 있는 기회를 놓치게 될 뿐 아니라
> 스스로 그 기회를 포기하게 된다

그뿐만이 아니다. 심지어는 스스로를 도울 수 있는 기회마저 놓치게 된다. 자기 연민에 빠지면 아무도 자신을 도와주지 않을 것이라고 생각하면서도 마음 한구석에서는 누군가 도와주기만 하면 모든 것이 나아질 것이라고 생각한다. 누군가 내게 행복을 가져다주기를 바라는 것이다. 그러나 일단 자신을 믿기 시작하면 남에게 의지하려는 마음은 사라진다. 스스로 일어날 수 있는 힘만 되찾으면 자기 행복은 자기 손에 달려 있다는 것을 깨닫기 때문이다.

자기 연민에서 벗어나려면 자신을 외면하고 따돌렸던 사람들을 용서할 수 있어야 한다. 그러나 그전에 그들에게, 솔직하게 화를 내는 과정이 필요하다. 자신을 괴롭힌 사람들에게 제대로 화를 내려면 고통 이외의 다른 감정들도 느낄 줄 알아야 한다. 마음의 상처를 치유하고 나면 참된 자신으로 돌아갈 수 있다. 그러면 필요한 것을 얻고 원하는 것을 이룰 수 있다는 자신감을 되찾게 된다.

장벽 11_ 혼란

삶이 우리에게 무엇을 줄 수 있는지 확실히 모르면 혼란의 장벽에 갇히게 된다. 살아가면서 겪는 모든 일들은 좋은 것이든 나쁜 것이든 간에 그 일을 겪기 전에는 미처 몰랐던 지혜를 가르쳐준다. 그리고 우리 안에 있는 긍정적인 힘을 강하게 만들어준다.

그러나 일반적으로 혼란에 빠지면 중요한 것을 상실했다고 생각한다. 그래서 마음을 열고 무엇을 상실했는지 알아내기보다는 당장 그 잃어버린 것을 갖고 싶어한다. 무언가를 잃어버렸다는 생각이 들면 피해자가 되었다고 생각하여 당황하게 되고, 최악의 상황을 상상하게 된다.

무슨 일이 벌어지는지 모르면 당황하여 최악의 상황을 상상하게 된다

지금 그 자리에서 당장 분명한 답을 찾으려고 서둘면 인생이란 아직 다 펼쳐지지 않은 큰 그림이라는 사실을 잊고 만다. 그 큰 그림 안에는 우리에게 주어진 모든 가능성이 담겨 있다. 그런데 확실한 답만 쫓다 보면 자기가 잘 하고 있다는 자신감을 잃어버리게 된다.

혼란에서 벗어나려면 인생에 대해 질문은 하되
그 해답을 조급하게 구해서는 안 된다

살아가면서 우리는 많은 도전과 시련을 경험한다. 이러한 도전과 시련은 도저히 이해할 수 없는 지경까지 우리를 내몬다. 아주 나쁜 일이나 비참한 일이 벌어지거나 벌어지려고 하면 사람들은 '왜 내게 이런 일이 일어나는 거지?' 하고 생각하게 된다. 그러나 삶은 나쁜 사람은 물론이고 좋은 사람에게도 시련을 안겨준다. 이러한 사실을 모르면 어려움이 닥쳤을 때 자신이 잘못했기 때문에 그런 일을 겪는다고 생각하게 되고, 그 잘못을 인정하는 것과 책임지는 것이 싫어서 혼란스런 상태에 그대로 주저앉아버린다.

슬프거나 나쁜 일이 벌어지면 왜 나한테만 이런 일이 생기느냐고 따지고 싶어진다. 첫 결혼에 실패했을 때 나는 말할 수 없을 정도로 괴로웠다. 그래서 신에게 이렇게 따졌다.

"어째서 제가 이런 일을 겪어야 합니까? 왜 제게는 나쁜 일만 일어나는 겁니까?"

이혼을 통해 얻은 교훈

첫 결혼에 실패한 후 나는 영혼의 동반자인 지금의 아내 보니를 만나게 되었다. 그리고 우리는 결혼에 골인했다. 결혼하기 전 보니와 나는 몇 년간 데이트를 했다. 그녀를 사랑하기는 했지만 아직 결혼할 준비가 되지 않았다고 생각했기 때문이었다. 첫 결혼에 실패하지 않았다면 나는 보니와 함께 지금의 이 행복한 가정을 꾸리지 못했을 것이다. 이혼 때문에 크나큰 괴로움을 겪기는 했지만 나는 그 덕분에 더욱 값진 새 인생을 얻게 되었다.

그리고 왜 결혼에 실패했는지를 곰곰이 생각하면서 많은 지혜도 얻게 되었다. 이혼했을 당시에는 내가 피해자가 된 것만 같았다. 하지만 돌이켜 생각해보며 이혼의 상처를 치유하면서 나는 많은 것을 얻었다. 우선 남녀관계에 대해 내가 알고 있던 모든 것을 다시 한 번 생각해볼 기회를 갖게 되었다. 내가 무엇을 잘못했는지도 알게 되었다. 한 친구는 나에게 이렇게 말해주었다.

"너는 인간관계에 대해서는 많이 알고 있지만 남자와 여자가 얼마나 다른지는 모르고 있어."

아무것도 할 수 없을 정도로 절망에 빠져 있었기 때문에 나는 오히려 마음을 열고 내 잘못을 돌이켜볼 수 있었다. 친구의 충고도 진심으로 받아들일 수 있었다. 나는 그의 충고를 토대로『화성에서 온 남자, 금성에서 온 여자』의 기초를 잡았다. 이 책은 직업적인 면에서도 내게 새로운 기회를 안겨주었지만 오늘날까지 결혼생활을 원만하게 유지하는 데도 많은 도움이 되었다. 이 모든 것이 이혼 후 괴로움을 달래는 동안 이루어졌다.

아무것도 할 수 없을 정도로 절망에 빠지면
오히려 마음을 열고 새로운 것을 받아들이게 된다

이제는 뜻하지 않은 시련이 닥쳐도 이로 인해 좋은 일이 뒤따라올 것이라는 확신을 갖게 되었다. 언제나 그랬던 것처럼 말이다. 그렇다고 해서 무슨 일이든 뒷짐지고 구경만 한다는 뜻은 아니다. 오히려 그 반대라고 할 수 있다. 시련이 닥치면 나는 두 팔 걷고 거기에 매달려 문제를 해결하려고 애쓴다.

지금 눈앞에서 벌어진 일을 받아들이지도 못하고 상황이 나아질 거라는 희망도 없으면 우리는 혼란에 빠진다. 하지만 나이를 먹으면 모든 일이 잘 될 거라는 지혜가 생긴다. 그것도 우리가 상상하던 것보다 훨씬 더 말이다.

혼란에 빠지면 모든 것은 실제보다 훨씬 더 나쁘고 위급해보인다

혼란에서 벗어나려면 금방이라도 일어날 것 같던 나쁜 일이 일어나지 않았던 때를 계속해서 떠올려보아야 한다. 그러면 모든 일이 잘 될 거라는 것을 믿지 못하고 근심하느라 힘을 낭비했던 과거의 기억이 되살아난다.

인생의 교훈

예기치 않은 시련이나 도전에는 언제나 인생에 대한 교훈과 지혜가 담겨 있게 마련이다. 옳은 일만 한다고 해서 시련을 피할 수 있는 것은 아니다. 하지만 시련이나 도전을 극복하고 나면 그러한 과정을 통해 지금의 자신이 만들어졌다는 것을 알게 될 것이다.

인생의 교훈을 제대로 받아들이려면 목표했던 일을 전부 이루었다는 상상을 할 수 있어야 한다. 이런 상상을 하면 자신이 받은 도움들에 감사하게 되고, 강하게 성장할 수 있도록 이끌어준 시련과 도전에도 감사하게 된다. 시련과 도전을 통해 얻은 교훈에 감사할 줄 알게 되면 비로소 혼란에서 벗어나 삶의 지혜를 마음속으로 받아들일 수 있다.

과거를 통해 얻은 인생의 교훈에 감사하라

좌절의 순간에도 우리는 참된 자신의 지혜를 얻을 수 있다. 힘든 상황 속에서도 힘을 얻을 수 있다. 살아가면서 겪는 모든 시련과 도전에는 우리 내면에 숨어 있던 힘과 재능을 되찾을 수 있는 교훈이 담겨 있다.

힘든 상황 속에서도 우리는 힘을 얻을 수 있다

근육을 키울 때는 가벼운 아령만으로는 부족하다. 점점 더 무거운 기구에 도전해야 한다. 그래야 근육이 그 무게에 따라 수축과 이완을 계속하면서 더욱 강해진다. 참된 행복도 근육처럼 도전이 필요하다. 시련이나 도전을 극복해서 지혜가 생기면 참된 행복을 얻을 수 있는 힘도 커진다.

우리 몸의 뼈는 강해지려면 어느 정도 압력을 받아야 한다. 우주비행사들이 무중력상태에 오래 머물면 뼈가 심각할 정도로 약해진다. 계속 압력을 가해주지 않으면 며칠 안에 뼈가 부러지고 만다. 무중력상태에서 뼈에 압력을 가하는 것처럼, 살아가면서 겪는 시련은 우리를 강하게 하는 자극제가 될 수 있다. 물론 그 시련을 극복할 줄 아는 경우에 한해서 말이다.

나비 한 마리가 탄생하려면 고치를 깨고 밖으로 나오는 크나큰 시련을 겪어야 한다. 그 모습이 애처롭다고 해서 누군가 고치를 대신 열어주면 고치 밖으로 나오는 것은 쉬워질지 모르지만 나비의 일생으로 본다면 결코 도움이 되지 않는다. 그렇게 해서 세상에 나온 나비는 날지 못해 곧 죽어버릴 수도 있다. 나비는 고치를 깨고 나오는 과정을 통해 날 수 있는 힘을 기르기 때문이다. 날개의 힘을 기를 수 있는 고통을 겪지 않은 나비는 힘을 잃고 곧 죽어버린다.

고치를 깨고 세상 밖으로 나오는 고통을 겪지 않은 나비는 날 수 없다

살아가면서 겪는 도전이나 시련은 바깥세상에서 오는 것처럼 보인다. 적은 바깥에 있다고 생각하기 때문이다. 하지만 우리가 진정으로 맞서싸워야 할 전쟁터는 바로 우리 마음 안에 있다. 참된 행복을 가로막는 열두 가지 장벽에 갇힌 것은 바로 우리 마음이 도전받고 있다는 뜻이다. 마음속에서 벌어지는 싸움에서 승리를 거두고 장벽을 극복하면 참된 자기 자신을 되찾을 수 있다. 이렇게 마음속에서 벌어지는 싸움에서 승리할 때마다 사랑과 기쁨, 힘과 평화를 찾을 수 있는 힘은 커져간다.

시련과 도전에서 자유로울 수 있는 삶은 없다
하지만 시련과 도전을 겪을수록 우리의 힘은 커져간다

이런 사실을 알고 나면 '무엇이 잘못되었나'에만 매달리는 대신 '무엇을 할 수 있는가'로 관심을 돌릴 수 있다. 그리고 혼란에 빠졌을 때도 당황하지 않고 혼란에서 벗어날 방법을 청한 뒤 느긋하게 그 대답을 기다릴 수 있는 여유가 생긴다.

장벽 12_ 죄의식
자신을 사랑하고 자신의 실수를 용서할 수 있는 마음을 잃어버리면 죄의식의 장벽에 갇히게 된다. 실수하면 창피해지는 것은 당연한

일이다. 하지만 실수를 인정하고 그로부터 교훈을 얻은 뒤에도 창피함에서 벗어나지 못한다면 그때부터는 문제가 된다. 죄의식이 따라다니면 자신이 정직한 성품을 타고났다는 사실과 가치 있는 사람이라는 사실을 잊어버리게 된다.

죄의식이 따라다니면 정직한 성품을 타고났다는 사실을 잊어버리게 된다

죄의식에 빠져 있으면 자기가 하고 싶은 일을 하는 대신 남을 위한 일만 하게 된다. 남에게 너무 많은 것을 베풀려고 하게 되고, 자신에게 필요한 것을 달라는 것이 어색하게 느껴진다. 착하고 좋은 사람이 되고 싶어서 남에게 좀처럼 '싫다'는 말도 하지 못한다. 또한 남이 나를 어떻게 생각할까에 지나치게 신경을 쓰며, 남의 부탁을 거절할 때마다 '내가 잘못하는 것은 아닐까?'라고 생각하게 된다.

폴라는 모든 것을 다 지닌 여성이었다. 남편과 아이들이 있고 좋은 집에 차도 있는데다 학력도 높고 좋은 직업도 갖고 있었다. 겉으로 보기에는 부러울 것이 하나도 없었다. 하지만 그녀는 행복하지 않았다. 그리고 늘 무언가 부족하다는 생각이 들었다. 그러다가 참된 행복을 위한 워크숍에 참석하고 나서야 자신이 감정의 장벽에 갇혀 있다는 것을 알게 되었다. 폴라는 모든 것을 다 가지고 있으면서도 행복하지 않고 늘 부족하다고만 느끼는 자신에 대해 죄책감을 가지고 있었다.

폴라는 원하는 것을 모두 가지기 위해서는 자신을 포기해야 한다고 생각했다. 그래서 자기 본래의 모습을 버리고 다른 사람이 되어 남을 행복하게 하는 데만 최선을 다했다. 자신이 무엇을 원하는지에 대해서는 조금도 신경쓰지 않았다. 부모님을 기쁘게 하려고 최선을 다했

고 남편과 아이들을 위해 최선을 다했다. 하지만 자신이 진정으로 원하는 것에 대해서는 한 번도 생각해보지 않았다.

그런 폴라에게 '싫다'라고 말하거나 남을 실망시키는 것은 정말로 하기 힘든 일이었다. 그녀는 남을 실망시키는 것이 죽기보다 싫었다. 그리고 항상 남들이 자신에 대해 뭐라고 생각하는지에 신경을 썼다. 이 모두가 죄의식의 장벽에 갇혀 있을 때 나타나는 증상들이다. 하지만 시간을 들여 죄책감과 함께 삶에 대한 분노를 털어버리고 나자 두려움이 조금씩 사라지기 시작했다.

죄의식에 빠져 있으면 남에게 너무 많이 베풀게 된다

래리도 죄의식에 사로잡혀 있었다. 절도죄를 저질렀기 때문이었다. 게다가 사람도 다치게 해서 지금 복역 중이었다. 그는 폴라와는 다른 종류의 죄의식에 빠져 있었다. 그것은 남에게 정말로 잘못을 저질렀을 때 갖게 되는 죄의식이었다. 래리는 교도소에서 열린 감정 치유를 위한 워크숍에 참가했다. 그 워크숍을 통해 자신이 저질렀던 일에 대해 진심으로 후회하게 되자 비로소 래리는 죄의식에서 벗어날 수 있게 되었다.

범죄를 저지른 죄인이라도 죄의식에서 벗어나 자신을 다시 사랑할 수 있어야 한다. 죄의식에 사로잡혀 있으면 자신을 사랑할 수 없다. 자신을 사랑하지 못하면 고통스러워져서 마음을 닫아버리거나 죄의식에 점점 더 깊이 빠져들게 된다. 하지만 죄의식은 얼마든지 치유할 수 있다.

래리는 자신이 가치 없는 인간이라는 생각 때문에 갖게 된 고통과 자책감을 솔직하게 받아들였다. 그런 감정들에 솔직해지자 마침내 자신을 용서할 마음이 생겼다. 그리고 자신에게 새로운 기회를 주기로 했다. 교도소에서 복역하는 동안 래리는 새 삶을 위해 많은 준비를 했다. 그리고 자신의 잘못을 만회할 수 있는 기회를 갖게 된 것에 감사했다.

잘못을 저질렀다면 우선은 그 잘못에 대해 죄의식을 가져야 한다. 그런 다음에는 자신을 용서하고 가능하다면 잘못을 만회할 수 있도록 노력해야 한다. 죄의식에 빠진 사람들은 좀처럼 거기에서 헤어나지 못한다. 죄의식이 마음을 꽉 붙잡고 놓아주지 않기 때문이다. 많은 범죄자들이 다시 범죄의 세계로 빠져드는 이유가 바로 여기에 있다. 그들은 자신이 품고 있는 죄의식을 제대로 느끼거나 거기에서 벗어날 수 있는 방법을 모르고 있다.

그런 사람들은 잘못을 저질렀다는 부끄러움을 솔직하게 받아들이는 대신 그런 감정들을 감추며, 옳고 그른 것을 판단할 줄 아는 양심을 외면해버린다. 솔직한 감정과 양심을 외면해버리고 나면 감옥에서 겪었던 고통을 만회하겠다는 핑계로 계속 범죄를 저지르게 된다.

어째서 죄의식에 빠지는 걸까

범죄를 저질러서 죄의식에 빠지든, 남에 대한 책임감이 지나쳐서 죄의식에 빠지든 간에 우리는 너무 쉽게 죄의식에 빠진다. 가게에서 껌을 하나 훔쳤다고 평생 죄의식에 사로잡혀 사는 사람이 있는가 하면, 초등학교 때 친구에게 욕 한마디했다고 평생을 괴로워하는 사람도 있다. 죄의식에서 벗어나는 방법을 모르면 이들처럼 아주 작은 실수로 평생을 괴로워할 수도 있다.

열여덟 살 이전의 아이들은 그 이후의 연령층보다 나쁜 일들을 겪었을 때 죄의식에 빠질 가능성이 훨씬 더 크다. 어릴수록 자신을 나쁜 사람이라고 생각하기가 더 쉽기 때문이다. 특히 아홉 살 무렵의 아이들은 자신이 학대받거나 학대받는 사람을 보면 자신에게 문제가 있다고 생각한다. 아이들은 나쁜 일이 생기면 그 책임이 자신에게 있으며 그 때문에 벌을 받게 될 것이라고까지 생각한다. 아무런 책임이 없어도 그렇게 느끼는 것이다. 이때 부모가 그 책임을 떠맡으면 아이는 불필요한 책임감에서 벗어날 수 있다.

아이들은 자신이 학대받거나 학대받는 사람을 보면
자신에게 문제가 있다고 생각한다

부모가 싸움을 하거나 기분 나빠 보이기만 해도 예민한 아이들은 그것을 알아차리고 자신 때문이라고 생각한다. 부모가 가정의 행복을 이룰 책임을 떠맡지 않으면 아이가 그 책임을 대신 떠맡게 되는 것이다.

게다가 때로는 아이에게 책임감과 죄의식을 떠넘기는 부모들도 있다. 그런 부모 밑에서 자란 아이들은 부모가 기분이 좋거나 나쁜 것은 모두 자기한테 책임이 있다고 생각한다. 어른들도 이런 생각을 할 수 있지만 아이들은 특히 더 심각하게 이런 생각에 빠져든다. 하지만 자기 기분에 대해 아이 탓을 하지 않는 부모 밑에서 자란 아이들은 자신이 결백하다는 긍정적인 생각을 갖게 된다.

죄의식에서 벗어나려면 우선 결백에 대해 제대로 알아야 한다. 결백하다는 것은 사랑받을 자격이 있다는 뜻이다. 아이들은 누구나 다 결백하다. 실수를 저질렀을 때도 모르고 한 일이기 때문에 결백함에는 변화가 없다. 현명한 부모라면 아이들이 말썽을 부려도 아직 아무 것도 모르는 상태이기 때문에 그런 짓을 했다고 생각한다. 그리고 아이들 나름대로는 최선을 다하고 있다는 것도 잘 안다.

결백하다는 것은 사랑받을 자격이 있다는 뜻이다

나이가 들면 실수를 해도 여전히 사랑받을 자격이 있다는 사실을 배워야 한다. 그러면 죄의식이나 창피함에 얽매이지 않고도 실수를 인정하고 잘못을 고쳐나갈 수 있다. 잘못한 것이 있다면 그 사실을 인정하고, 그 잘못을 통해 지혜와 교훈을 얻어 계속 앞으로 나아가면 된다.

잘못을 저지르고 죄의식에 빠지더라도 자신의 원래 모습은 여전히 결백하다는 사실을 잊어서는 안 된다. 죄의식에 빠져 있으면 자신을 용서하지 못한다. 하지만 부끄럽다는 생각을 털어버리면 자신이 결백하다는 것을 다시 깨닫게 되고, 자기 잘못에 책임을 질 수 있게 된다.

잘못을 저지르면 잘 몰랐기 때문에 실수했다는 생각이 들어 부끄러워진다. 좀더 잘 알아야 했는데 그렇지 못했던 것이다. 사람들은 자기 나름대로 최선이라고 생각되는 행동을 한다. '어떻게 하면 바보 같은 짓을 할 수 있을까?'라고 생각하는 사람은 아무도 없다.

사람들은 자기 나름대로 최선이라고 생각되는 행동을 한다

자신을 용서한다는 것은 자신의 본질은 여전히 선하며 사랑받을 가치가 있다고 믿는다는 의미다. 인간은 누구나 자기 안에 결백함을 지니고 있다. 잘못을 저질렀다는 부끄러움에서 벗어났을 때 우리는 자신이 결백하며 소중하다는 사실을 다시금 깨닫게 된다.

인생에서 성공하려면 자신이 가치 있는 존재라는 사실을 깨달아야 한다. 자신을 사랑하고 자신의 가치를 인정하지 못하면 꿈을 이룰 수 없다. 자신이 가치가 없는 존재라고 생각되면 그 순간부터 자신의 욕구를 억압하게 된다. 자신은 욕구를 충족시켜서 만족을 얻을 가치가 없는 존재라고 생각하기 때문이다. 죄의식에 사로잡혀 있을 때도 마찬가지다. 그럴 때면 남을 위한 희생만 하고 정작 자신을 위해서는 조금도 신경쓰지 않게 된다.

장벽을 벗어나서

참된 행복을 가로막는 열두 개의 장벽을 극복하고 나면 물질적인 성공을 거둘 수 있을 뿐만 아니라 참된 자기 자신도 되찾게 된다. 마음의 평화와 사랑, 기쁨과 힘을 얻고 나면 더욱 효과적으로 원하는 것을 얻을 수 있다. 자신의 참모습을 포기하지 않고 자신이 하고 싶은 일만 하면서도 얼마든지 원하는 것을 얻을 수 있다.

이것은 누구나 다 아는 이야기처럼 들릴 수도 있다. 하지만 이러한 개념들을 마음으로 받아들이기란 생각만큼 쉬운 일이 아니다. 물질적인 성공을 위해 시간과 노력이 필요하듯 참된 행복을 이루기 위해서도 그만한 노력이 필요하다. 생각을 바꾸고 자신의 마음속을 들여다보아야 할 뿐만 아니라 각각의 장벽 안에 갇혀 있는 자신의 상처를 찾아내어 치유하기도 해야 한다.

이제 제`17`장에서는 참된 자신으로 돌아가서 장벽을 허물고 자신에게 필요한 것을 얻을 수 방법에 대해 살펴보기로 하자. 장벽을 허물기 위해 필요한 방법들을 연습하고 명상을 하다 보면 참된 욕망의 씨앗이 싹틀 수 있는 밭이 튼튼하게 다져진다. 장벽들을 허물어뜨리는 방법만 배우면 당장이라도 원하는 삶을 만들어갈 힘이 솟아난다.

명상으로 치유하라

how to get what you want and want what you have

감정의 장벽에 갇히게 되는 데는 자기 책임도 있다. 이런 사실을 알게 되면 그 장벽들을 허물어뜨리는 일에 기꺼이 뛰어들게 된다. 열두 가지 감정의 장벽에는 저마다 부정적인 감정들을 느끼고 해소할 수 있는 방법들이 따로 있다. 그 방법들을 제대로 행한다면 얼마든지 참된 자기 자신으로 돌아갈 수 있다. 이에 덧붙여서 특별한 명상의 기도를 규칙적으로 행하면 마음의 문이 열려 신의 도움도 얻을 수 있다.

드러나는 감정은 빙산의 일각이다

장벽을 없애려면 장벽 속에 숨어 있는 감정들을 느낄 수 있어야 한다. 바다에 떠 있는 빙산을 상상해보자. 수면 위로 나와 있는 것은 빙산 전체의 10퍼센트도 되지 않는다. 우리가 볼 수 없는 바닷속에 어마어마한 규모의 빙산이 숨어 있는 것이다.

감정의 장벽도 빙산과 같다. 그래서 막연히 감정의 장벽에 갇혔다고 느끼는 것은 장벽의 표면에 머무는 것에 지나지 않을 뿐이다. 그 속에 숨어 있는 온갖 감정과 욕망들을 들여다보지 않고서는 장벽에서 벗어날 수 없다. 그러나 장벽을 대함과 동시에 온갖 감정과 욕망들 때문에 당황스러움을 느끼게 되면서 모든 감정들이 마음속으로 숨어버린다.

장벽에 갇히면 한꺼번에 많은 것에 당황하게 된다

실수로 지나가던 사람과 부딪혔다. 그런데 그 사람이 뜻밖에 굉장히 화를 냈다. 그는 부딪혔기 때문에 나에게 화가 났다고 생각하겠지만 실은 다른 일 때문에 화가 난 상태일 수도 있다. 모든 것이 만족스러운 상태였다면 나와 부딪힌 것으로 그렇게 심하게 화를 내지는 않았을지도 모른다. 그렇다면 나에게 화가 났다는 감정 밑에 숨어 있는 그의 또 다른 감정 상태들을 살펴보기로 하자.

- ◆ 그는 나와 부딪혀서 화가 났다. 하지만 그것뿐만이 아니라 직장을 잃은 것 때문에도 화가 나 있는 상태였다.
- ◆ 직장을 잃어버렸다는 분노 밑에는 고정적인 수입원을 잃어버렸다는 괴로움이 숨어 있다.
- ◆ 그 괴로움 밑에는 두려움이 숨어 있다. 즉 다시 직장을 얻지 못할지도 모른다는 두려움과 먹고살 길이 막막하다는 두려움이 숨어 있다. 그리고 실직한 것 때문에 아내가 떠나버릴까 봐 두려워하고 있다 .
- ◆ 두려움 밑에는 좌절감도 숨어 있다. 다시 직장을 얻지 못할 것이라는 생각 때문에 좌절감에 빠진 것이다.

이렇게 겉으로는 나와 부딪힌 것 때문에 화가 난 것처럼 보이지만 빙산의 일각과도 같은 그 감정 밑에는 여러 가지 다른 감정들이 숨어 있을 수 있다. 그런데 직장을 잃어버린 것과 같이 괴로워할 이유가 충분한 사람의 감정상태와 고통은 이해하기가 훨씬 쉽다.

분노를 인정하라

그렇다면 당황하고 괴로워할 만한 이유를 스스로 만들어내면 마음속 깊이 숨어 있는 감정들을 좀더 잘 느끼고 이해할 수 있지 않을까? 이 말은 아주 단순한 논리처럼 보이지만 이것이야말로 감정의 장벽들을 허무는 데 가장 기본적인 방법이다.

당황하고 괴로워할 만한 이유를 만들어내면
깊이 숨어 있는 감정들을 좀더 더 잘 느끼고 이해할 수 있다

감정의 장벽이 느껴지면 우선 당황하고 괴로워할 만한 이유를 만들어야 한다. 지금 느껴지는 감정의 장벽과 똑같은 것을 느꼈던 과거로 돌아가 그때의 괴로움을 떠올려보라. 지금 사랑 비타민 P1이 부족하다면 과거 부모님과 자신의 관계를 떠올려보면 된다. 사랑 비타민 F가 부족하다면 부모 이외의 가족이나 친구와의 관계를 떠올려보면 된다.

감정의 장벽에서 벗어나려면 시계를 거꾸로 돌려야 한다. 마음이 여리고 예민했던 과거로 돌아가야 하기 때문이다. 과거에 겪었던 마음의 상처를 치유하는 것이 현재의 상처를 해소하는 것보다 훨씬 더 쉽다. 어쩌면 이제는 과거의 상처가 아무렇지도 않게 여겨질지도 모른다. 그럴 때는 그 상처가 아무렇지도 않게 여겨지기 이전의 마음으로 돌아가도록 하자.

감정의 장벽에서 벗어나려면 시계를 거꾸로 돌려야 한다

장벽에 갇히면 자신의 감정을 제대로 느끼지 못한다. 이것은 자신

에 대해 제대로 알 수 없다는 뜻이다. 자기 감정에 솔직해지고 자신을 제대로 알려면 어린아이가 되어야 한다. 어린아이처럼 예민하고 부드러운 마음을 되찾아야 하는 것이다. 어린아이의 마음으로 돌아가면 당황하고 괴로워할 만한 이유를 금방 찾을 수 있다.

감정의 장벽에서 벗어나려면 어린아이의 마음으로 돌아가야 한다

어린 시절의 가슴 아팠던 기억이 잘 떠오르지 않는다면 그런 일이 있었다고 상상이라도 해보자. 하지만 웬만한 사람이라면 어린 시절에 괴롭거나 힘들었던 기억이 한두 가지쯤은 있을 것이다. 그저 어린 시절에 겪었던 괴로움을 떠올릴 수 있는 일 한 가지만 기억해내면 된다.

과거의 상처를 치유하는 법

과거를 치유하기는 쉽다. 조금만 노력하면 모든 장벽을 허물어버릴 힘도 자기 내부에서 찾을 수 있다. 그렇게 할 수 있는 네 가지 기본적인 단계는 다음과 같다.

- 어떤 감정의 장벽인지 파악하고 거기에 맞는 과거의 기억을 떠올린다.
- '감정의 편지'를 쓴다.
- '응답의 편지'를 쓴다.
- 응답의 편지를 받아준다는 '용서의 편지'를 쓴다.

과거의 상처를 치유하고 장벽에서 벗어나면 과거는 더 이상 우리를 붙잡아두지 못한다. 오히려 우리가 바라는 미래를 만들어갈 수 있

는 힘이 되어준다. 그러면 이제부터 이를 위한 네 가지 기본적인 단계에 대해 좀더 자세히 알아보도록 하자.

감정의 편지를 써보자

감정의 편지는 각각의 장벽에 따라 형식이 조금씩 달라질 수도 있다. 다음에 나오는 도표를 보면 각각의 장벽을 허물어뜨리는 데 어떤 감정이 필요한가를 알 수 있다. 이 도표는 특히 장벽 허물기를 처음 하는 사람에게 많은 도움이 된다. 하지만 감정이 막힘 없이 잘 흘러가게 되면 이 도표는 더 이상 필요없어질 것이다.

감정과 장벽의 도표

장벽	장벽에 갇혔을 때 느껴지는 일반적인 감정	치유를 위한 감정
남의 탓하기	배신감	분노
좌절	버림받음	슬픔
걱정	불확실	두려움
무관심	무기력	후회
편견과 비난	불만족	절망
우유부단	용기 없음	실망
망설임	아무도 도와주지 않음	걱정
완벽주의	무능력	당황
원망	박탈감	질투
자기연민	따돌림당하는 기분	가슴 아픔
혼란	희망 없음	무서움
죄의식	가치 없음	창피함

이 도표를 활용하면 현재 자신이 처한 장벽과 관련된 감정과 그 다음으로 이어지는 세 가지 감정을 파악할 수 있어 제대로 된 감정의 편지를 쓰기가 한결 쉬워진다.

예를 들어 첫 번째 감정의 장벽(남의 탓하기)을 해소해야 한다고 생각해보자. 그러면 먼저 배신감을 느꼈던 기억을 떠올려야 한다. 그런 다음 분노·슬픔·두려움·후회라는 네 가지 감정에 대해 살펴본다. 열두 번째 감정의 장벽(죄의식)을 해소해야 한다면 먼저 자신이 가치 없는 존재로 여겨졌던 때를 떠올려야 한다. 그런 다음 창피함·분노·슬픔·두려움이라는 네 가지 감정에 대해 살펴보도록 하자.

감정의 편지를 쓰는 열두 가지 방법

장벽을 없애기 위해 감정의 편지를 쓸 때는 보통 네 가지 서로 다른 감정을 차례로 느낄 수 있어야 한다. 겉으로 표현되지 않는 감정을 찾아내기 위해 감정과 장벽의 도표를 뒤져보아야 할 때도 있지만, 대부분의 경우는 앞으로 소개할 양식을 따르기만 하면 된다. 열두 가지 감정의 편지 양식만 제대로 알면 장벽을 해소하는 데 가장 필요한 감정이 어떤 것인지를 쉽게 찾아낼 수 있다. 열두 가지 감정의 편지 양식은 다음과 같다.

'남의 탓하기' 장벽을 허물기 위한 감정의 편지

배신감을 느꼈던 때를 떠올린다. 그런 다음 분노·슬픔·두려움·후회의 네 가지 감정을 살펴본다.

'좌절'의 장벽을 허물기 위한 감정의 편지

버림받았다고 느꼈던 때를 떠올린다. 그런 다음 슬픔·두려움·후회·절망의 네 가지 감정을 살펴본다.

'걱정'의 장벽을 허물기 위한 감정의 편지
불확실하다고 느꼈던 때를 떠올린다. 그런 다음 두려움 · 후회 · 절망 · 실망의 네 가지 감정을 살펴본다.

'무관심'의 장벽을 허물기 위한 감정의 편지
무기력하다고 느꼈던 때를 떠올린다. 그런 다음 후회 · 절망 · 실망 · 걱정의 네 가지 감정을 살펴본다.

'편견과 비난'의 장벽을 허물기 위한 감정의 편지
불만족스럽다고 느꼈던 때를 떠올린다. 그런 다음 절망 · 실망 · 걱정 · 당황스러움의 네 가지 감정을 살펴본다.

'우유부단'의 장벽을 허물기 위한 감정의 편지
용기를 잃고 낙담했던 때를 떠올린다. 그런 다음 실망 · 걱정 · 당황스러움 · 질투의 네 가지 감정을 살펴본다.

'망설임'의 장벽을 허물기 위한 감정의 편지
아무도 도와주지 않는다고 느꼈던 때를 떠올린다. 그런 다음 걱정 · 당황스러움 · 질투 · 가슴 아픔이라는 네 가지 감정을 살펴본다.

'완벽주의'의 장벽을 허물기 위한 감정의 편지
무능력하다고 느꼈던 때를 떠올린다. 그런 다음 당황스러움 · 질투 · 가슴 아픔 · 무서움의 네 가지 감정을 살펴본다.

'원망'의 장벽을 허물기 위한 감정의 편지

박탈감을 느꼈던 때를 떠올린다. 그런 다음 질투 · 가슴 아픔 · 무서움 · 창피함의 네 가지 감정을 살펴본다.

'자기 연민'의 장벽을 허물기 위한 감정의 편지

따돌림당했다고 느꼈던 때를 떠올린다. 그런 다음 가슴 아픔 · 무서움 · 창피함 · 분노의 네 가지 감정을 살펴본다.

'혼란'의 장벽을 허물기 위한 감정의 편지

희망이 없다고 느꼈던 때를 떠올린다. 그런 다음 무서움 · 창피함 · 분노 · 슬픔의 네 가지 감정을 살펴본다.

'죄의식'의 장벽을 허물기 위한 감정의 편지

자신이 가치 없다고 느꼈던 때를 떠올린다. 그런 다음 창피함 · 분노 · 슬픔 · 두려움의 네 가지 감정을 살펴본다.

감정의 편지 쓰기

현재 자신이 처한 장벽에서 벗어나기 위해 필요한 네 가지 감정을 선택했다면 다음으로는 누구에게 편지를 쓸 것인지를 정해야 한다. 대부분의 경우 부모에게 감정의 편지를 쓰면 가장 깊이 숨어 있는 감정도 쉽게 해소할 수 있다. 부모가 없는 사람이라면 마음속에 그려놓고 있는 어머니나 아버지에게 편지를 써도 된다. 부모와 대화하는 모습은 언제라도 상상할 수 있다. 또 자신을 힘들게 하는 사람이나 도움을 주었으면 하고 바라는 사람에게 감정의 편지를 쓰는 것도 괜찮은 방법이다.

하지만 당황하고 괴로운 심정을 털어놓는 상대로는 역시 부모님이 가장 좋다. 부모님에게 감정의 편지를 쓴다는 것이 꼭 부모를 비난하고 원망해야 한다는 뜻은 아니다. 부모를 사랑하지 않는다는 뜻으로 비칠까 봐 그분들을 비난하지 못하는 사람들이 있다. 그렇다고 감정은 억눌러두지만 말고 겉으로 표현해야 한다. 좀처럼 화를 낼 줄 모르는 사람은 어렸을 때 부모에게 사랑받지 못할까 봐 억지로 화를 참았던 사람이다.

부모에게 화를 낸다고 해서 그분들이 나쁘다거나 사랑을 베풀지 않은 사람들이었다는 뜻은 아니다. 그분들은 나름대로 최선을 다했다. 아이가 원하는 것을 모두 줄 수 있는 부모는 아무도 없다. 화내고 괴로워하는 것은 자라면서 당연히 겪게 되는 일이다. 그런 감정들을 억지로 감추어서는 안 된다. 화를 다스리고 해소할 줄 아는 것이 무엇보다 중요하기 때문이다.

가끔은 감정을 그대로 흘려보내기 때문에 감정의 편지를 쓸 수 없을 때도 있다. 마치 흐르는 물처럼 감정이 우리 마음에서 흘러나가버리는 것이다. 그러면 마치 모든 일이 다 해결된 것처럼 느껴져서 감정의 장벽에 내해 더 이상 신경쓰지 않게 된다. 하지만 이럴 때라도 감정이 흘러가버리기 이전에 어떤 기분이었는지를 기억해야 한다. 그리고 그때의 감정을 되살려 감정의 편지를 써야 한다.

이렇게 누구에게 쓸 것인지를 결정했다면 이제 다음과 같은 내용을 중심으로 감정의 편지를 써보자.

```
감정의 편지 양식
          에게
1. ……배신감을 느꼈습니다
2. ……화가 났습니다
3. ……슬펐습니다
4. ……두려웠습니다
5. ……후회스러웠습니다
6. ……했으면 좋겠습니다
```

 장벽에서 벗어나기 위해 필요한 감정들을 선택했다면 이제는 그 감정들을 관용구를 사용하여 표현한다. 편지의 마지막 부분에는 자신이 원하는 것을 적는다. 편지를 쓸 때 각각의 감정에 대해 2분에서 3분 동안 생각하도록 하자. 그러면 10분 내지 15분 안에 감정의 편지를 완성할 수 있다.
 감정의 편지를 쓰면 마음의 상처를 스스로 치유할 수 있다. 편지라고 해서 꼭 누군가에게 보낼 필요는 없다. 마음속의 감정을 표현하고 누군가 그 감정을 들어주었다는 생각만으로도 마음의 상처는 얼마든지 치유될 수 있다.

응답의 편지 쓰기
 자신의 감정과 원하는 것을 편지로 썼다면 이번에는 그것에 대한 응답을 듣는 상상을 해보자. 나를 화나게 한 사람에게 감정의 편지를 썼다면 그에 대한 응답의 편지에는 그 사람이 내 기분을 이해했으며 내게 용서를 바란다는 내용이 담겨 있어야 한다. 실망했거나 배신당했다는 느낌을 감정의 편지에 담았다면 그에 대한 응답의 편지에는 기분이 훨씬 좋아질 만한 내용이 담겨야 한다.

　내가 실망하거나 배신당했다는 느낌이 들도록 한 사람이 뭐라고 용서를 빌어야 내 기분이 좋아질까? 이것에 대해 곰곰이 생각해보자. 어쩌면 용기를 북돋워주는 한마디가 필요할지도 모른다. 어떤 말을 들어야 기분이 좋아질지 잘 생각해서 그 말들을 모두 응답의 편지에 담아야 한다. 듣고 싶은 말들을 응답의 편지에 썼다면 그 편지를 읽고 기분이 어떨지 상상해보자.

　실제로는 문제의 상대방이 나에게 그런 말을 하지 않을 수도 있지만 일단은 끝까지 응답의 편지를 마무리해야 한다. 내가 당연히 들어야 할 말이라고 생각되는 말들로 응답의 편지를 쓰고 나면 지금껏 잊고 있던 좋은 기분이 되돌아올 것이다. 그래서 기분이 좋아지면 지금껏 잊고 있었던 참된 자신의 한 부분을 되찾을 수 있다. 또 문제의 상대방이 실제로 그런 말을 하지 않더라도, 내가 듣고 싶은 말을 응답의 편지에 쓰기만 하면 그에게 다시 사랑과 도움을 베풀 수도 있다.

　상상이란 대단히 큰 힘을 가지고 있다. 화가 났을 때 우리는 실제 이상으로 나쁜 상황을 상상하게 된다. 그리고 평소에도 사실보다 훨씬 더 나쁜 상황을 상상하곤 한다. 참된 행복을 이루지 못하면 참된 자신을 온전히 지킬 수가 없다. 이럴 때 자신이 듣고 싶던 말로 가득 찬 응답의 편지를 쓰면 잃어버렸던 참된 자신의 일부를 되찾을 수 있다.

　감정의 편지에는 열두 가지 양식이 있지만 응답의 편지 양식은 하나뿐이다. 왜냐하면 어떤 감정을 느끼고 있는지는 확인하기 쉽지만 무엇을 필요로 하는지는 알아내기 힘들기 때문이다.

　응답의 편지를 쓸 때에도 그 상대방이 내 말에 응답해준다는 느낌이 나도록 서두를 시작하는 것이 좋다. 기분이 좋아질 수 있는 말을 서두에 사용하도록 하자.

```
응답의 편지 양식
           에게
  1. ······미안합니다
  2. ······용서해주기 바랍니다
  3. ······알고 이해합니다
  4. ······약속합니다
  5. 당신을 사랑합니다

                        사랑하는         로부터
```

용서의 편지

자신이 듣고 싶은 말들로 응답의 편지를 적었다면 이제는 그 편지를 받았을 때 어떤 기분이 들지를 글로 적어보자. 사과를 받았다고 상상하며 기분을 달래고 나면 마음이 편안해지면서 자신의 참모습을 되찾게 된다. 마음 상하는 일을 겪었다가 그 일이 해결되어 마음이 풀리면 이제 지나간 일에서 벗어나게 된다.

과거의 상처를 치유하고 거기에서 지혜를 얻어 성장할 수 있게 되면 그와 비슷한 일은 더 이상 겪지 않게 된다. 이제부터는 원하는 것은 무엇이든 이룰 수 있다. 지금의 부정적인 감정을 과거의 상처와 연결하여 해소하고 나면 감정의 장벽을 허물어뜨리고 원하는 것을 얻기 위해 앞으로 나아갈 수 있다.

다음에 나오는 용서의 편지를 위한 일곱 가지 서두를 활용하면 긍정적인 마음을 되찾아 참된 자신으로 돌아가게 된다.

```
 용서의 편지 양식
         에게
 1. ……기분이 좋아졌습니다
 2. ……알게 되었습니다
 3. ……용서합니다
 4. ……정말 행복합니다
 5. ……즐겁습니다
 6. ……자신감이 생겼습니다
 7. ……감사드립니다


                        사랑하는      로부터
```

 다시 되찾은 행복을 글로 표현하고 나면 마음의 상처는 깨끗이 아물게 된다. 그 기분을 글로 써서 마음이 편해진 뒤에는 조금 더 시간을 갖고 자신이 쓴 글을 찬찬히 읽어보는 것이 좋다. 그러면 마음 편해진 그 상태를 더욱더 굳건히 지켜나갈 수 있다.

네 가지 단계 연습

 이제 감정의 장벽을 허무는 네 가지 단계의 실제를 보도록 하자. 칼은 비난의 장벽에 갇혀 있었다. 그는 항상 자신의 직업에 대해 불평을 늘어놓았다. 근무시간은 긴데 급여는 형편없다는 것이었다. 그는 더 이상 자기 일에 흥미를 느끼지 못했다. 그래서 기분을 풀기 위해 자신을 괴롭히는 일들을 글로 써보기로 했다. 하지만 기분은 그리 나아지지 않았다. 이번에는 과거의 치유를 통해 감정의 장벽에서 벗어나보기로 결심했다.
 칼은 먼저 뜻대로 되지 않는 자기 일에 대해 솔직히 화를 내보았다.

그러자 마음속에 숨어 있던 배신감이 느껴지기 시작했다. 하지만 그 직업을 택한 것이 자신이었기 때문에 여전히 제대로 화를 낼 수가 없었다. 좀더 솔직한 감정을 느껴보기 위해서 이번에는 배신감을 느꼈던 어린 시절로 돌아가보기로 했다.

  칼은 여덟 살 무렵의 기억을 더듬어보았다. 그때 칼의 아버지는 토요일에 낚시를 함께 가자고 약속했다. 어린 칼은 하루 종일 아버지를 기다렸다. 그런데 저녁 늦게 들어온 아버지는 약속을 지키지 못해 미안하다는 말은 한마디도 하지 않은 채 숙제를 하지 않았다며 칼을 야단치기만 했다.

  과거의 상처를 치유하기 위해 칼은 시계를 거꾸로 돌려 아버지에게 야단맞던 때의 기분을 떠올려보았다. 그러고는 비난의 장벽과 관련된 네 가지 감정을 살펴보았다. 칼은 이렇게 감정의 편지를 썼다.

칼이 쓴 감정의 편지

아버지께

1. ……배신감을 느꼈습니다

아버지가 낚시를 함께 가자던 약속을 지키지 않아 저는 배신감을 느꼈습니다.

2. ……화가 났습니다

아버지가 야단쳤을 때 저는 화가 났습니다. 아버지가 치사하고 이기적이라는 생각에 화가 났습니다. 아버지가 자신만 알고 저는 무시하는 것 같아서 화가 났습니다. 아버지는 낚시를 함께 가자고 약속하고 그 약속을 지키지 않았습니다. 그건 옳은 일이 아니었습니다. 아버지가 약속을 지키지 않아 저는 화가 났습니다.

3. ……슬펐습니다

아버지가 저를 데리러 오지 않아 저는 슬펐습니다. 아버지가 저보다 일을 더 중요하게 여기는 것 같아 저는 슬펐습니다. 토요일에 아버지와 함께 재미있게 놀지 못해서 저는 슬펐습니다. 아버지가 일에만 파묻혀 계셔서 저는 슬펐습니다. 아버지가 저와 함께 시간을 보내주지 않아서 저는 슬펐습니다. 게다가 제게 사과도 하지 않아서 저는 슬펐습니다. 그날 하루 종일 혼자 있었기 때문에 저는 슬펐습니다. 토요일에 신나게 놀지 못해 저는 슬펐습니다.

4. ……두려웠습니다

아버지를 믿을 수 없다는 생각에 저는 두려웠습니다. 아버지가 저를 오해할까 봐 두려웠습니다. 아버지가 제게 화를 낼까 봐 두려웠습니다. 제가 욕심 많은 아이일지도 모른다는 생각이 들어 두려웠습니다. 다른 아이들처럼 즐거운 어린 시절을 보내지 못할까 봐 두려웠습니다. 다른 아이들은 모두 즐겁게 지내는데 저만 혼자 쓸쓸하게 지내는 건 아닐까 하는 생각에 두려웠습니다. 아버지가 저를 소중하게 여기지 않는 건 아닐까 하는 생각에 두려웠습니다. 제가 착한 아이가 아니라서 아버지가 저를 좋아하시 않으면 어쩌나 하는 생각에 두려웠습니다.

5. ……후회스러웠습니다

낚시를 가지 못해 안타까웠습니다. 숙제를 하지 않은 것이 후회스러웠습니다. 아버지를 기다리느라 그날 하루 종일 다른 일은 아무것도 못한 게 후회스러웠습니다. 아버지와 좀더 가까이 지내지 못한 게 후회스러웠습니다. 아버지와 함께 즐거운 시간을 갖지 못한 게 후회스러웠습니다. 아버지가 일만 하느라 가족에게 무신경했던 게 안타까웠습니다. 어렸을 때 학교 성적이 나빴던 게 후회스럽습니다. 형이나 동생들만큼 좋은 아이가 되지 못한 게 후회스럽습니다.

6. ……했으면 좋겠습니다

저는 아버지를 사랑합니다. 그래서 아버지와 좀더 많은 시간을 함께 보내고 싶습니다. 아버지께서 제 마음을 이해해주셨으면 좋겠습니다. 저는 재미있게 살고 싶습니다. 혼자서 아버지만 기다리면서 살고 싶지는 않습니다. 아버지께서 제게 전화해서 이런저런 사는 이야기를 해주셨으면 좋겠습니다. 제가 아버지께 얼마나 소중한 존재인지 알고 싶습니다. 아버지께서 저를 자랑스럽게 여겨주셨으면 좋겠습니다. 저 스스로를 자랑스럽게 여기며 행복하게 살고 싶습니다. 아버지가 저를 싫어하면 어쩌나 걱정하며 살고 싶지는 않습니다. 아버지가 저와 함께 시간을 보내주셨으면 좋겠습니다. 아버지를 사랑합니다. 그리고 아버지가 그립습니다.

감정의 편지를 쓰고 난 칼은 두 번째 단계로 넘어가 원하던 바를 모두 이루었다는 상상을 했다. 아버지께 들었으면 좋겠다고 생각하는 말들을 응답의 편지에 쓰기 시작한 것이다. 아버지가 실제로는 그런 말을 하지 않을 수도 있지만 그럼에도 이 방법은 무척 효과가 크다.

듣고 싶던 말들로 응답의 편지를 쓰자 칼은 마음이 한결 편해지기 시작했다. 지금껏 품고 있던 나쁜 생각이나 감정들도 조금씩 사라졌다. 칼은 이렇게 응답의 편지를 썼다.

칼이 쓴 응답의 편지

아들에게

1. ……미안합니다

그날 늦게 가서 미안하구나. 함께 낚시를 가지 못해 정말 미안하다. 너를 또다시 실망시켜서 정말 미안하다. 집에 늦게 갈 거라고 미리 전화를 하지 않아 정말 미안하다.

2. ……용서해주기 바랍니다

그날 함께 있어주지 못한 것을 용서해다오. 너와 함께 낚시를 가지도 못했고 함께 놀아주지도 못한 것을 용서해다오. 너에게 무심하게 굴었던 것을 용서해다오.

3. ……알고 이해합니다

너의 마음을 다 이해한다. 나 때문에 네가 화났다는 걸 다 안다. 그때 너는 내게 화낼 만했단다. 내가 야단만 쳐서 네가 쉽게 나에게 다가오지 못했다는 것도 이해한다. 네가 왜 그렇게 슬펐는지 이해한단다. 어린 시절을 즐겁게 보냈어야 했는데 나 때문에 그렇지 못했구나. 낚시를 함께 가기로 했는데 내가 약속을 어겼어. 그래서 네가 실망했다는 거 이해한다. 정말 미안하구나. 그때 서운했던 네 마음을 보상할 수 있다면 얼마나 좋겠니?

4. ……약속합니다

나는 네가 행복하기를 바린다. 그리고 즐겁게 살기를 바란다. 너와 함께 낚시를 가고 싶구나. 이번에는 꼭 약속을 지키마. 다음 주 토요일에 함께 낚시를 가자구나.

5. 당신을 사랑합니다

내가 너를 얼마나 아끼고 사랑하는지 알아주길 바란다. 지금부터는 네게 잘하마. 너는 정말로 소중하고 특별한 아이란다. 아들아, 정말 사랑한다.

사랑하는 아버지로부터

감정의 장벽을 해소하기 위한 세 번째 단계는 원하는 것을 얻고 난 뒤의 기분을 느껴보는 것이다. 그러기 위해 쓰는 것이 바로 용서의 편지다. 응답의 편지를 통해 원하는 것을 얻었다면 그때 느낄 수 있는 기분을 용서의 편지로 풀어내야 한다.

칼이 쓴 용서의 편지

아버지께

1. ······기분이 좋아졌습니다

아버지의 사랑 덕분에 기분이 많이 좋아졌습니다. 아버지 덕분에 마음도 편해졌습니다. 아버지의 편지 덕분에 제가 행복해질 수 있는 사람이라는 것을 알게 되고, 우리가 함께 즐거운 시간을 가질 수 있다는 것도 알게 되어 기분이 좋아졌습니다.

2. ······알게 되었습니다

아버지께서 저를 사랑했다는 것을 알게 되었습니다. 잘못한 것은 제가 아니라 아버지라는 것도 알게 되었습니다. 제가 나쁜 사람이 아니라는 것을 알게 되었습니다. 아버지는 저를 사랑하셨고 저도 아버지를 사랑하고 있다는 것을 알게 되었습니다.

3. ······용서합니다

아버지를 용서합니다. 아버지가 그날 늦게 오신 것을 용서합니다. 아버지가 별 생각 없이 저를 야단치셨던 것을 용서합니다. 아버지가 저와 함께 시간을 보내주지 않은 것을 용서합니다.

4. ······행복합니다

아버지가 저를 걱정해주셔서 정말 행복합니다. 아버지와 이렇게 대화할 수 있어서 정말 행복합니다. 우리가 가까워졌고 함께 즐거운 시간도 보낼 수 있게 되어 정말 행복합니다. 아버지를 믿고 의지할 수 있다는 것을 알게 되어 정말 행복합니다. 아버지가 저를 사랑하고 제 말에 귀를 기울여주셔서 정말 행복합니다.

5. ……즐겁습니다

저는 낚시하는 게 즐겁습니다. 있는 그대로의 나일 수 있어서 즐겁습니다. 아버지와 사이가 좋아져서 기쁩니다. 앞으로도 우리 둘이 많은 시간을 함께 보낼 수 있을 거라고 생각하니 즐겁습니다. 저는 좋은 사람이라고 생각하니 즐겁습니다.

6. ……자신감이 생겼습니다

앞으로 행복하게 살 수 있을 거라는 자신감이 생겼습니다. 아버지가 저를 사랑하고 있으며 제가 소중한 사람이라는 자신감이 생겼습니다. 아버지를 기쁘게 해드릴 수 있다는 자신감이 생겼습니다. 지금 이대로도 저는 얼마든지 훌륭한 사람이라는 자신감이 생겼습니다.

7. ……감사드립니다

아버지와 어머니의 사랑에 감사드립니다. 저와 함께 많은 시간을 보내고 싶다고 하신 데 대해 감사드립니다. 학교에서 자상하게 지도해주신 선생님들께도 감사드립니다. 깨끗한 집에서 살 수 있었던 것에 감사드립니다. 이렇게 좋은 부모님 밑에서 자라게 해주신 하느님께 감사드립니다.

용서의 편지까지 쓰고 나자 칼은 기대 이상으로 기분이 좋아졌다. 그래서 이번에는 아버지와 함께 낚시를 가는 상상을 해보았다. 그랬더니 기분이 더욱 좋아지고 자신감이 솟아나면서 마음도 훨씬 편안해졌다.

또 다른 용서의 편지

1. ······기분이 좋아졌습니다

아버지와 함께 낚시를 와서 기분이 많이 좋아졌습니다. 커다란 물고기를 한 마리 잡아 아버지께 칭찬도 받았습니다. 아버지와 함께 있다 보니 기분이 좋아졌습니다. 아버지가 계셔서 정말 기쁩니다. 아버지는 저를 사랑하시고 저도 아버지를 사랑합니다. 아버지와 저는 즐거운 시간을 보내고 있습니다.

2. ······알게 되었습니다

아버지와 함께 낚시를 하는 것이 얼마나 행복하고 또 신나는 일인지 알게 되었습니다.

3. ······용서합니다

아버지가 가끔씩 저와 함께 해주지 않았던 것을 용서합니다.

4. ······정말 행복합니다

아버지가 낚시터까지 저를 태워다주셔서 정말 행복합니다. 날씨가 좋아서 행복합니다. 다른 일은 신경쓰지 않고 아버지와 저, 둘이서 낚시만 할 수 있어서 행복합니다. 오늘은 좋은 일만 있어서 행복합니다. 커다란 물고기를 잡아서 행복합니다. 아버지와 함께 즐거운 시간을 가져서 정말 행복합니다.

5. ······즐겁습니다

아버지와 함께 있어서 정말 즐겁습니다. 배를 타고 낚시를 하니 정말 즐겁습니다. 점점 기분이 좋아져서 즐겁습니다. 작은 트럭을 몰고 다닐 수 있어서 즐겁습니다. 새로운 곳에 가서 새로운 일을 해보니 무척 즐겁습니다.

6. ······자신감이 생겼습니다

있는 그대로의 나에게 자신감이 생겼습니다. 더 이상 완벽한 사람이 되려고 노력할 필요도 없습니다. 마음만 편히 가지면 모든 일이 잘될 거라고 생각합니다. 저는 아버지를 믿고 있습니다. 아버지는 저를 사랑하시고 늘 제 곁에 계십니다. 아버지는 저를 이해하고 계시며 제게는 그 누구보다도 소중한 분입니다.

7. ……감사드립니다

아버지와 함께 낚시를 할 수 있었다는 것에 감사드립니다. 우리는 정말 즐거운 시간을 보냈습니다. 커다란 물고기를 잡을 수 있게 된 것에 감사드립니다. 한창 바쁘실 텐데도 아버지가 저를 위해 시간을 내주신 것에 감사드립니다. 세상에 저 혼자 버려진 것이 아니며 아버지가 저를 사랑한다는 것을 알게 된 것에 감사드립니다. 아버지와 함께 시간을 보낼 수 있었던 것에 감사드립니다.

감사하는 마음을 되찾아 현재로 돌아오자 칼은 한결 마음이 편해졌다. 평소와 별로 다를 바 없이 생활하는데도 자기 일이 예전보다 훨씬 더 좋아졌다. 그리고 자신과 아이들을 위해 좀더 많은 시간을 할애하게 되었다.

편지를 통해 마음의 상처를 치유한 또 하나의 예

루시는 스케이트 대회에서 우승을 하지 못해 몹시 기분이 상했다. 최종 결승전에서 넘어진 것이었다. 그 뒤로 몇 달간 루시는 계속 우울했다. 그래서 그런 기분에서 벗어나기 위해 먼저 과거의 상처를 돌아보기로 했다. 루시는 중학교 시절 친구의 생일 파티에 초대받지 못했던 기억을 떠올려보았다. 그때 루시는 마음이 많이 상했다. 이제부터 루시가 쓴 감정의 편지를 살펴보기로 하자.

엄마에게

1. 아이들이 나를 따돌리는 것 같아요.
2. 생일 파티에 초대받지 못해서 슬퍼요. 다들 나만 싫어해요. 내가 뭘 잘못했는지 모르겠어요. 나는 최선을 다했는데 늘 나만 따돌려요.
3. 다시는 친구를 사귀지 못할까 봐 겁이 나요. 아무도 나를 좋아하지 않아요. 언젠가 수업시간에 선생님 질문에 대답을 했더니 아이들이 모두 웃었어요. 점심시간에도 아무도 나와 함께 먹으려 하지 않아요.
4. 파티에 가지 못해서 무척 서운했어요. 친구를 사귀지 못한 것도 후회스러워요. 아이들에게 인기를 얻지 못한 것도 서운하고, 내가 뭘 잘못했는지 알아내지 못한 것도 후회스러워요.
5. 아이들이 나를 좋아하지 않아서 괴로워요. 아무도 내게 신경 써주지 않아서 괴로워요. 아이들이 나를 못살게 굴어서 괴로워요. 아이들과 친해지려면 그들과 똑같이 행동해야 한다는 게 괴로워요.
6. 나를 바꾸지 않고도 친구를 사귈 수 있으면 좋겠어요. 친구들과 즐겁게 놀고, 생일 파티에도 가고 친구들에게 사랑받았으면 좋겠어요. 뭐든 잘하는 학생이 되고, 친구들이 나와 어울리고 싶어하면 좋겠어요.

엄마의 사랑스러운 딸 루시로부터

감정의 편지를 쓴 다음에는 친구들에게 듣고 싶던 말들로 응답의 편지를 썼다.

루시에게

1. 못되게 굴어서 미안해. 내 생일 파티에 초대하지 않은 것도 미안해. 다른 친구들은 다 초대했는데 너만 빼서 정말 미안해.
2. 너만 파티에 초대하지 않은 걸 용서해줘. 너를 놀린 것도 용서해 줘. 정말 미안해.
3. 네가 괴로웠다는 거 이해해. 네가 그런 대접을 받을 아이가 아니라 는 것은 잘 알아. 우리가 너를 괴롭혔다는 것도 알아.
4. 앞으로는 잘 대해줄게. 더 이상 괴롭히지도 않고 친하게 지낼게.
5. 너와 친해지고 싶어. 너는 정말 근사하고 재미있는 아이야. 우리 집 에 와서 숙제도 같이하자.

응답의 편지를 쓰고 나서 기분이 좋아지자 루시는 다음과 같이 용서의 편지를 썼다.

1. 네 편지를 받으니 정말 기분이 좋아졌어. 나는 너희와 친해지고 싶 었지만 그렇다고 해서 나를 버리고 너희처럼 변하고 싶지는 않아. 그래도 난 너희가 좋아.
2. 너희가 나를 좋아하고 있다는 걸 알게 되었어. 그리고 나를 포기할 필요도 없고 남과 똑같아질 필요가 없다는 것도 알게 되었어.
3. 네 생일 파티에 나를 초대하지 않은 것 용서할게.
4. 앞으로 사이좋게 지낼 수 있어서 기뻐. 학교에서도 아이들과 친해질 수 있게 되어 행복하고, 많은 친구들을 사귈 수 있게 되어서 정말 행복해.
5. 나는 내 친구들이 정말 좋아. 그리고 내 인생도 사랑해. 학교에 가 는 것도 즐겁고, 주말에 친구들과 재미있게 노는 것도 정말 좋아.

6. 많은 친구들과 사이좋게 지내게 된 게 고마워. 친구들이 나를 좋아하고 나와 함께 지내고 싶어하는 것도 감사하게 생각해.

신에게 쓰는 감정의 편지

남의 탓을 하게 되거나 화가 날 때 또는 편견이 생기고 비난하고 싶을 때 나도 신에게 감정의 편지를 쓰곤 한다. 이때는 과거로 돌아갈 필요가 없다. 신과 대화를 하기만 해도 어린아이처럼 작고 약해지기 때문이다. 기도를 해도 이런 기분이 든다. 자신의 기분을 신에게 털어놓고 자신이 원하고 필요로 하는 것을 알리는 것이 바로 기도이기 때문이다.

신에게 감정의 편지와 응답의 편지, 그리고 용서의 편지를 쓰면 신의 사랑을 필요로 하는 비타민 G1 탱크를 가득 채울 수 있다. 신을 믿지 않고 심지어 신에게 버림받았다고 느끼는 사람에게도 이 방법은 잘 통한다. 당신이 화를 내고 비난할 때도 마음 상하지 않고 그 말을 다 들어줄 수 있는 상대, 그렇게 할 수 있는 상대는 오직 신밖에 없다. 신에게 버림받았다는 생각만 버리면 마음을 열고 사랑 비타민 G1을 받아들일 수 있다.

장벽을 극복하기 위한 네 가지 단계

이를 꾸준히 연습하면 감정을 해소하는 것이 훨씬 더 쉬워진다. 그런데 감정을 해소하다 보면 처음에는 마음이 편해지다가 나중에는 육체나 정신이 지치는 것 같은 느낌이 들기도 한다. 이것은 육체나 정신이 건강하지 않기 때문이다. 하지만 감정의 장벽에 갇히는 것보다는 조금 지치는 편이 훨씬 낫다. 운동하는 것과 마찬가지로 감정을 해소하는 것도 꾸준히 하다 보면 익숙해져서 지치지 않고 쉽게 할 수 있다. 마음을 열고 감정의 장벽에서 벗어나려면 다음의 네 가지 단계를 따라야 한다.

- 자신이 어떤 감정의 장벽에 갇혀 있는지 파악하고, 이를 해결하기 위해 필요한 과거의 감정을 찾아낸다.
- 과거로 돌아갔다고 상상하고, 감정의 장벽에 연관된 네 가지 감정을 이용하여 감정의 편지를 쓴다. 그 안에는 자신이 원하는 것도 담겨 있어야 한다.
- 과거로 돌아갔다고 계속 상상하면서 자신이 듣고 싶은 말들로 응답의 편지를 쓴다.
- 과거로 돌아간 상태에서 원하는 것을 얻었다고 상상하면서 용서의 편지를 쓴다.

쉽게 떠오르지 않는 감정을 느끼는 방법

감정의 장벽을 치유하는 데 필요한 네 가지 감정들을 찾을 때 그 중 한 가지 감정이 제대로 느껴지지 않으면 어떻게 해야 할까? 그럴 때는 그 감성으로 치유할 수 있는 장벽의 단계에서 흔히 느껴지는 감정을 떠올려보면 된다. 즉 다음과 같이 하면 된다.

지금 당신은 완벽주의의 장벽에서 벗어나기 위해 자신이 무능력하다고 느껴졌던 때를 떠올리고 있다. 그리고 무능력하다는 생각에서 벗어나기 위해 당황스러움과 질투의 감정을 떠올리고 있다. 그런데 당황스러움은 느껴졌는데 질투의 감정이 느껴지지 않는다. 이럴 때는 질투의 감정으로 치유될 수 있는 감정의 장벽에 갇혔을 때 주로 느끼게 되는 감정, 즉 박탈감을 떠올리면 된다. 그러면 자연히 질투의 감정이 떠오르게 된다. 박탈감은 질투로 인해 생기는 감정이다. 앞에 나왔던 감정과 장벽의 도표를 참고하면 좀더 쉽게 이 순서를 이해할 수 있다.

오랫동안 어떤 감정을 억누르다 보면 감정의 장벽에서 쉽게 빠져나오지 못한다. 우리가 느끼고 해소해야 할 감정들 중에는 오랫동안 억누르고 외면했던 감정들도 있다. 화는 잘 내면서도 슬픔은 좀처럼 느끼지 못하는 사람이 있는가 하면, 후회는 잘하면서도 질투는 좀처럼 느끼지 못하는 사람도 있다. 두려움은 잘 타면서 화낼 줄 모르는 사람도 있다.

감정의 장벽에서 벗어나려면 열두 가지 감정을 모두 느낄 수 있어야 한다. 이 감정들은 본능이면서 마음의 상처를 치유할 수 있는 힘이다. 그리고 우리가 참된 자기 자신으로부터 멀어지고 있음을 알려주는 전령이기도 하다. 이런 감정들을 제대로 느낄 수 있어야 감정의 균형을 지킬 수 있다. 열두 가지의 순수한 감정을 느낄 수 있을 때라야 참된 자신으로 돌아갈 수 있다. 하지만 감정의 장벽만 느낀다면 참된 자신에서 멀어지기만 할 뿐이다.

질투할 줄 모르는 사라

사라는 완벽주의자였다. 어린 시절에 그녀는 아빠에게 야단을 무척 많이 맞았다. 노래를 잘하지 못한다는 이유에서였다. 아버지의 기대치는 매우 높아서 거의 완벽한 수준을 바라고 있었다. 사라는 아무리 노력해도 아버지의 기대치를 따를 수 없었다. 그래서 훌륭한 가수가 된 후에도 여전히 자신의 실력에 만족하지 못하고 있었다.

이런 감정의 장벽에서 벗어나기 위해 사라는 우선 무능력하다고 느껴졌던 때의 기억을 떠올려보았다. 그리고 당황스러웠던 감정을 토대로 아버지에게 감정의 편지를 쓰기 시작했다. 언젠가 무대에서 노래를 하다가 반음을 틀린 적이 있었다. 그때의 기억을 되살려 사라는 얼마나 당황스러웠던가를 편지에 털어놓았다.

그 다음으로 느껴야 하는 것이 질투의 감정이었다. 그런데 질투를 느꼈던 때가 좀처럼 떠오르지 않았다. 그래서 질투와 같은 단계에 있는 박탈감을 떠올려보기로 했다. 그러자 지금껏 억눌려 깊이 감춰져 있던 질투의 감정이 되살아나기 시작했다.

사라는 아버지가 지나치게 많은 것을 요구한다고 생각했다. 다른 부모들은 아이에게 사랑을 베푸는데 자신의 아버지는 야단만 치는 것처럼 보였다. 다른 아이들이 밖에서 노는 동안 사라는 집에서 노래연습을 하거나 동생들을 돌봐야 했다. 여기까지 기억이 나자 사라는 조금씩 질투심이 느껴졌다. 마음껏 질투해도 된다는 생각이 들자 나머지 두 가지 감정도 쉽게 느껴졌다. 쉽게 느껴지지 않는 감정일수록 감정의 장벽에서 벗어나기 위해 가장 필요한 감정일 경우가 많다.

어떤 과거를 떠올려야 할까

현재의 감정을 치유하기 위해 과거를 떠올려야 한다고 해서 어린 시절이 꼭 끔찍해야 한다는 것은 아니다. 누구나 자라면서 힘든 일을 겪게 마련이다. 그 중에 누구는 사랑과 보살핌을 더 많이 받고 누구는 덜 받는다는 것이 다를 뿐이다. 앞에서 소개한 열두 가지 감정의 장벽은 성장하면서 겪게 되는 여러 가지 고통스러운 상황과 관련이 있다. 그 상황에는 부모가 관련될 수도 있고 다른 누군가가 관련되어 있을 수도 있다.

현재의 감정과 과거의 감정을 연결짓기가 힘들다면 다음에 나오는 지시사항들을 따라해보자. 이 지시사항들은 부정적인 감정을 일으키는 일반적이고 공통된 상황을 떠올릴 수 있게 해주는 것들이다.

1. 현재 배신감이 느껴지는데, 과거에도 이런 기분이 들었던 때를 떠올리기 위해 다음과 같이 해보자.

◆ 어떤 식으로든 배신감을 느꼈던 때를 떠올려보자.
◆ 누군가 나를 함부로 대했던 때를 떠올려보자.
◆ 누군가 나에게 거짓말을 했던 때를 떠올려보자.
◆ 누군가 나를 실망시켰던 때를 떠올려보자.
◆ 누군가 나에게 반대했던 때를 떠올려보자.
◆ 누군가 나를 놀렸던 때를 떠올려보자.
◆ 여러 사람이 무리를 지어 나를 괴롭혔던 때를 떠올려보자.
◆ 누군가에게 패배했던 때를 떠올려보자.
◆ 누군가 나에게 화냈던 때를 떠올려보자.
◆ 누군가 나를 따돌렸던 때를 떠올려보자.
◆ 누군가 나를 거부했던 때를 떠올려보자.
◆ 누군가 나를 오해했던 때를 떠올려보자.
◆ 누군가 나를 비난했던 때를 떠올려보자.
◆ 누군가 나와의 약속을 지키지 않았던 때를 떠올려보자.
◆ 누군가 나에 대해 나쁜 소문을 냈던 때를 떠올려보자.

2. 현재 버림받았다는 느낌이 드는데, 과거에도 이런 기분이 들었던 때를 떠올리기 위해 다음과 같이 해보자.

◆ 어떤 식으로든 버림받았다는 느낌이 들었던 때를 떠올려보자.
◆ 혼자 남겨졌다고 느꼈던 때를 떠올려보자.

- ◆ 행복하지 않다고 느껴졌던 때를 떠올려보자.
- ◆ 길을 잃었던 때를 떠올려보자.
- ◆ 거부당했던 때를 떠올려보자.
- ◆ 무리에서 쫓겨났던 때를 떠올려보자.
- ◆ 아무도 나를 선택하지 않았던 때를 떠올려보자.
- ◆ 아무도 나를 그리워하지 않았던 때를 떠올려보자.
- ◆ 모두들 나에 대해 잊어버렸던 때를 떠올려보자.
- ◆ 약속한 사람이 늦게 왔던 때를 떠올려보자.
- ◆ 누군가 나를 버리고 떠났던 때를 떠올려보자.
- ◆ 나 아닌 다른 사람이 온통 남들의 인기를 독차지하던 때를 떠올려보자.
- ◆ 주위 사람들에게 인기를 얻지 못하던 때를 떠올려보자.
- ◆ 누군가 나를 실망시켰던 때를 떠올려보자.
- ◆ 실패하거나 좌절했던 때를 떠올려보자.

3. 현재 불확실하다는 느낌이 드는데, 과거에도 이런 기분이 들었던 때를 떠올리기 위해 다음과 같이 해보자.

- ◆ 어떤 식으로든 불확실하다는 느낌이 들었던 때를 떠올려보자.
- ◆ 뭐라고 말해야 할지 생각나지 않았던 때를 떠올려보자.
- ◆ 무슨 일이 일어날지 전혀 알 수 없었던 때를 떠올려보자.
- ◆ 어떤 일을 오랫동안 기다렸던 때를 떠올려보자.
- ◆ 해야 할 일을 하지 못하고 주저하던 때를 떠올려보자.
- ◆ 길을 잃었던 때를 떠올려보자.
- ◆ 약속 시간이나 마감 시간과 같이 어떤 정해진 시간을 정확히 몰랐던

때를 떠올려보자.

◆ 집에 갈 수 없었던 때를 떠올려보자.

◆ 물이나 먹을 것을 찾을 수 없었던 때를 떠올려보자.

◆ 어떻게 해야 할지 몰라 당황했던 때를 떠올려보자.

◆ 위험으로부터 달아났던 때를 떠올려보자.

◆ 도움이 필요했던 때를 떠올려보자.

◆ 벌받기를 기다리던 때를 떠올려보자.

◆ 내가 뭘 잘못했는지도 모르면서 벌받던 때를 떠올려보자.

◆ 위험으로부터 나를 지켜야 하는데 어떻게 해야 할지를 몰랐던 때를 떠올려보자.

◆ 문제를 해결할 방법을 몰라 전전긍긍하던 때를 떠올려보자.

4. 현재 아무것도 못할 것 같다는 느낌이 드는데, 과거에도 이런 기분이 들었던 때를 떠올리기 위해 다음과 같이 해보자.

◆ 어떤 식으로든 무기력하고 아무것도 못할 것 같다는 느낌이 들었던 때를 떠올려보자.

◆ 필요한 것을 얻지 못했던 때를 떠올려보자.

◆ 누군가를 기쁘게 해주지 못했던 때를 떠올려보자.

◆ 뭔가를 고장내고 고치지 못했던 때를 떠올려보자.

◆ 실수했던 때를 떠올려보자.

◆ 실수를 만회할 수 없었던 때를 떠올려보자.

◆ 더 잘할 수 있었는데 그렇지 못했던 때를 떠올려보자.

◆ 주위의 기대에 부응하지 못했던 때를 떠올려보자.

◆ 위기에 처했는데 벗어나지도 못하고 꼼짝달싹할 수 없었던 때를 떠올려보자.
◆ 할 일을 못했던 때를 떠올려보자.
◆ 남들이 반겨주지 않았던 때를 떠올려보자.

5. 현재 불만스러운데, 과거에도 이런 기분이 들었던 때를 떠올리기 위해 다음과 같이 해보자.

◆ 어떤 식으로든 불만스러웠던 때를 떠올려보자.
◆ 원하는 것을 갖지 못했던 때를 떠올려보자.
◆ 원하지 않던 것을 갖게 되었던 때를 떠올려보자.
◆ 나의 기대만큼 남들이 해주지 않았던 때를 떠올려보자.
◆ 내기나 경기에서 졌던 때를 떠올려보자.
◆ 뭔가를 제대로 잘하지 못했던 때를 떠올려보자.
◆ 누군가 나를 실망시켰던 때를 떠올려보자.
◆ 남들만큼 빨리 일을 처리하지 못했던 때를 떠올려보자.
◆ 누군가를 오래 기다려야 했던 때를 떠올려보자.
◆ 누군가를 싫어했던 때를 떠올려보자.
◆ 내가 처한 상황이 마음에 들지 않았던 때를 떠올려보자.
◆ 나쁜 소식을 들었던 때를 떠올려보자.

6. 현재 용기를 잃었는데, 과거에도 이런 기분이 들었던 때를 떠올리기 위해 다음과 같이 해보자.

◆ 어떤 식으로든 용기를 잃었던 때를 떠올려보자.

◆ 실망했던 때를 떠올려보자.

◆ 듣고 싶었던 말을 듣지 못했던 때를 떠올려보자.

◆ 하고 싶은 일을 하지 못했던 때를 떠올려보자.

◆ 하던 일이 취소됐던 때를 떠올려보자.

◆ 내 생각만큼 제대로 일을 하지 못했던 때를 떠올려보자.

◆ 남들보다 잘하지 못했던 때를 떠올려보자.

◆ 남들보다 덜 가졌다고 생각했던 때를 떠올려보자.

◆ 내 결정대로 일이 잘 풀리지 않았던 때를 떠올려보자.

◆ 잘못된 선택을 했던 때를 떠올려보자.

◆ 앞으로 나아가지 못하고 머뭇거렸던 때를 떠올려보자.

◆ 외출금지 당해 나가 놀지 못했던 때를 떠올려보자.

◆ 남을 실망시켰던 때를 떠올려보자.

◆ 난처한 상황에 빠졌던 때를 떠올려보자.

7. 현재 아무도 도와주지 않는다는 생각이 드는데, 과거에도 이런 기분이 들었던 때를 떠올리기 위해 다음과 같이 해보자.

◆ 어떤 식으로든 아무도 도와주지 않는다는 생각이 들었던 때를 떠올려보자.

◆ 나는 아무것도 아니며, 누군가의 도움이 필요하다고 생각했던 때를 떠올려보자.

◆ 어떻게 해야 할지 몰라 도움을 청했던 때를 떠올려보자.

◆ 집에 가는 길을 몰라 당황했던 때를 떠올려보자.

◆ 신참이라 어떻게 해야 하는지 몰랐던 때를 떠올려보자.

◆ 어떤 일을 제대로 할 수 없었던 때를 떠올려보자.

◆ 내가 당연히 해야 할 일을 하지 못했던 때를 떠올려보자.

◆ 주위로부터 압력을 받았던 때를 떠올려보자.

◆ 지각했던 때를 떠올려보자.

◆ 초조하게 최후의 순간까지 기다려야 했던 때를 떠올려보자.

◆ 거의 포기하고 있다가 마지막 순간에 누군가의 도움을 받았던 때를 떠올려보자.

◆ 고생 끝에 목표를 달성했던 때를 떠올려보자.

◆ 문제에서 벗어나기 위해 힘들게 노력했던 때를 떠올려보자.

◆ 물리적인 힘에 의해 제지당했던 때를 떠올려보자.

◆ 누구를 믿어야 할지 몰라 난감했던 때를 떠올려보자.

8. 현재 무능력하다고 느껴지는데, 과거에도 이런 기분이 들었던 때를 떠올리기 위해 다음과 같이 해보자.

◆ 어떤 식으로든 무능력하다고 느껴졌던 때를 떠올려보자.

◆ 부모나 사랑하는 누군가를 실망시켰던 때를 떠올려보자.

◆ 남들이 나를 비웃었던 때를 떠올려보자.

◆ 틀린 말을 했던 때를 떠올려보자.

◆ 문제가 생겼던 때를 떠올려보자.

◆ 나 때문에 남이 곤란한 상황에 빠졌던 때를 떠올려보자.

◆ 잘못된 일을 하는 사람을 말릴 수 없었던 때를 떠올려보자.

◆ 남이 부당한 대우를 받거나 폭행당하는 장면을 목격했던 순간을 떠

올려보자.

◆ 남보다 더 많이 가졌던 때를 떠올려보자.

◆ 바지 지퍼가 열렸던 때를 떠올려보자.

◆ 사람들 앞에서 창피당했던 때를 떠올려보자.

◆ 아는 사람이 하나도 없는 곳에 있었던 때를 떠올려보자.

◆ 아무도 나를 선택하지 않았던 때를 떠올려보자.

◆ 거부당했던 때를 떠올려보자.

◆ 실패했던 때를 떠올려보자.

◆ 코에 커다란 종기가 났던 때를 떠올려보자.

9. 현재 박탈감을 느끼는데, 과거에도 이런 기분이 들었던 때를 떠올리기 위해 다음과 같이 해보자.

◆ 어떤 식으로든 박탈감을 느꼈던 때를 떠올려보자.

◆ 남들보다 덜 가졌다고 생각되던 때를 떠올려보자.

◆ 원하는 것을 얻지 못했던 때를 떠올려보자.

◆ 내가 원하는 것을 남이 가졌던 때를 떠올려보자.

◆ 형제들이 나보다 더 많이 가졌던 때를 떠올려보자.

◆ 무시당했던 때를 떠올려보자.

◆ 용서받지 못했던 때를 떠올려보자.

◆ 벌받았던 때를 떠올려보자.

◆ 가고 싶은 곳에 갈 수 없었던 때를 떠올려보자.

◆ 삶이 불공평하다고 느껴졌던 때를 떠올려보자.

◆ 좋은 일을 하고도 푸대접받았던 때를 떠올려보자.

- ◆ 뭔가를 빼앗겼던 때를 떠올려보자.
- ◆ 내 차례를 빼앗겼던 때를 떠올려보자.
- ◆ 누군가 나보다 더 많이 가졌다고 생각되던 때를 떠올려보자.
- ◆ 누군가 속임수를 써서 나보다 더 잘했던 때를 떠올려보자.
- ◆ 누군가 내 앞에서 새치기했던 때를 떠올려보자.
- ◆ 곤란한 상황에 빠졌는데 그것이 내 탓이 아니었던 때를 떠올려보자.

10. 현재 따돌림당했다는 느낌이 드는데, 과거에도 이런 기분이 들었던 때를 떠올리기 위해 다음과 같이 해보자.

- ◆ 어떤 식으로든 따돌림당했다고 느껴졌던 때를 떠올려보자.
- ◆ 홀로 남겨졌던 때를 떠올려보자.
- ◆ 거절당했던 때를 떠올려보자.
- ◆ 가고 싶은 곳에 가지 못했던 때를 떠올려보자.
- ◆ 무리에서 버림받았던 때를 떠올려보자.
- ◆ 초대받지 못했던 때를 떠올려보자.
- ◆ 남들이 나를 비웃었던 때를 떠올려보자.
- ◆ 푸대접받았던 때를 떠올려보자.
- ◆ 제시간에 어딘가에 도착하지 못했던 때를 떠올려보자.
- ◆ 남들은 재미있게 노는데 나만 그렇지 않다고 생각되던 때를 떠올려보자.
- ◆ 남들이 나를 이해하지 못한다고 생각되던 때를 떠올려보자.
- ◆ 무시당했던 때를 떠올려보자.
- ◆ 들어가고 싶은 곳에 들어갈 수 없었던 때를 떠올려보자.

- ◆ 격식에 맞는 옷차림을 하지 않았던 때를 떠올려보자.
- ◆ 유독 나만 남들과 달랐던 때를 떠올려보자.
- ◆ 인종이나 체구, 성별 또는 집안 때문에 부당한 대우를 받았던 때를 떠올려보자.
- ◆ 시험을 망쳤던 때를 떠올려보자.
- ◆ 남들이 내게 질투하던 때를 떠올려보자.

11. 현재 희망이 없다고 느껴지는데, 과거에도 이런 기분이 들었던 때를 떠올리기 위해 다음과 같이 해보자.

- ◆ 어떤 식으로든 희망이 없다고 느껴졌던 때를 떠올려보자.
- ◆ 어떻게 해야 할지 몰라 난감했던 때를 떠올려보자.
- ◆ 지각했던 때를 떠올려보자.
- ◆ 사랑하던 사람이 떠나거나 죽어버린 때를 떠올려보자.
- ◆ 능력 부족으로 뭔가를 할 수 없었던 때를 떠올려보자.
- ◆ 남들만큼 잘하지 못했던 때를 떠올려보자.
- ◆ 결정을 내리지 못하고 머뭇거렸던 때를 떠올려보자.
- ◆ 필요한 만큼의 정보를 갖고 있지 못했던 때를 떠올려보자.
- ◆ 제대로 도움을 받지 못했던 때를 떠올려보자.
- ◆ 여기저기에서 잘못된 메시지를 받았던 때를 떠올려보자.
- ◆ 이유도 모르고 벌받았던 때를 떠올려보자.
- ◆ 왜 나만 이런 고통을 당해야 할까라고 생각했던 때를 떠올려보자.
- ◆ 어떤 상황에서 벗어날 방법을 몰라 괴로웠던 때를 떠올려보자.
- ◆ 누군가에게 쫓기던 때를 떠올려보자.

12. 자신이 가치 없는 존재라고 느껴지는데, 과거에도 이런 기분이 들었던 때를 떠올리기 위해 다음과 같이 해보자.

- ◆ 어떤 식으로든 내가 가치 없다고 느껴졌던 때를 떠올려보자.
- ◆ 잘못된 행동을 했던 때를 떠올려보자.
- ◆ 도움을 받지 못했던 때를 떠올려보자.
- ◆ 남들이 생각하는 것과 실제의 내가 다르다고 생각했던 때를 떠올려보자.
- ◆ 어떤 면에 있어서 내가 부족하다고 생각했던 때를 떠올려보자.
- ◆ 남들을 실망시켰던 때를 떠올려보자.
- ◆ 남들보다 몸집이 작거나 아니면 너무 컸던 때를 떠올려보자.
- ◆ 나의 신체에 대해 콤플렉스를 느꼈던 때를 떠올려보자.
- ◆ 비밀로 지켜야 할 일이 벌어졌던 때를 떠올려보자.
- ◆ 어떤 일에 대해 말하고 싶지만 그렇게 할 수 없었던 때를 떠올려보자.
- ◆ 어머니에게 어떤 일을 비밀로 했던 때를 떠올려보자.
- ◆ 아버지에게 어떤 일을 비밀로 했던 때를 떠올려보자.
- ◆ 하지 말아야 할 일을 멈출 수 없었던 때를 떠올려보자.
- ◆ 남들의 기대에 부응하지 못했던 때를 떠올려보자.
- ◆ 사실대로 말할 수 없었던 때를 떠올려보자.
- ◆ 어떤 일에 자신이 적합하지 않았던 때를 떠올려보자.
- ◆ 실수했던 때를 떠올려보자.
- ◆ 누군가를 화나게 했던 때를 떠올려보자.
- ◆ 남들보다 더 많이 가졌다고 생각되던 때를 떠올려보자.
- ◆ 누군가를 기다리게 했던 때를 떠올려보자.

◆ 자신이 남들과 다르다고 생각되던 때를 떠올려보자.

이런 방법들을 활용하면 감정의 장벽을 허물어야 할 때 과거의 감정이 훨씬 더 쉽게 떠오른다. 이 방법대로만 하면 감추어져 있던 감정의 장벽들도 쉽게 찾아낼 수 있다.

그러나 이런 방법들을 동원해도 과거의 감정들이 생각나지 않아 감정의 장벽에서 벗어나지 못한다면, 이 방법이 자신에게 맞지 않는다는 뜻이다. 그럴 때는 다른 방법을 활용하는 것이 좋다. 여럿이 함께 모여서 하는 워크숍이 잘 맞는 사람이 있는가 하면, 개별적인 심리 치료가 잘 맞는 사람이 있다. 그리고 과거를 떠올리지 않아도 감정의 장벽에서 벗어나는 사람이 있는가 하면, 열두 가지 특별한 명상 치료를 통해 감정의 장벽에서 벗어나는 사람도 있다.

열두 가지 명상 치료

명상 치료법은 감정의 장벽에 갇혀 있는 사람은 물론이고 만성적인 질병에 시달리는 사람에게도 효과가 있다. 우리 몸은 마음에 크게 좌우된다. 그래서 우울하거나 기분이 침체되어 있으면 덩달아 몸도 아픈 경우가 많다. 명상 치료법은 감정의 장벽에 얼마나 깊이 갇혀 있느냐에 따라 쉽게 받아들이는 사람도 있고 그렇지 못한 사람도 있다. 감정의 장벽이나 신체의 병에서 좀더 빨리 벗어나려면 매회 적어도 15분 이상씩 하루에 두 번 정도 명상을 하는 것이 좋다. 명상을 하면 마음이 열려 신의 사랑을 받아들일 수 있다.

남의 탓하기에서 벗어나기 위한 명상

"신이여, 당신의 사랑은 끝이 없고 당신은 언제나 제 곁에 있습니다. 지금 저는 당신의 사랑이 필요합니다. 배신당했다는 생각에 저는 지금 너무나 마음이 아픕니다. 그래서 마음의 문도 굳게 닫혀버렸습니다. 저를 배신한 사람을 도저히 용서할 수가 없습니다. 부디 제가 다시 그를 용서하고 사랑할 수 있도록 도와주십시오. 제 마음의 상처를 어루만져 치유해주십시오."

좌절에서 벗어나기 위한 명상

"신이여, 마음의 문을 열어놓았으니 부디 제 안으로 찾아와주십시오. 저는 지금 버림받았습니다. 부디 제게 행복을 주십시오. 신이여, 제 마음은 당신을 향해 활짝 열려 있습니다."

걱정에서 벗어나기 위한 명상

"신이여, 거룩한 빛이여. 지금 저는 너무나 불안합니다. 제 눈은 어둠 속에서 빛을 잃어 아무것도 볼 수 없습니다. 저는 길을 잃었습니다. 부디 당신의 거룩한 빛으로 제 눈을 밝혀주십시오. 어둠을 물리쳐주십시오. 그리고 제게 평화를 주십시오."

무관심에서 벗어나기 위한 명상

"신이여, 만물의 창조주여. 저는 지금 너무나 지쳐 아무것도 할 수 없을 것만 같습니다. 당신의 힘이 필요합니다. 부디 제 마음에 들어와주십시오. 어서 와서 제 빈 마음을 채워주십시오. 그리고 부디 제 고통을 거둬가 주십시오."

편견과 비난에서 벗어나기 위한 명상

"신이여, 이 세상 만물이 당신의 정원에서 자라고 있습니다. 저는 당신의 정원에 피어 있는 꽃에 날아든 벌과 같습니다. 부디 당신의 사랑의 꿀을 맛볼 수 있도록 허락해주십시오. 지금 저는 너무도 불만스럽습니다. 당신의 사랑으로 제 마음에 평화와 안식을 심어주소서."

우유부단에서 벗어나기 위한 명상

"신이여, 제 삶은 당신 손안에 있습니다. 지금 저는 용기를 잃었습니다. 어디로 가야 할지를 잊었습니다. 부디 옳은 길을 알려주십시오. 저는 당신의 어린양입니다. 저를 버리지 말아주소서. 제 손을 잡아주소서. 저를 버리지 말아주소서. 제 손을 잡아주소서. 옳은 길을 보여주소서. 옳은 길을 보여주소서."

망설임에서 벗어나기 위한 명상

"신이여, 만물의 창조주시며 모든 생명을 지켜주는 무한한 힘이시여. 저를 도와주소서. 지금 저는 도움이 필요합니다. 제 짐을 덜어주소서. 제 어깨의 무거운 짐을 덜어주소서. 부디 저를 잊지 마소서. 저를 잊지 마소서."

완벽주의에서 벗어나기 위한 명상

"신이여, 저는 당신의 거룩한 사랑에 목말라 하고 있습니다. 당신의 인자하고 따뜻한 사랑을 그리워하고 있습니다. 부디 저를 도와주소서. 지금 저는 제 자신이 너무도 무능력하게 느껴집니다. 부디 제 고통을 어루만져주소서."

원망에서 벗어나기 위한 명상

"신이여, 당신의 사랑에 감사드립니다. 제 영혼의 소망을 들어주소서. 저는 지금 박탈감에 사로잡혀 있습니다. 제 앞의 모든 장애물을 치워주십시오. 제 두려움을 거둬주소서. 제게 자신감을 심어주소서. 자신감을 심어주소서."

자기 연민에서 벗어나기 위한 명상

"신이여, 거룩한 존재여, 천지의 창조주여. 제 마음이 상처 받았나이다. 저는 지금 버림받았나이다. 외로움에 떨고 있나이다. 부디 저를 잊지 마소서. 저를 잊지 마소서. 저를 도와주소서. 제게 힘을 주소서. 제 마음의 상처를 어루만져주소서."

혼란에서 벗어나기 위한 명상

"신이여, 저는 당신의 축복으로 이 세상에 태어났습니다. 부디 저를 돌아보소서. 저를 잊지 마소서. 지금 저는 너무도 나약합니다. 부디 제게 오소서. 저를 도와주소서. 저를 돌아보소서. 저를 잊지 마소서. 제 마음은 당신을 향해 활짝 열려 있나이다. 부디 제 마음에 오소서."

죄의식에서 벗어나기 위한 명상

"신이여, 당신의 사랑은 끝이 없습니다. 이 세상 모든 아름다움을 창조하신 신이여, 부디 저를 도와주소서. 저는 지금 사막을 헤매고 있습니다. 당신이 창조하신 아름다움을 볼 수 없습니다. 제 인생은 텅 비어 있습니다. 당신 사랑으로 제 마음을 채워주소서. 사랑을 내려주소서."

열두 가지 성공 명상법

이제는 지금 그대로도 행복하고 자신만만하지만 더 큰 성공과 행복을 바라는 사람들을 위한 명상법을 소개할까 한다. 앞에서 소개한 열두 가지의 명상 치료법은 감정의 장벽을 허물어 필요한 것을 얻도록 하는 명상법이었다. 이제부터 소개하는 열두 가지 명상법은 우리가 원하는 것을 얻을 수 있도록 하는 명상법이다. 더 큰 성공과 행복을 위한 명상법을 통해 무한한 잠재력의 세계로 나아가보자.

남의 탓하기에서 벗어나기 위한 성공 명상법

"신이여, 저는 배신을 당했나이다. 부디 제게 사랑을 주소서. 저를 배신한 자를 용서할 수 있도록 도와주소서. 제 마음속의 이 미움을 거둬주소서. 분노를 거둬주소서. 다시 제 삶을 사랑하고 남을 사랑할 수 있도록 도와주소서."

좌절에서 벗어나기 위한 성공 명상법

"신이여, 저는 버림받았나이다. 제게 다시 기쁨을 주소서. 다시 일어설 수 있는 힘을 주소서. 이 좌절감에서 벗어나도록 도와주소서. 제 슬픔을 거둬주소서. 지금 제가 가진 것에 만족하고 행복할 수 있도록 도와주소서."

걱정에서 벗어나기 위한 성공 명상법

"신이여, 저는 지금 너무도 불안하나이다. 제게 신념을 주소서. 제게 믿음을 주소서. 이 걱정에서 벗어나게 도와주소서. 의심에서 벗어나게 도와주소서. 삶의 활기를 되찾게 해주소서."

무관심에서 벗어나기 위한 성공 명상법

"신이여, 저는 지금 너무도 무기력하나이다. 제게 열정을 내려주소서. 제 마음은 지금 꽁꽁 닫혀 있나이다. 이 무관심에서 저를 구해주소서. 제 영혼에 힘을 주소서. 기쁨을 주소서. 제가 나아갈 방향을 알려주소서. 해야 할 일을 알려주소서."

편견과 비난에서 벗어나기 위한 성공 명상법

"신이여, 저는 지금 불만에 쌓여 있나이다. 제게 인내심을 내려주소서. 사랑할 수 있도록 도와주소서. 편견과 비난에서 벗어나게 도와주소서. 좌절에서 저를 구해주소서. 지금 제가 가진 것에 만족할 수 있도록 도와주소서."

우유부단에서 벗어나기 위한 성공 명상법

"신이여, 저는 지금 용기를 잃었나이다. 제게 끈기를 주소서. 무엇을 해야 할지 알려주소서. 우유부단에서 벗어나게 도와주소서. 이 실망감에서 벗어나도록 도와주소서. 제게 다시 용기를 주소서."

망설임에서 벗어나기 위한 성공 명상법

"신이여, 저는 지금 도움이 필요합니다. 제게 용기를 주소서. 강해질 수 있도록 도와주소서. 이 망설임에서 벗어나게 도와주소서. 모든 걱정을 거둬주소서. 해야 할 일을 할 수 있다는 자신감을 주소서."

완벽주의에서 벗어나기 위한 성공 명상법

"신이여, 제 자신이 너무나 무능력하게 느껴집니다. 겸손함을 가르쳐주소서. 있는 그대로의 제 자신을 사랑할 수 있도록 도와주소서. 완벽하고 싶은 욕심에서 벗어날 수 있도록 도와주소서. 당황스러움에서 벗어나도록 도와주소서. 제 자신을 아끼고 자랑스럽게 여길 수 있도록 도와주소서."

원망에서 벗어나기 위한 성공 명상법

"신이여, 저는 지금 박탈감에 사로잡혀 있나이다. 제게 너그러운 마음을 주소서. 이 원망에서 벗어나게 도와주소서. 이 질투심에서 벗어나게 도와주소서. 지금 내가 가진 것에 만족하고 내가 원하는 것을 가질 수 있다는 자신감을 갖도록 도와주소서."

자기 연민에서 벗어나기 위한 성공 명상법

"신이여, 저는 지금 외톨이가 되었습니다. 다시 감사할 수 있는 마음을 내려주소서. 마음을 열고 감사하며 당신의 사랑을 받아들일 수 있도록 도와주소서. 자기 연민에서 벗어나도록 도와주소서. 제 마음의 상처를 어루만져주소서. 제가 가진 것에 고마워할 줄 알고, 더 많은 것을 가질 수 있는 기회가 있음을 감사할 줄 아는 사람이 되도록 도와주소서."

혼란에서 벗어나기 위한 성공 명상법

"신이여, 저는 지금 모든 희망을 잃었나이다. 제게 지혜를 주소서. 밝게 볼 수 있는 눈을 주소서. 길을 열어주소서. 이 혼란을 거둬주소서. 제 고통을 거둬주소서. 자신감을 가질 수 있도록 도와주소서."

죄의식에서 벗어나기 위한 성공 명상법

"신이여, 제 자신이 아무런 가치도 없는 존재처럼 여겨지나이다. 당신의 축복을 받아들일 수 있도록 제 마음을 열어주소서. 제 가치를 깨달을 수 있도록 도와주소서. 죄의식에서 벗어나도록 도와주소서. 자신에 대한 부끄러움을 거둬가소서. 제 자신과 남들에 대해 만족할 수 있도록 도와주소서."

참된 행복을 향한 6주일의 여정

감정의 장벽에서 벗어나기 위한 스물네 가지(열두 가지 명상 치료와 열두 가지 성공 명상법)의 명상을 하기 위해서는 적어도 6주에 걸친 장기계획을 세워야 한다. 먼저 처음 며칠간은 명상의 기도문을 외우도록 하자. 그 다음에는 손을 어깨 높이로 올리고 큰 소리로 열 번 명상의 기도문을 외운 후 다시 15분간 조용히 명상을 한다. 마지막으로 2분에서 3분 동안 자신이 원하는 것을 생각한다. 자신이 원하는 것을 얻었다는 상상을 하고 그랬을 때 어떤 기분이 들지도 상상해본다.

습관을 바꾸거나 생각이나 행동을 바꾸는 데는 대개 6주일이 걸린다고 한다 감정의 장벽에서 벗어나기 위한 명상도 6주일만 계속하면 큰 성과를 거둘 수 있다.

명상을 통해 매일 기분이 즐거워지면 마음은 물론이고 외적인 생활도 조금씩 나아지기 시작한다. 가끔은 하룻밤 사이에 달라진 자신을 발견할 수도 있다. 시간이 지나면 일부러 의식하지 않아도 저절로 명상을 즐기게 된다. 그러면 내면의 힘이 강해지고 오랫동안 마음을 갉아먹던 감정의 장벽이 차차 허물어지기 시작한다.

시간이 지나면 저절로 명상을 즐길 수 있게 된다

하나의 장벽을 허물고 나면 다른 장벽이 느껴질 수도 있다. 하지만 더 이상 무서울 것은 없다. 감정의 장벽에서 벗어나 원하는 것을 얻는 방법을 잘 알고 있으니까 말이다. 스물네 가지 명상법을 기억하고 올바른 목표를 세우면 참된 행복을 누릴 수 있다.

다시, 행복의 문을 열며

how to get what you want and want what you have

비록 그 수는 많지 않았지만 각 시대마다 참된 행복을 이룬 사람들이 있다. 그들은 평범한 사람이었지만 시대를 앞서갔기에 특별한 사람이 될 수 있었다. 그들은 다른 사람들이 알지 못했던 특별한 사실을 이해할 수 있는 능력을 타고났다. 그리고 자신이 이해하는 사실들을 다른 사람들에게 완전히 이해시키지는 못했지만 동시대인들이 살아가는 데 도움이 되는 길을 제시해주었다.

지혜로운 성인들은 동시대인들에게 삶의 빛이 되는 길을 제시했다

지금 인류는 한 단계 진보하기 위한 도약대에 서 있다. 마음의 힘을 통해 더욱 큰 행복을 찾아야 할 시기에 와 있는 것이다. 이제 우리는 내면에서 신과 만나야 한다. 내면에서 신과 만나게 되면서 많은 사람들이 종교를 떠났다. 그래서 한때는 교회와 사찰들이 텅 비는 것은 아닐까 하는 우려를 낳기도 했다. 하지만 이런 현상은 다시 역전되고 있다. 많은 사람들이 더 큰 성찰과 감사의 마음을 안고 종교에 귀의하고 있기 때문이다.

우리는 내면을 통해 신과 만나야 한다

많은 사람들이 요즘 같은 세상에 종교가 살아남을 수 있을까 의아해한다. 여기에 대한 나의 답은 '그렇다'이다. 마음으로 신을 만나고 마음의 힘으로 인류가 나아갈 방향을 찾아야 한다고 해서 종교가 필요없어졌다는 뜻은 아니다. 아이가 자라서 부모의 품을 벗어나 독립해도, 아이는 여전히 부모의 사랑과 지원이 필요하고 또 부모에게 의지하게 된다. 우리 인류도 마찬가지다.

부모의 품에서 벗어나 독립하면 그때부터는 스스로 무엇이 진실인지를 알아야 한다. 그와 마찬가지로 사랑을 통해 마음을 열고 참된 자기 자신과 신을 만나게 되면 모든 종교 속에 담긴 공통된 진실을 깨닫게 된다. 서로 무엇이 다른가에 초점을 맞추는 대신 어디서나 똑같이 받아들여지는 '선(善)'을 깨닫게 되는 것이다.

이제 우리는 지금까지 알던 것말고도 무수히 많은 진실이 있음을 깨달아야 할 시기에 와 있다. 세상에 오직 '한 길'밖에 없다고 생각하는 것은 자기 자신에게만 한 길뿐이라는 뜻이다. 지금의 우리는 저마다 다른 믿음을 가진 사람들의 마음속에서 '선'과 '진실'을 찾아낼 수 있어야 한다. 모든 사람이 똑같이 생각하거나 느끼거나 믿지 않아도 평화롭게 공존할 수 있음을 알아야할 때가 온 것이다.

> 모든 사람이 똑같이 생각하고 느끼고 믿지 않아도
> 평화롭게 공존할 수 있음을 알아야 할 때가 왔다

주위를 둘러보면 물질적인 성공과 정신적인 행복을 모두 얻은 사람들을 많이 볼 수 있다. 매스컴에서는 여전히 돈 많고 유명한데도 불행하게 사는 사람들의 이야기에만 초점을 맞추고 있지만, 물질적 성공과 정신적 행복을 함께 거머쥔 사람들은 얼마든지 많이 있다. 그들 모두가 돈 많고 유명한 것은 아니지만, 그들은 모두 자신이 원하는 것을 얻고 자기가 가진 것을 소중히 할 줄 안다. 물질적인 행복과 정신적인 행복을 모두 차지하는 것, 그것은 당신도 할 수 있다.

텔레비전이나 영화에서 물질적인 성공과 정신적인 행복을 모두 차지하는 사람들을 종종 볼 수 있다. 그런 사람들을 볼 때마다 우리는 '나는 왜 저렇게 살 수 없을까?'라는 생각을 한다. 영화나 텔레비전에서처럼 돈과 행복을 모두 차지할 수 있는 방법을 우리는 모른다. 그래서 그런 행복은 몇몇 소수에게나 가능한 일이라며 고개를 떨구기 쉽다. 하지만 언젠가는 자신에게도 그런 일이 있을 수 있다며 기대에 부푸는 사람도 있다.

그런데 드디어 그렇게 될 시기가 왔다. 정신적인 행복과 물질적인 성공 모두를 얻을 수 있는 날이 온 것이다. 우리는 잠에서 깨어나야 한다. 길고 긴 밤은 이제 끝났다. 참된 행복은 더 이상 선택된 소수의 몫이 아니다. 먼 미래의 이야기도 아니다. 참된 행복은 더 이상 특별한 것이 아니다. 원하면 누구나 얻을 수 있는 것이다. 참된 행복을 얻을 수 있는 비법이 밝혀졌기 때문이다.

참된 행복은 더 이상 선택된 소수의 몫이 아니다
먼 미래의 이야기도 아니다

참된 행복의 비법은 이해하기도 쉽고 실천하기도 쉽다. 아주 새로운 것이면서 동시에 인류가 오랫동안 간직해온 삶의 지혜가 담겨 있는 것이기도 하다. 그것이 누구나 이해하기 쉽고 즉시 실천에 옮길 수 있도록 새롭게 정리되었을 뿐이다.

  사람은 누구나 자신의 운명을 개척할 힘을 가지고 있다. 하지만 먼저 그 힘을 찾아내야 한다. 나 자신의 운명은 내가 개척해야 한다. 그리고 운명을 개척할 수 있는 지혜를 자기 내부에서 찾아야 한다.

  더불어 이 지혜를 통해 '내가 누구인지' 알아내야 한다. 내면의 힘도 찾아내야 한다. 당신이 내면의 힘을 찾는 데 이 책이 도움이 되기를 바란다. 운명을 개척할 수 있는 힘만 찾아낸다면 당신은 참된 자신으로 돌아갈 수 있고 또 원하는 것은 무엇이든 이룰 수 있다. 미래를 개척할 힘이 없으면 욕망의 씨앗이 마음속에 싹트지 못한다.

  자신에게 솔직하고 자신의 감정과 소망, 욕망을 제대로 느끼게 된다면 우리는 얼마든지 참된 자신으로 돌아갈 수 있다. 인간은 누구나 처음에는 사랑과 자신감에 넘치고 즐거우며 평화롭다. 누구나 마음속에 이러한 천성을 지니고 있다. 그러므로 불행하고 걱정될 때, 기분이 나쁠 때, 열두 가지 감정의 장벽을 겪을 때, 그것은 단지 참된 자신에서 잠시 멀어졌다는 뜻일 뿐이다.

    타고난 자신의 참모습에서 멀어졌을 때 우리는 원하는 것을 얻지 못하게 된다

  우리가 사는 이 세상은 우리의 내면을 비추는 거울과 같다. 이 거울은 나만이 아니라 남들의 내면도 비추고 있다. 그래서 세상을 자기 마음대로 할 수 없는 것이다. 마음의 상태가 어떠한가에 따라 자신이 겪는 상황은 얼마든지 달라질 수 있다. 그러므로 어떻게 살 것인가를 결정할 수 있는 힘만 되찾는다면 얼마든지 이 세상을 바꿀 수 있다. 무조건적인 사랑과 기쁨, 자신감과 평화를 찾는다면 이 세상은 당신

이 지닌 욕망의 씨앗을 싹틔울 비옥한 토지로 변할 것이다.

우리가 살고 있는 세상은 우리의 내면을 비추는 거울과 같다

감정의 장벽에 갇혔다는 것을 깨달았을 때나 원하는 것을 얻지 못했을 때, 자신이 원래 타고난 자연의 상태로 돌아간다면 얼마든지 원하는 삶을 만들어갈 수 있다. 열두 가지 감정의 장벽을 극복하려면 힘을 되찾아야 한다. 그러려면 먼저 자신의 감정을 바꿀 수 있다는 자신감을 가져야 한다. 누구도 나를 대신하여 감정을 바꿔줄 수는 없다. 삶이 힘들다면 그것은 타고난 자연의 상태에서 멀어졌기 때문이다. 사람이 또는 상황이 괴롭힌다 해도 본래의 자신으로 돌아와 행복해질 수 있는 힘을 놓쳐서는 안 된다.

변할 수 있는 힘은 내 손안에 있다. 누구도 나를 대신할 수는 없다

상황이 어떻게 벌어지든 내 감정을 바꿀 수 있는 힘은 나 자신에게 있다. 세상이 나를 힘들게 한다고 생각하지만 그것은 착각일 뿐이다. 내 마음속에서 사랑과 기쁨, 자신감과 평화만 찾아내면 얼마든지 자신이 원하는 삶을 만들어갈 수 있다.

누군가가 내 팔을 때려 멍이 들었다 하더라도 그 멍을 낫게 할 힘은 내가 가지고 있다. 앞으로 다시 그런 일이 없도록 자신을 방어할 힘도 바로 나에게 있다. 감정의 장벽에 갇혔다면, 자신에게 그곳에서 벗어날 책임이 있다는 것을 알아야 한다. 힘은 바로 내 손안에 있다.

긍정적이고 힘있는 태도로 이렇게 말해야 한다.

"이제부터 내 감정은 내가 책임진다. 세상이 어떻게 돌아가든 앞으로 나는 긍정적으로 생각할 것이다."

"참된 나에게서 멀어져도 나는 또다시 참된 나로 돌아갈 힘을 가지고 있다."

감정의 장벽에서 벗어날 책임이 자신에게 있다는 것을 깨닫고 나면 참된 자기 자신으로 향하는 문이 열린다. 장벽에서 벗어나 참된 자신으로 돌아갈 때마다 우리는 조금씩 강해진다. 그리고 타고난 잠재력도 조금씩 강해진다.

삶을 향한 여행을 준비하며

부정적인 감정을 털어버리고 명상을 하면서 이제 당신은 새로운 삶을 향한 여행의 출발점에 서게 되었다. 행복을 가로막는 장벽을 물리칠 비법은 당신 손안에 있다. 그 비법은 나와 수많은 사람들을 참된 행복으로 이끌어주었다. 당신도 나처럼 그 비법을 통해 참된 행복을 찾을 수 있기를 바란다. 그 비법은 불가능하다고 여겼던 행복의 세계로 당신을 인도할 것이다.

더 큰 사랑과 성공이 함께하기를 바란다. 누구나 그렇듯 당신도 행복하고 성공할 자격이 있다. 얼마든지 꿈을 이룰 수 있다. 열두 가지 장벽만 극복하면 얼마든지 원하는 것을 이룰 수 있다.

새로운 시대가 당신을 기다리고 있다. 그 어느 때보다 많은 기회가 기다리고 있다. 기회를 놓쳐서는 안 된다. 매일매일 조금씩 자신의 목표를 향해 다가가길 바란다. 당신은 결코 혼자가 아니다. 그리고 세상은 당신을 필요로 하고 있다. 세상을 바꿀 수 있는 힘은 바로 당신 손에 있다. 신의 가호가 당신과 함께하기를 기원하며…….(*)